中国子会社の清算・持分譲渡の実務

法務　税務　労務　経営判断

著　森村国際会計事務所 税理士
　　森村 元

執筆協力
NKK(大連)諮詢有限公司
中村 博司
マイツグループ

税務経理協会

発刊にあたって

　かつては日本企業の海外進出は，一部の大手企業や商社等のいわば「海外ビジネスのプロ」が行う特別なものでした。しかし，今日では，経済のグローバル化に伴い，企業の規模を問わず様々な企業が海外展開を考えるようになっています。さらに，日本の少子高齢化に伴い国内市場が縮小していくといわれるなか，日本企業の海外展開は国の政策としても推進されているようです。

　私も2009年から2013年まで中国へ日系企業のサポートを行う会計系コンサルティング会社の駐在員として赴任しましたが，2009年の赴任当時は，「税理士が中国に駐在する」というと，「変わったキャリアですね」というのが周囲の反応でした。しかし，5年駐在して戻ってみると，日本企業の海外進出はかなり一般化し，私の属する会計業界でも「グローバルビジネスのサポートは会計人の使命，国際ビジネスの理解は必須」といったムードに変化しているのを感じました。

　そういったなかでも，中国はその日本との距離の近さと歴史的経緯，文化的親和性から，中小企業を含めて日本企業の進出が最も多い国となっています。また，今では中国はＧＤＰで日本を抜き，世界第二位の経済大国となり，政治的関係はともかくとして日本にとっての経済的重要性は以前にも増して高まっています。こうした状況は5年前ですら予想していた方は少なかったのではないでしょうか。予想以上の変化の速さに驚きつつも，なんとか外部環境の変化に適応して企業を守っていこうと努力しているのが，現在の日本企業の姿ではないかと思います。こうした状況ですので，官民を挙げたグローバルビジネスの推進はある種当然のことかもしれません。

　しかし，一方で中国等の新興国への日本企業の進出は一般化したにも関わらず，その真の理解というのは必ずしも深まっていないようです。特に，中国ビジネスに関しては，「撤退ブーム」というべき報道が日本ではなされた時期もありました。しかし，現実の中国ビジネスでは，以前とほぼ同様のボリュームがあり，かつ，既存進出企業も大半が中国でのビジネスを継続しているのが現実

です。また，逆に，中国を市場として捉え，新たに進出していく日本企業もいまだに一定数あります。ゆえに，日本企業にとって最適な選択は個々の企業の状況により異なり，当然，中国の人件費上昇に伴い採算がとれず，撤退がベストな選択である企業もあれば，踏みとどまって再編策を講じれば大きなチャンスがある企業もあります。しかし，現実には「撤退ブーム」ということで日本親会社のみで撤退を決断し，また方法も十分な検討を行わずにとにかく清算手続を開始して，本来避けられた様々な混乱を引き起こして必要以上の損失をしている日系企業も少なくないようです。これは我々実務家の立場としては，非常にもったいないことであると捉えています。

　日本親会社としては常にグループ会社である海外現地法人の状況を把握し，撤退した場合の問題点やコストなども把握しておくのが理想ですが，現実には回収している資料の内容把握もできておらず，海外現地法人がアンタッチャブルの状態になってしまっている企業も多いようです。そうしたなかで撤退等の経営判断を下すのは，「目をつぶって決定を下す」ようなもので，当然ながら不必要なロスを生んでしまいます。一方で，撤退などのデリケートな問題について，あまり不用意に現地法人に問い合わせをすると現地が疑心暗鬼に陥ってしまうというジレンマもあります。

　そこで，日本親会社が普段収集している中国現地法人の資料から情報分析を行い，撤退などの選択について日本親会社が最適な経営判断を行う手がかりを得るための分析手法を紹介することとしました。また，撤退に至るまでには手続の前に様々な縮小，調整手続が必要ですが，そういった縮小，調整フェーズについても，実際に実行することを念頭において現実的な手法を中心に解説しています。本書をお読みいただければ中国の撤退，再編の具体的イメージがわき，かつ撤退，再編を行った場合のシミュレーションにも活用いただけるものと思います。また，日本親会社から現地法人の実情把握を行うための資料分析手法も数多く紹介しておりますので，撤退を考える企業のみならず，中国に現地法人をもつ日本企業の皆様の日常管理にもお役立ていただけるのではないかと考えています。

　なお，本書は，2016年2月現在の法令に基づいて執筆をしています。実務に

あたっては，最新の法令をご確認いただくのはもちろんのこと，中国では地域によって取扱いに差があるということも十分に考慮に入れ，専門家の確認の上で行うようにしてください。

　執筆にあたっては，法務実務面は，中国で20年以上の経験をもつＮＫＫ（大連）咨詢有限公司の中村博司董事長に御指導とアドバイスをいただきました。本書のテーマ上，法務面，行政手続面の理解は必須であり，豊富な実務経験をもつ中村先生のアドバイスにより，内容が臨場感をもち，かつ実際の実務に活用できるものになったことを深く感謝申し上げます。

　また，大江橋法律事務所の松本亮弁護士からは，法務理論的な面で御指導をいただき，私の前職であるマイツグループの呉徳勝氏，唐栄俊氏，李健氏には，実務の確認，中国語資料の収集などで協力をいただきました。編集面では，企画から最終原稿まで税務経理協会の小林規明氏に辛抱強く面倒を見ていただきました。御指導，御協力をいただいたこれらの方々に深く感謝を申し上げます。そのほか，私に中国赴任の機会を与えていただき，かつ，会計人としての中国ビジネスへの関わり方を指導してくださったマイツグループＣＥＯの池田博義先生に心より謝辞を申し上げます。

　最後に，私とともに中国ビジネスに携わってくださった日中のお客様，同僚，関係者の方々等全ての方に感謝を申し上げます。本書は皆様とともに取り組んだ経験から作成することができたものです。本書が皆様の今後の中国ビジネスの何かの手がかりになれば，筆者としてこれ以上の喜びはありません。

2016年3月

森村国際会計事務所

代表　税理士　森村　元

執筆協力者　推薦文

　一衣帯水。日中関係を表す時に，よく使われる言葉です。両国の間には一筋の細い川ほどの狭い隔たりがあるだけで，関係が近いことを強調する例えです。確かに，距離も文化も非常に近い両国ですが，ビジネスにおいては，大きな隔たりがあり，知れば知るほど，わからなくなる国です。

　筆者は，この両国の差異を明確に感じとれる「現地」で得た，多くの「現場」での経験を基に，中国の「現状」をわかりやすく丁寧に解説しています。

　本書は，新たな局面を迎えた中国市場で，次の展開を考える日本企業にとって，この細くて激しい川をどう乗り越えて行くべきか，教えてくれます。

2016年3月

NKK（大連）咨詢有限公司

董事長・総経理

中村博司

目　次

発刊にあたって

Introduction

I 日中の経済環境の変化と今後の日本企業の対中ビジネス　2

1　グローバル展開の奨励と中国進出ブームの終焉？ ―― 2
1　国内市場縮小とさらなるグローバル展開の推進 …………… 2
2　チャイナプラスワンブーム－中国ビジネスは終わったか？－ ……… 2
3　マスコミ報道と現地の実際の感覚とのギャップ …………… 3
4　外部環境の変化と構造転換の必要性があるのは事実 ……… 4
5　撤退ありきではなく，企業ごとの個別事情によりケースバイケース … 4
6　客観的な現状判断の後に，最適な経営判断を ……………… 5
7　現状分析そのものが実は難しい ……………………………… 5
8　現状把握，分析が検討の出発点 ……………………………… 6
9　最適な方法を検討し，実務の戦術の検討に移る …………… 6

2　中国における日系企業の歴史とビジネスモデル ―― 7
1　外部環境の変化に伴う中国ビジネスの変遷の歴史 ………… 7
2　日系企業の対中ビジネスの変遷 ……………………………… 7

II 日系企業に必要な将来性検討と経営判断　14

1　現行のビジネスモデルで勝算があるか？ ―― 14
2　原因は外部環境か，内部要因か？ ―― 14
3　外部環境の変化と今後の将来性分析の必要性 ―― 15
4　現地法人の現状と客観的把握から始める ―― 15
5　第一歩は日本親会社，日本駐在員主導による基礎資料からの分析 ―― 16
6　基本資料の収集と分析が最適な経営判断のための出発点 ―― 16

III 分析結果に基づく方向性の検討　　19
1 合理的な経営判断と実情 ——————————————— 20
2 正しい情報に基づいた経営判断による方向性の決定を ————— 21

IV 方向性確定後の最適な撤退，再編方法，各種調整，アクションプランの検討　　24

V 方法確定後，実務実施手続の検討　　26

VI 現状把握と事前検討の重要性　　28

VII 本書の解説手順　　29
1 第1章：現状把握のための基本資料の回収と分析方法 ————— 29
2 第2章：最適な方向性の確定のための判断基準と各手法 ————— 29
3 第3章：清算と持分譲渡を中心とした実際の撤退実務 ————— 29
4 定期的な現状把握と手法検討は事業継続の場合も有用 ————— 30

第1章 現状把握と分析ポイント

I 撤退の経営判断を行う前の現状分析の重要性　　34
1 中国における清算の煩雑さ ———————————————— 34
2 持分譲渡による撤退も可能 ———————————————— 34
3 現状の経営体制が最適か？　不振の原因は本当に外部環境か？ —— 34
4 情報管理の重要性 ————————————————————— 35

II 法定資料，財務資料の回収　37

1 法定資料一覧と回収 ──────────────────── 37
1　中国現地法人の法定資料 …………………………………… 37
2　重要だが回収していない企業も多い ……………………… 38
3　把握すれば非常に有用な情報に …………………………… 38

2 年次回収資料－監査報告書－ ────────────── 38

3 月次回収資料－財務資料－ ──────────────── 39
1　中国では月次で財務資料を作成（しているはず）……… 39
2　回収できているか？ ………………………………………… 39

III 回収資料の分析ポイント　41

1 基本情報資料 ─────────────────────── 42
1　営業許可証の確認ポイント ………………………………… 42
2　批准証書 ……………………………………………………… 50
3　定款の確認ポイント ………………………………………… 58
4　合弁契約書の確認ポイント（中外合弁企業，中外合作企業の場合）…… 72
5　不動産関係の確認ポイント－労務・税務と並ぶもう一つの壁－ …… 79
6　就業規則の確認ポイント …………………………………… 90
7　労働契約書の確認ポイント ………………………………… 94

2 年次回収資料（監査報告書）分析ポイント ─────── 98
1　監査報告書－一般的な構成と内容－ ……………………… 99
2　監査報告書の確認ポイント ………………………………… 105

3 月次財務関係資料分析ポイント ──────────── 117
1　財務資料 ……………………………………………………… 117
2　発生余額表 …………………………………………………… 117
3　賃金台帳（経済補償金試算）……………………………… 118

4 法定資料以外の資料及び現地法人へのインタビュー等による評価 – 119
1　組織図の回収 ………………………………………………… 119
2　印鑑管理 ……………………………………………………… 120
3　内部統制 ……………………………………………………… 120
4　現物，実際のオペレーションとの関係 …………………… 120

5 上記現状分析に基づく総合的評価 ―――――― 121
1 三資企業の種類 ……………………………………… 121
2 法人の事業内容（貿易，サービス，生産）……………… 121
3 従業員数と従業員との関係 ……………………………… 123
4 不動産の所有状況，条件等 ……………………………… 123
5 設立年数，地域性 ……………………………………… 123
6 過去の財務，税務の状況，保税 ……………………… 123
7 内部管理－不正の可能性・従業員との関係－ ……… 124

IV 駐在員事務所の清算と確認ポイント　　125

1 駐在員事務所の清算概要 ―――――――――― 125
1 清算は現地法人に比べると簡単 ……………………… 125
2 持分譲渡はない－現地法人への変身もできない－ ……… 125
3 過去，経費課税を免れていた事務所は要注意 ……… 125

2 駐在員事務所の確認ポイント ――――――――― 126
1 代表証 …………………………………………………… 126
2 監査報告書 ……………………………………………… 127
3 税務調査面－代表の個人所得税－ …………………… 127
4 経費課税（家賃，給与）………………………………… 127
5 非課税事務所 …………………………………………… 128

第2章 各方法の特徴と経営判断のポイント

I 各方法の特徴と経営判断概要　　130
1 事業将来性分析－ビジネスデューデリジェンス－ ―――― 130
2 大まかな方向性の検討－継続か？　撤退か？－ ―――― 131

II 各手法の特徴と経営判断詳細　133

1 最終的な処理手続方法
　　－最終的なゴールは事業継続か？　撤退か？－ ────── 133
　1　事業継続 ································· 133
　2　事業撤退 ································· 133
　3　清算と持分譲渡 ························· 134
　4　清算 ······································· 138

2 ソフトランディングのための各種調整手続の必要性 ────── 139

III 現地法人の状況別に考える撤退，再編方法　141

1 三資企業の種類－企業の種類別にポイントがある－ ────── 141
　1　清算の場合 ······························· 141
　2　持分譲渡の場合 ························· 144

2 法人の事業内容－貿易・サービス・生産－ ────── 157
　1　清算の場合 ······························· 157
　2　持分譲渡の場合 ························· 161

3 従業員数と従業員との関係 ────── 162
　1　清算の場合 ······························· 163
　2　持分譲渡の場合 ························· 167

4 不動産の所有状況 ────── 167
　1　清算の場合 ······························· 168
　2　持分譲渡の場合 ························· 170

5 設立年数，地域性，過去の優遇の有無 ────── 171
　1　清算の場合 ······························· 171
　2　持分譲渡の場合 ························· 176

6 過去の財務・税務の状況・保税 ────── 177
　1　清算の場合 ······························· 178
　2　持分譲渡の場合 ························· 179

7 内部管理・不正の可能性・従業員との関係 ────── 180
　1　清算の場合 ······························· 180
　2　持分譲渡の場合 ························· 181

8 現地法人の現状別に考える最終処理手法まとめ ―― 182
- 1 資金調達，資金回収 …………………………………………… 184
- 2 出資者間調整，持分整理 ……………………………………… 192
- 3 事業縮小－経営のダウンサイジング・資産処分・従業員削減・駐在員事務所化－ …………………………………………… 194
- 4 事業転換－経営範囲変更，合併等－ ………………………… 196
- 5 実質休眠 ………………………………………………………… 196

9 駐在員事務所の経営判断のポイント ―― 197
- 1 実質的意味はあるか？ 現地法人化？ ……………………… 197
- 2 過去リスク－経費課税の有無と駐在員－ …………………… 197
- 3 間接雇用であるが実質的には直接雇用とほぼ同じ ………… 197

IV 日本親会社の視点からの検討　199

1 日本親会社の決算書への影響 ―― 199
- 1 清算の場合－いつ損失計上できるかわからない－ ………… 199
- 2 持分譲渡の場合 ………………………………………………… 199
- 3 債権放棄 ………………………………………………………… 199

第3章 撤退，再編手法の理論と実務　アクションプラン

I 撤退，再編手法の理論と実務　アクションプランの概要　202

1 清算－人員整理，不動産の処分，税務調査を乗り越える－ ―― 202
- 1 清算の概要 ……………………………………………………… 202
- 2 清算プロジェクトチームの編成 ……………………………… 203
- 3 フェーズごとの検討 …………………………………………… 204

2 清算を検討する場合の中国労務関係の留意点 ―― 206
- 1 中国の労務制度概要 …………………………………………… 206
- 2 労働契約法ポイント解説 ……………………………………… 209
- 3 中国における有給休暇制度の解説 …………………………… 218

II フェーズ別解説1－検討フェーズ－　　222

1 事前検討時に検討したい項目　　225
 1 出資者間での清算の意思統一･････････････････････････････････225

2 清算手続・手順の確認，当局への事前打診準備，縮小アクションプラン　　227
 1 清算手続・手順の確認･･･････････････････････････････････････227
 2 当局への事前打診の検討･････････････････････････････････････227
 3 資産，負債整理の方法，時期，実業との兼ね合い･････････････228
 4 従業員整理の方法，時期，実業との兼ね合い･････････････････230
 5 取引先への説明･･･231
 6 清算までに必要な資金･･･････････････････････････････････････231
 7 上記を勘案しての各種手続の分担，準備，縮小フェーズアクションプランの作成･･･････････････････････232

III フェーズ別解説2－準備，縮小フェーズ－　　235

1 人員整理　　235
 1 自然減･･･236
 2 労働契約の解除･･･236
 3 解雇･･･236
 4 最終メンバーの選定と退職－その後のフォロー－･････････････236
 5 労働契約の終了，解除の場合の経済補償金･･･････････････････237

2 生産計画の調整及び顧客，仕入れ先等への通知　　237
 1 社外への通知－債権者への通知とは別－･････････････････････237
 2 社内の生産調整･･･237

3 資産，負債整理　　238
 1 増値税－忘れがちな論点（固定資産売却時も増値税課税）－･･238
 2 営業税･･･239
 3 土地増値税･･･239
 4 印紙税･･･239
 5 保税貨物処分時の関税，増値税の納税･･･････････････････････240
 6 資産，負債の貸借対照表科目別解説･････････････････････････240

4 現地法人の住所－不動産の処分・賃貸契約解約等－　　243

5	当局への打診，確認－正式申請の前の資料確認等－	244
	1 商務部門	244
	2 労働部門	244
	3 地方政府，特殊許認可管轄部門	244
6	清算必要資金の投入－増資，親子ローン借入－	244
	1 清算手続に足る資金投入の必要性	245
	2 必要資金の試算	245
	3 清算手続中に足らなくなったらどうするか？	245

IV フェーズ別解説３－手続フェーズ－   247

1	清算の種類－外資企業は通常清算－	247
2	通常清算のスケジュール	250
	1 清算に関する董事会決議，株主会決議	250
	2 認可機関へ申請資料確認，準備	253
	3 認可機関へ清算申請	254
	4 認可機関の清算許可	255
	5 清算組（清算委員会）の設立と工商局への登録	256
	6 監督諸官庁への通知	257
	7 債権者・一般債権者への催告	257
	8 清算開始日までの事業年度の会計監査－清算前監査－	258
	9 換価処分・経済補償金の支払	259
	10 優先支払債務の順序	259
	11 清算報告書の作成	260
	12 清算結了事業年度の会計監査	260
	13 清算所得に対する企業所得税の課税	260
	14 税務登記の抹消	261
	15 商務部門及び諸官庁での登記抹消	263
	16 送金と銀行口座の閉鎖	264
	17 企業登記抹消	265

V 持分譲渡の手続と実務－事業と雇用を維持しつつ，他の出資者に正当な対価で引き継ぐ　266

1 持分譲渡の概要 ── 266
2 買い手探し（ファインディング）フェーズ ── 269
1 金融機関に依頼する ……………………………………………… 269
2 コンサルティング会社に依頼する ……………………………… 269
3 従業員等に依頼する（ＭＢＯ） ………………………………… 270

3 実務検討フェーズ ── 270
1 持分譲渡の条件，対価の交渉 …………………………………… 270
2 税務上の論点の検証
　－妥当性のある譲渡価格と一般・特殊税務処理－ ………… 272
3 手続の実施に関する検討 ………………………………………… 280

4 交渉フェーズ ── 282
5 手続フェーズ ── 282
1 持分譲渡・譲受の手続スケジュール …………………………… 283
2 スケジュール例 …………………………………………………… 285
3 持分譲渡者・譲受者別の各種税金 ……………………………… 286

VI 資産買収（事業譲渡）－実務上資産の譲渡手続で行われる－　288

1 中国における資産買収（事業譲渡）とは？ ── 288
1 通常の資産譲渡－個別資産の譲渡－ …………………………… 289
2 営業譲渡方式による資産買収 …………………………………… 289

2 企業所得税法上の取扱い ── 290
1 一般税務処理（財税［2009］59号4条3） ………………… 290
2 特殊税務処理（財税［2009］59号6条3，
　企業再編取引企業所得税管理弁法24条，財税［2014］109号）…… 290

3 資産買収に関する各種税金 ── 291
1 譲渡者に対する課税 ……………………………………………… 292
2 譲受者に対する課税 ……………………………………………… 293

4 従業員の移籍 ── 293

	5	資産買収の手続スケジュール ───────────────── 294
	1	事前確認································· 294
	2	実務手続スケジュール························ 294

VII 再編（合併，分割）―地域の認可― 296

1 再編概要 ───────────────────────────── 296
2 合併 ─────────────────────────────── 296
  1 定義と種類································· 296
  2 税務····································· 299
  3 合併の手続スケジュール······················ 301
  4 合併のメリット・デメリット···················· 304
3 分割の実務 ───────────────────────── 304
  1 定義····································· 304
  2 分割に伴う企業所得税························ 306
  3 分割の各種税金···························· 308
  4 分割の手続スケジュール······················ 308
  5 分割のメリット・デメリット···················· 310

VIII その他の手続の実務 311

1 増資 ─────────────────────────────── 311
  1 増資の実務································ 311
  2 増資のメリット···························· 315
  3 中方が国有企業である場合の注意点············· 315
  4 持分比率に移動が生じる場合の注意点··········· 316
2 減資 ─────────────────────────────── 316
  1 減資の実務································ 316
  2 減資のメリット・デメリット···················· 318
  3 減資の税務································ 319
3 債務再編―DES― ─────────────────── 319
  1 定義····································· 319
  2 DESの手続―外債の抹消と増資―·············· 320
  3 税務····································· 320

4　経営範囲変更－経営範囲の緩和と税務との関係－ ────── 324
　1　経営範囲変更の概要 …………………………… 324
　2　税務上の留意点 ………………………………… 324
　3　手続 ……………………………………………… 325

5　移転－住所の移転が実は大変－ ──────────── 326
　1　概要とポイント ………………………………… 326
　2　手続 ……………………………………………… 327

IX　駐在員事務所の清算　329

1　駐在員事務所の清算の概要 ──────────────── 329

2　検討，縮小フェーズ ───────────────────── 329
　1　従業員整理 ……………………………………… 329
　2　税務調査対策 …………………………………… 329
　3　現地法人化の場合 ……………………………… 330
　4　手続 ……………………………………………… 330

Introduction

I 日中の経済環境の変化と今後の日本企業の対中ビジネス

1 グローバル展開の奨励と中国進出ブームの終焉？

1 国内市場縮小とさらなるグローバル展開の推進

　日本ではいわゆる「失われた20年」を経て，少子化による国内市場の縮小，新興国の台頭等による日本の経済的プレゼンスの相対的低下が，特にここ数年顕著になっています。そうしたなか，企業のグローバル展開は日本の経済成長のために不可欠であるとして，官民挙げて日系企業の海外進出が奨励されています。特に，インドやミャンマーといった従来日本企業にはなじみの薄かった地域への進出も最近では一般的に検討されるようになりました。また日本の地方の役所などでも「海外進出支援課」といった部署が設けられるようになり，まさに国策として海外進出が奨励されている状況です。

　行政主導の海外進出はまだまだこれからという面もありますが，従来マイナージャンルであった新興国への進出なども政府が積極的に取り組む姿勢をとってくれていることは画期的なことといえ，我々実務家の立場からしても大変有り難いものととらえています。

2 チャイナプラスワンブーム－中国ビジネスは終わったか？－

　日本の政府や行政機関がこういった地域への進出を奨励するというのは民間主導の海外進出が主流であった過去からすると隔世の感があります。それだけ国内市場の縮小が明確で，海外市場の獲得がなければ経済がシュリンクしていく一方と日本政府も認識している証左ということもできるでしょう。しかし，逆に巨大市場として，一時日本でもブームとなった中国ビジネスに関しては，世間的には熱が冷めブームは去ったといったというのが一般的な認識のようです。中国ブームはもう去り，これからは「チャイナプラスワン」だ！　という声がよく聞かれた時期もありました。果たして本当にそうなのでしょうか？

Ⅰ　日中の経済環境の変化と今後の日本企業の対中ビジネス

| 図表1　日本企業をとりまく状況

 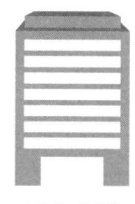

少子化による国内市場の縮小
経済の成熟化
↓
国策としてグローバル展開の推進
チャイナプラスワン？　中国ビジネスはどうすべきか？

日本企業

3　マスコミ報道と現地の実際の感覚とのギャップ

　この点については，日本でのマスコミ報道と，我々実務家の認識では若干異なるものがあります。現実の経済状況としては引き続き中国は日系企業が最も多く進出する地域であり，企業数もピークとなっていた2011年の9割程度の約3万社となっています。また，今後は従来と環境が異なるといえども，市場規模と距離を考えても外せないマーケットであるのは事実です。実際，マスコミのある種否定的な報道にも関わらず，我々実務家のところには引き続き中国進出に関する相談が一定数来ています。これは，中国に続く大国と期待されているインドと比較しても，地理的条件や文化の親和性などから考えても，まだまだ日本にとってビジネスとしては取り組みやすい国であるという面から来ているのではと考えています。

| 図表2　中国とインドの比較

項目	中国	インド
人口	13億	12億
言語	中国語	ヒンズー語
地理的位置 (首都間の距離)	2,100km	5,848km
文化面の特徴	漢字，儒教文化	ヒンズー文化
投資環境	日系の進出が多い	欧米系の進出が多い
日系企業数	約3万社	約1,200社（約3,900拠点）

（企業数はジェトロホームページより中国は2015年，インドは2014年データ）

Introduction

　上記の特徴のうち距離，言語，文化は半永久的なものですので，これは今後も大きく変わることはないと思われます。日本人のライフスタイルや文化が大きく変化しない限り，「中国よりもインドの方が，親和性がある」という状況にはなりにくいのではと個人的には考えています。

　逆にいうと，文化的にも遠いインドのような国に適応できた企業などは日系企業のなかでは圧倒的な成功を収める可能性があるともいえます。

4　外部環境の変化と構造転換の必要性があるのは事実

　しかし，中国もブーム期と比べると様々な外部環境が激変しており，進出がなじまない業種や現状のビジネスモデルしかとれないのであれば撤退を検討した方がよい企業もあるのは事実です。特に，日本親会社の下請けとして機能させている外注加工型モデルの場合，円安の影響がとにかく大きいので（1元＝12円の時代から，2015年には1元＝20円近くになっています），単なる日本の下請け事業として今後も採算がとれるのかは真剣に検討していく必要があるでしょう。現在の中国ビジネスの外部環境とそれに適したビジネスモデルがどういったものかを把握し，自社がどういった対応が可能なのかを冷静に分析して対中ビジネスを検討していく必要があります。

5　撤退ありきではなく，企業ごとの個別事情によりケースバイケース

　上記のとおり，一概に「中国だからとにかく撤退」というものではなく，「このビジネスモデルは現在の中国市場には適さないため撤退する」，「内販をするために経営範囲を変更して，現地法人は存続させる」といった外部環境と現地法人の状況を冷静に分析した経営判断を行っていくのが理想的な形です。中国ビジネスに携わる者として，中国現地法人の撤退は残念ではありますが，ビジネスモデル上どう考えても展開が難しい状況の現地法人もありますので，そういった法人については撤退ないしモデルチェンジをするのが正しい判断であり，逆にテコ入れをすればまだまだ競争力がある場合もあります。

Ⅰ　日中の経済環境の変化と今後の日本企業の対中ビジネス

| 図表3　日系中国現地法人の今後の方向性検討のポイント |

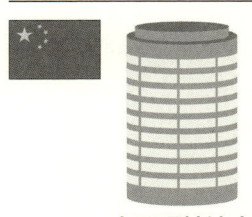
中国現地法人

外部環境は設立当初と大きく変化している場合が多い！
①現在の外部環境では事業として難しい法人
②内部に問題があり，業績が芳しくない法人
③現在の外部環境がチャンスになる法人
個々の法人ごとに事情が異なり，分析が必要！

6　客観的な現状判断の後に，最適な経営判断を

　そういった個々の状況分析を正しく行い，日本本社はグループにとって最適な経営判断を行っていく必要がありますが，現実の日系企業の経営判断をみていると十分な分析がなされないまま本社が撤退と最終決定を下し，現地で不要な軋轢が生じたり，場合によっては避けられた損失が発生したりしている場合も多くあるようです。もちろん撤退が最適な経営判断である場合もありますが，最低限の現状分析は行ってからでも遅くはありません。

7　現状分析そのものが実は難しい

　しかしながら，実際には「現状分析そのものが難しい」という状態も少なくはないのが現実です。実際，我々実務家のところに寄せられる相談も，中国進出が一般的となった2000年代から10年以上経過しますが，2000年代の進出初期と同じような内容のものもいまだに多数を占めます。特に，リソースの充実している大手企業ならともかく，中堅中小企業にとっては，海外進出自体の経験も乏しいため，多大な費用とエネルギーをかけて運営している中国現地法人について，初歩的な内容把握自体ができていない場合も少なくありません。逆にいうと，我々とともに基本的なレベルでの把握を行うだけで，今後の経営の大きなヒントが得られたりロスを回避できたりするケースも数多く経験しています。

Introduction

| 図表4　質問内容のイメージ |

2000年代
進出初期
基礎的な質問

→

2010年代
進出の一般化
基礎的な質問も引き続き
一定数あり

日系企業の中国進出の歴史は古いものの，
実務の適正な理解が深まっているとは言い難い

8　現状把握，分析が検討の出発点

　本書では本社がそういった冷静な現状分析，経営判断を行っていくための参考になるような分析手法を紹介していきます。特に，現地法人の手を煩わせることなく通常日本親会社が回収している基本資料だけで把握，分析できる部分も数多くあり，そういった部分に多くの紙幅を割いています。この分析手法を利用するだけでも，以前より非常に多くの情報を読み取ることができ，ある種視界が開けたような感覚になるのではないかと考えています。

| 図表5　本書の目的 |

現状
よくわからない状態

正しい分析手法
による把握

→

実態の理解
現地法人の真の姿

9　最適な方法を検討し，実務の戦術の検討に移る

　現状を的確に把握した上で，採るべき最適な方向性を検討していくべきでしょう。その後にその方向に進むための各種調整，アクションプランを検討・決定し，その実務を考えていくこととなります。中国実務では往々にして方向性と戦術が先入観に基づいて決定された後，実施方法の相談がコンサルティング事務所に持ち込まれるという場合が多くなっていますが，手続の実施は本来

最後の段階で行うべきと考えます。

図表6　望ましい順序

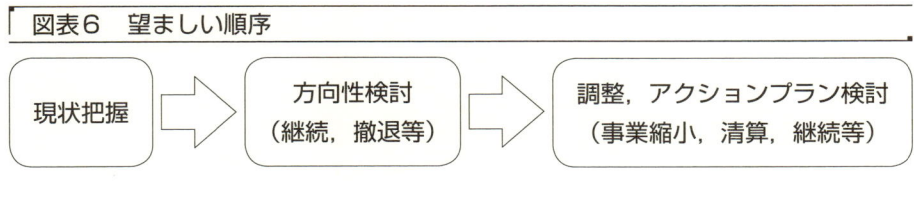

2　中国における日系企業の歴史とビジネスモデル

それでは，現在の中国現地法人の外部環境や，過去進出した現地法人が撤退した理由を知るために中国における日系企業現地法人の進出形態と変遷の歴史をみていきましょう。

1　外部環境の変化に伴う中国ビジネスの変遷の歴史

日系企業の中国ビジネスの変遷を外部環境の変化とともに見ていきます。まず，1970年の改革開放以降，日本の中国ビジネスは主に中国への技術供与といった形から始まり，1990年代の合弁形態による外資企業の進出から，2001年のWTO加盟以降，保税加工貿易ができる経済特区への進出や外資への優遇活用を背景とした製造系，加工系外資企業の設立，2008年の外資と内資企業統一以降は，小売，サービス企業などの設立が続き，2012年のアベノミクス以降は，円安により従来の中国下請け型の現地法人の撤退も出るなか，内販獲得を目的とした進出が一定数あるという状況になっています。

2　日系企業の対中ビジネスの変遷

1　1980年代：改革開放以降の合弁進出初期

社会主義国家であった中国が鄧小平の改革開放政策により，1980年代には諸外国へ門戸を開き，特に日本からは工業など重厚長大型企業による支援・進出が行われました。法律などはまさに社会主義国で，外国企業，外国人は厳しい管理下に置かれていたようです。ところが，管理下にありつつも開か

れかけていた社会主義国の大国に対して，世界的にも盛り上がりかけてきた中国進出の気運は，天安門事件でいったん頓挫することになりました。

当時を経験した商社の方にお話をお伺いすると，北京などに駐在，留学していた駐在員は一斉に台湾へ転勤することになったそうです。そしてその後1990年代にはまた進出が増えてくることとなります。

❷　2000年代：中国のＷＴＯ加盟，各種投資促進による誘致進出期

2001年には中国もＷＴＯに加盟し，外資企業に対する誘致，優遇政策が整備されるなど，また，外資企業の進出ブームが到来しました。

①　沿岸都市の保税加工貿易の隆盛

2000年代には輸出加工区や保税区等が沿岸部中心に設けられ，保税加工貿易（日本親会社の外注加工型）を行う日本企業現地法人が数多く設立されました。それらは，来料加工，進料加工と呼ばれる保税加工貿易などで，中国の安い人件費を利用して，材料は日本や中国国外から輸入し，中国で加工して再度日本や中国国外へ輸出するといった貿易形態が多くとられました。

②　経済開発区と外資優遇

また，中国に外資誘致政策として設けられた経済開発区などに進出し，中国で製造して日本親会社へ輸出するビジネスモデルの現地法人も数多く設立されました。こうした企業に対しては，二免三半減など外資製造業に対する優遇が付与されました。現在，中国で活躍されている日系の金融機関の中国ベテラン駐在員の方などもこの時代の上海駐在などを若手時代に経験された方などが多いようです。

また，世界的にも中国が「世界の工場」としての地位を確立する一方，人民元の為替レートや，人件費が徐々に上がり始めることとなります。

そうした外資による中国投資の活発化のなか，法律や外貨管理等も徐々に整備され，2008年には外商投資企業所得税法と内商投資企業所得税法が統一され，優遇なども一本化されることとなりました。これは形式的にせよ，外資企業に対する扱いが内資企業と同様になったといえる反面，「外資ならなんでも来てください」という全面的な投資歓迎の時代がもはや過ぎ去ったことを示しているともいえます。

Ⅰ　日中の経済環境の変化と今後の日本企業の対中ビジネス

図表7　2000年代の中国ビジネス

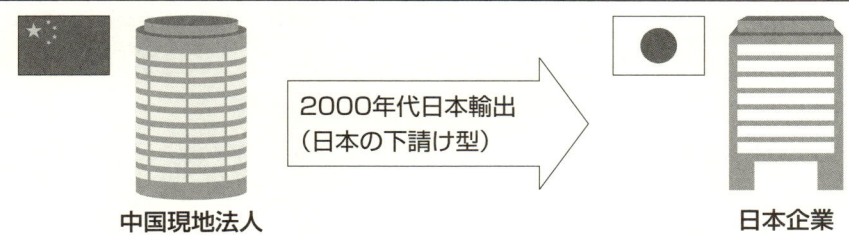

③　2010年代：1元＝12円！　円高の追い風も受け，中国進出ブーム

リーマンショック等もありましたが，2010年代には，日本でもある種「中国ブーム」といった現象が起き，「これからは巨大市場である中国への進出！バスに乗り遅れるな！」と言わんばかりに中小企業も含めて数多くの企業が中国に進出していきました。筆者が駐在していたのが，まさにこの時期です。今では想像しにくいですが，当時は毎日のように新規進出の相談がありました。

ただし，実務家の実感としてはこの時期の進出案件は，よく検討したものというより，「とにかく進出しなければ」という進出の必要性に疑問符が付くものも少なくありませんでした。結果的にこちらの現地法人の処理が現在の撤退ブームの一端を担っているという面もなくはないと思われます。つまり進出の際の事前検討が残念ながら不十分であったということです。

図表8　2010年代の中国ビジネス

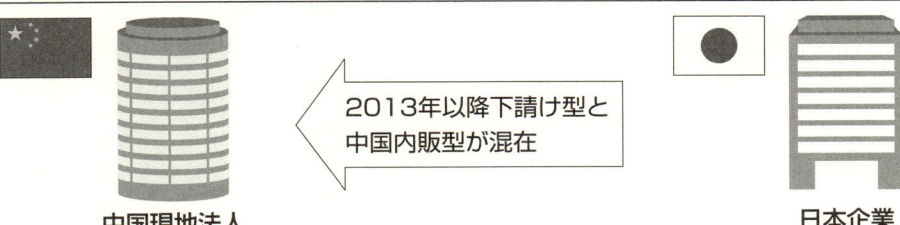

ある種のブームのなか，数多くの日系企業が進出。
事前検討が不十分で，必要性に疑問符が付くものもあった。

9

④ 2014年以降：新常態とアベノミクス－日中新関係－

　進出ブームのなか，中国でも人件費の上昇が顕著となり，労働集約型の生産基地としての役割にはいつかは限界が来るのではといわれ始めました。そのような状況のなか，尖閣問題による日中関係の悪化，アベノミクスによる円安，中国では新常態を掲げる習近平政権の誕生と，中国におけるビジネス環境は大きく変化しました。

図表9　2014年以降の中国ビジネス

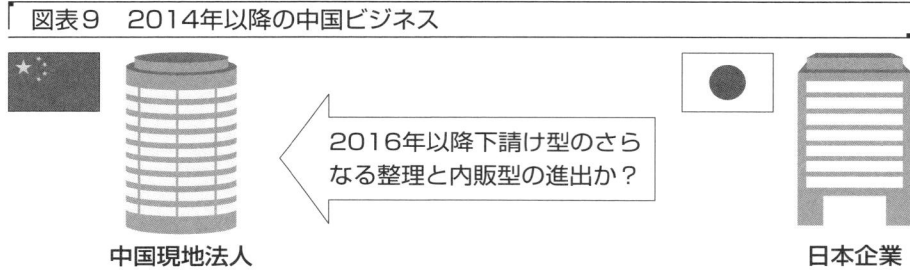

⑤ 中国ビジネスの転換期：既存進出企業には判断の難しい時期

　こうしたなか多くの輸出加工型日系企業が為替の影響による価格の激変の影響を受けることとなりました。逆に内販を行う日系企業にとっては中国の購買力上昇は大きな追い風となり，中国ビジネスの構造転換期ともいえる状態になっているのが現在の状態です。当然ながら従来型のビジネスモデルには，「この状態でいつまでもつのか」の検討が必要になり，またビジネスモデルを転換しての挑戦なども選択肢に入ってくることとなります。そういった選択肢の一つが撤退であり，再編であるということになります。まさに，今は中国ビジネスの構造転換期であり，既に中国に進出した企業にとっては，難しい判断を迫られる時期といえるかもしれません。

　結局のところ，これほどの中国の経済成長と日中関係の変化を進出時に予測できていた企業はほとんどないと思いますので，当然ながら外部環境の変化に逐次対応していく必要があることとなります。

⑥ 把握の進む実務情報：苦労して育ててきた現地法人に最適な経営判断

　一方，進出時と異なり現在はかなり中国の実務情報の把握も進んでいます。

設立した経緯は様々ですが，中国現地法人は文字どおり日本親会社の子供です。適切な現状把握と分析を行い，最適な経営判断を下していけるようにしたいものです。

図表10　現在の中国ビジネス状況

進出時
1990年代～
中国の実務情報も少ないなか，まずは進出！

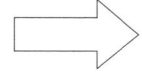

現在
為替，中国の経済力の激変

実務情報は進出時より多い

苦労をして育ててきた中国現地法人に正しい分析と経営判断を！
進出時より実務情報は多く，打てる手も増えている。
中国現地法人は文字どおり日本親会社の子供！

Column **なぜ設立したかわからない現地法人**

　お客様とお話をしていると，中国現地法人について，「なぜこういう法人を設立したのかわからない」という話を時々お聞きします。

1　なぜ二つあるかわからない法人

　製造業などでよくあるのがこのパターンです。中国のほぼ同じ場所に二つ現地法人（生産型現地法人が二つある場合が多いです）があり，それぞれ経営範囲が異なるのは異なるのですが，「そもそも一つの法人でもできたのではないだろうか？」という疑問です。当時は，経営範囲ごとに法人が必要など，それなりに事情があったかと思うのですが，現在では本社の方でも事情を知っている方がおらず，「当初から一つの法人で対応が可能であったのでは」と考えるわけです。こういった企業は今になって合併などを考えている場合が多くなっています。おそらく設立時は中国の実務情報も少なく，当時は現地のローカルスタッフやコンサルティング会社の指示のままにやったものの，詳しい当時の経緯が残っておらず，「誰も理由がわからない」という状態になってしまっているものと思われます。

2　なぜ合弁にしたのかわからない法人

　こちらも意外と多いのですが，「外資100％でもできたのに，なぜ合弁にしたのかわからない」というものです。合弁にすると重要な意思決定は董事会の全会一致決議が必要となり，手続は煩雑になります。「そもそも100％独自でやればよかったのに，なぜ合弁にしたの？」という，これは当時の経緯はわかっても，その選択を後悔しているというケースです。

3　なぜ持分買収にしたのかわからない，駐在員事務所にしなかったのかわからない等

　そのほか，「なぜ自社での新規設立ではなく持分買収にしたのかわからない」というケースや，「駐在員事務所にしなかったのかわからない」，果ては，「なぜ現地法人を作る必要があったかわからない。出張や商社での対応も可能であったのではないか」というケースもあります。

　進出時には，「とりあえず一刻も早く中国ビジネスに参加しなければならない」と，進出最優先で実務的な検証をあまり行わず進出した法人も少なくないものと思われます。実際，当時はそんな雰囲気であったように感じています。

　現在は，外部環境が変化しており，今一度法人の実態と意味を検証せざるを得なくなっていますが，逆説的にいうと本来の意義と最適な形を模索するよい機会ともいえます。

Column　中国における日系企業コミュニティと海外進出の一般化

　中国の日本人社会では日系企業コミュニティがあり，ある程度の都市では日本人会や商工会等で企業同士の交流があります（なんとなく，古き良き日系企業同士の連帯，助け合いといったイメージです）。そのなかで有力企業が商工会の理事，役員などを担っていくわけですが，様々な業種の企業が進出しています。業種別に区分すると，以下のイメージです。

1　業種別
① 製造業系：中国進出初期から進出している老舗業種，日本への輸出型も多い。
② 商社系：こちらも初期から進出，日系企業ビジネスのほか，中国合弁などへの関与も多い。
③ 金融，コンサル系：①，②のフォローでついてきており，割と早い段階から進出している。
④ サービス，小売系：2000年代後半以降増加している業種。円安が追い風に。
⑤ ＩＴ系：データセンター等。業務が日本からの下請けのみの場合，円安で厳しい傾向。

2　製造業，商社中心からサービス，小売の増加へ
　従来は①が進出日系企業の主力であり，現在でも感覚的には日系企業の半数近くが製造系といった印象ですが，外部環境の変化でこういった構成の変化が予想されます。中国では地方ごとの行政運用の差異が大きいため，以前はこういった日系企業同士の情報交換や助け合いがよく行われ，現地では非常に重要なコミュニティであり，現地日本人駐在員の数少ない憩の場でもありました（日系企業の進出が少ない都市ほどそうで，製造業の駐在員の方を中心とした「古き良き日系企業同士の連帯」といった助け合いがよくみられました）。今後，中国の行政の整備や，日系企業自体も進出企業の構成の変化により，こういった日系企業組織の内容も少なからず変わっていくと思われます。海外駐在が一部の大企業だけのものであった時代は終わり，新しい日系企業の連帯の形が生まれていくのかもしれません。

II 日系企業に必要な将来性検討と経営判断

1 現行のビジネスモデルで勝算があるか？

　中国における進出日系企業の歴史的経緯は上記のとおりですが，上記の状況下にある日系現地法人の今後の進路を判断するために必要な経営判断はどういったものでしょうか？　まず，外部環境の変化は明らかであるため，現地法人の業種，ビジネスモデルによっては，どう頑張ってもビジネスの採算をとること自体が難しい場合もあります。例を挙げれば，日本から原材料を輸入して人件費の安い中国で加工し，再度日本へ輸出するといったかつて非常に多く設立された来料加工や，進料加工といった輸出加工型のモデルは，最近の円安や人件費上昇で大きな影響を受けています。価格や利益率を分析して採算がとれる発注量を試算し，価格調整や経費削減などである程度の時期まで対応できる場合は，調整の対応を行い，できない場合は撤退若しくは業態のフルモデルチェンジを考えざるを得ないでしょう。

2 原因は外部環境か，内部要因か？

　逆に，現地法人の業績が悪くても現地法人が放漫経営になっており，経営改善を行えば現在の環境でも十分利益が出せるケースもあります。さらに，撤退するにしても清算するのか，持分譲渡で他社に譲渡するのか，業務を縮小して一部機能を中国に残すかなど様々な選択肢があります。また，そうした選択肢には現地法人の状態によっては制約があるケースもあるため，現地法人の状況をよく認識，分析した上で最適な経営判断を行っていくのが理想的でしょう。

3 外部環境の変化と今後の将来性分析の必要性

　1990年代以降，日本向け製品の生産拠点として日系企業の中国現地法人が数多く設立されてきました。しかし，中国の経済発展にともない，徐々に労働集約型のコストメリットが薄れ，特にアベノミクスでの円安誘導で，コスト環境が激変しました。逆に中国への内販は円安により有利な状況となりました。日本の下請け型の中国現地法人は，以下のポイントを踏まえ，継続可能かどうかについて冷静な経営判断が必要となります。

図表11　将来性分析にあたってのポイント

①	明らかな外部環境の変化。
②	従来の商流に固執せず，柔軟にグループ全体での対中ビジネス戦略を再検討。
③	撤退が全てではない。業績悪化の原因がマネジメント手法の問題等である場合も多い。
④	撤退，縮小，再建の手法は現地法人のステータスによっては制約がある場合もある。
⑤	現地法人の現状認識，分析が全ての出発点となる。

4 現地法人の現状の客観的把握から始める

　まずは「撤退，継続」といった先入観抜きで現地法人の現状を客観的に把握，分析することが全ての経営判断のスタート地点です。ただし，現地法人に不用意に現状把握のための照会をかけると，「日本親会社は中国からの撤退を考えているのか？」などと必要以上に現地に疑心暗鬼と混乱を招いてしまう可能性があります。

　特に中国人ローカルスタッフの情報交換と日本本社や駐在員の動向への関心は，日本の感覚と大きく異なり，日本人には異常と思えるほどセンシティブに

なっており，しばしば想像からくると思われるデマもあります（事例01参照）。ゆえに，できれば極力現地側の関与なしに現状把握を行いたいところですが，さりとて，中国現地の事情に精通したスタッフの少ない日本本社管理部では，現地からの情報提供やバックアップがなければ事前検討を行うことすら難しいという現実があります。

5　第一歩は日本親会社，日本人駐在員主導による基礎資料からの分析

ではどのように現状把握を進めていくべきでしょうか？　筆者の考えは，「通常の経営で日本本社が取得する資料でもかなりの把握，分析が可能であり，まずはそこから始めるべき」というものです。実際，通常の現地法人経営で日本親会社が取得する情報レベルでもかなりの分析が可能なのですが，その点を認識されている日本企業はまだまだ少ないように感じています。

6　基本資料の収集と分析が最適な経営判断のための出発点

本書では今後の現地法人の方向性を検討するための正しい現状分析の出発点となる通常の資料収集から行っていく分析手法を解説していきます。これは，基本的な資料は全法人共通ですので，どの法人でも必ず行える手法です。もちろん，資料から読み取れる情報には限度がありますが，こういった分析を行う前に撤退に向けて突き進んでしまい，不必要な労力，コストをかけてしまっている場合も多いといえますので，まずは通常の資料でできる分析を本社側で行ってから，必要に応じて深耕していくことが効率的かつ現地に不必要な不安感を与えない進め方であると考えます。

Ⅱ　日系企業に必要な将来性検討と経営判断

図表12　日本本社が清算を検討する場合

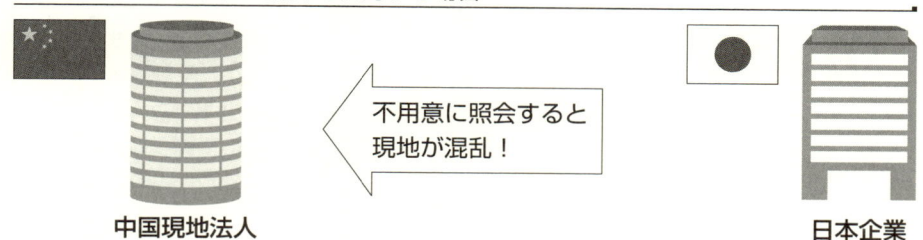

中国現地法人　　←不用意に照会すると現地が混乱！　　日本企業

中国から撤退してしまうのですか!?というローカルスタッフの不安

あくまで可能性の一つとして中国から撤退した場合どうなるか知っておきたい

☑ Point

本社での検討段階で現地法人（特にローカルスタッフ）に照会をかけると，現地が混乱する可能性があります。
まずは通常の経営活動で収集している資料から分析をはじめるべきです。
通常資料でもかなりの分析が可能です！

事例01　中国ローカルスタッフの日本本社，駐在員への注目

　中国現地法人のローカルスタッフは非常に日本本社と駐在員の動向，意向を気にしています。これは当然彼らのオーナー，上司であるという点と，中国の組織が非常に上下関係のはっきりした組織であるという点が関係しています。

1　良かれと思って個人の事情を斟酌したら

　ある日系現地法人では，日本人総経理Aさんがローカルスタッフbさんから会社業務に関する個人的な相談を受け，良かれと思って改善の指示を出したところ，数日のうちに，そのことが他のローカルスタッフに伝わってしまったようで，Aさんにはその後他のローカルスタッフからも陳情まがいの相談が多数寄せられることとなってしまいました。

17

2　同僚の給与は実質的に公開情報？

　また，別の日系現地法人では総経理のＣさんがローカルスタッフの活性化のため，給与改定の際にスタッフ別にある程度給与に差をつけて改定したところ，その給与差はローカルスタッフ同士の情報交換で知れ渡ってしまい（ローカルスタッフ間で，「給与いくらになった？」と情報交換することが中国では当然のようにあります），様々なスタッフから「彼の給与は○○元なのに，なぜ私は○○元なのか！」というクレームを数多く受けることとなってしまいました。また，なぜかＣさんの給与額や，日本人同士の食事会の費用を会社経費で精算していることなどがローカルスタッフの間に知れ渡っているようです。

　このように，中国では個人の情報保護の感覚は薄く，また給与などの個人の経済的な情報を日本ほど秘匿するカルチャーはありません。逆に職場のローカルスタッフ同士で積極的に情報交換をしようとする風土すらあるため，給与情報などはある程度広まる前提で考えておく必要があり，また管理職が個人的な相談に応じたところなども，ローカルスタッフに知れ渡るというものと考えて対応する必要があります。

III 分析結果に基づく方向性の検討

　上記の分析結果に基づき撤退か再建か，また，撤退するにしても部分撤退か全面撤退か，再建もマイナーチェンジかフルモデルチェンジかなど，方向性を決定していくこととなります。
　分析結果に基づく経営判断，再編手法を簡単なフローチャートで表すと以下のとおりとなります。

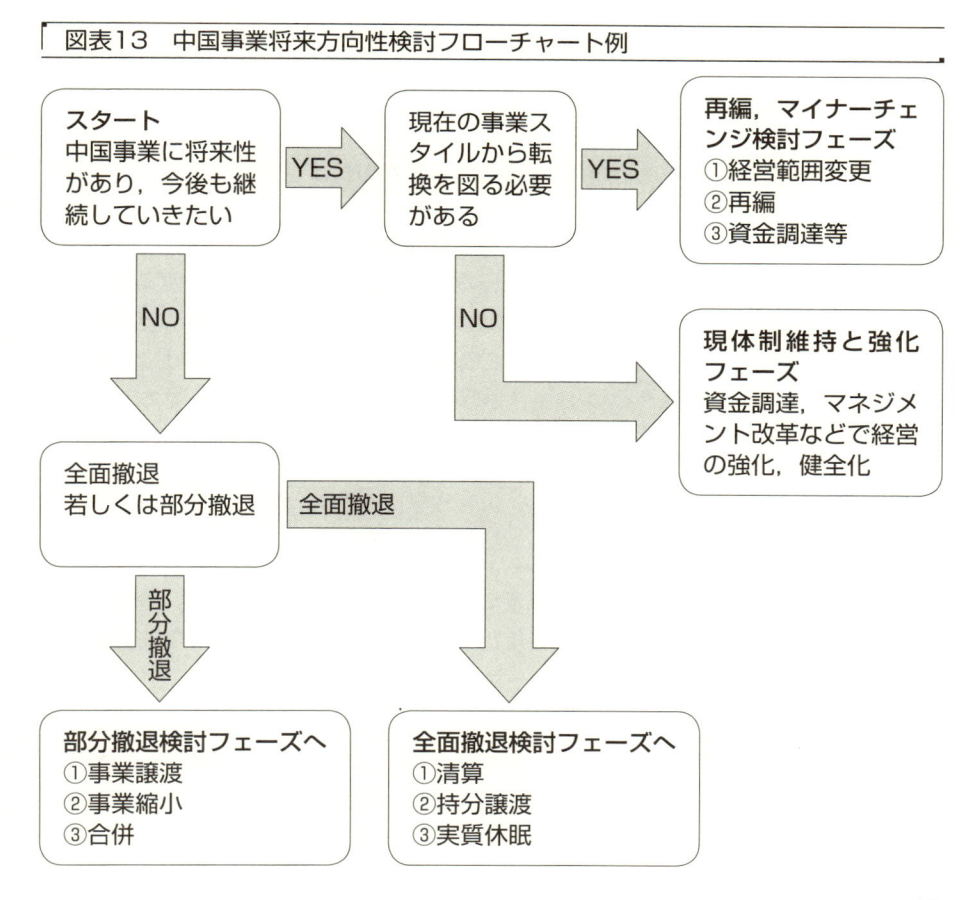

図表13　中国事業将来方向性検討フローチャート例

```
[スタート                    [現在の事業ス      [再編，マイナーチェ
 中国事業に将来性  YES→      タイルから転  YES→  ンジ検討フェーズ
 があり，今後も継            換を図る必要       ①経営範囲変更
 続していきたい]              がある]           ②再編
       │                        │              ③資金調達等]
       NO                       NO
       ↓                        ↓
[全面撤退                                      [現体制維持と強化
 若しくは部分撤退]   ── 全面撤退 ──→          フェーズ
       │                                       資金調達，マネジメ
       │部分撤退                                ント改革などで経営
       ↓                                       の強化，健全化]
[部分撤退検討フェーズへ      [全面撤退検討フェーズへ
 ①事業譲渡                    ①清算
 ②事業縮小                    ②持分譲渡
 ③合併]                       ③実質休眠]
```

Introduction

1　合理的な経営判断と実情

　上記フローチャートを御覧になっていかがでしたでしょうか？　「当たり前ではないか？」と思われるかもしれません。お感じのとおり，実際意思決定のフローとしては至極一般的です。しかし，現実の日系企業の中国実務では，上記のような検討は行われず，「清算ありき」で十分な検討がなされないまま清算の実行がなされ，本来なら回避できたようなトラブルの発生や，余計なコスト，手間が発生してしまっている場合も多々あります。これらは，①中国の現地法人の実情を把握できていない，②中国現地で実際に実行可能な種々の方法について知識がない，③中国コンサルタントも企業の方針を受けて実務を実行するのみで，方針自体に関する改善提案などはあまりない（Column「日系企業向け中国コンサルタント」）といったところが原因ではないかと考えています。

図表14　中国現地法人の方針決定に伴う関係者間のジレンマ

日本本社
経営層であり，方針決定を主導する立場にあるが，中国の実情，知識が不足。

中国現地法人
日本人駐在員もおり，ある程度実情を把握しているが，総経理も管理や経営専門の人員ではないため，日本本社にうまく説明できない。ときとして日本本社と利害が対立し，信用してもらえないことも。

中国現地コンサルタント
（法律事務所，会計事務所等）
最も実務知識を有しており，方針決定に本来は参画すべきであるが，機能としては，会社の方針確定後に，決定をただ忠実に実行するのみという実務実行部隊になっている場合が多い（特にローカル系）。

上記状況のなか，清算，縮小などの重要な意思決定が日本本社主導で行われる場合が多く，現地事情を十分斟酌できず，本来なら避けることができたロスが発生している場合もある。

Ⅲ　分析結果に基づく方向性の検討

2　正しい情報に基づいた経営判断による方向性決定を

　これを，①実情を把握して，②現地での正しい知識を背景に適正な選択肢を把握し，③実務の実行だけでなく，そもそもの方向性の是非から考えていこうというのが本書の趣旨です。中国における清算，持分譲渡，再編というととかく難しいイメージがあり（実際書店の中国関係の書棚には極めて難しそうな本が並んでいます），日本親会社で詳細な判断をするのはとても難しいといった印象をもっている方もいますが，そんなことはありません。会社法や税法など日本の制度と似通っている部分もかなりありますので，中国独特の特徴，ポイントを把握すれば，十分日本側，日本人駐在員でも合理的な意思決定が可能です。

図表15　本書が目標とする客観的な現状分析に基づく方針決定

日本本社

中国現地から定期的に必要情報を収集し，それに基づき日本本社，駐在員で正しい知識による分析を行う。

➡日本親会社側でもある程度的を得た分析と現地駐在員のサポートが可能！

　　　　　　　　　　　↑正確な現地実務知識　　　　　　　　　　　↑定期的に回収

中国現地コンサルタント
（法律事務所，会計事務所等）
▶現地実務情報
▶各手法のポイント，望ましい方針などの情報
▶日本本社の方針決定のための相談

中国現地法人
▶営業許可証
▶定款
▶監査報告書
▶月次財務資料

☑ Point

▶撤退検討などの重要情報は初期段階では限られたメンバーのみで検討を行う必要がある。
▶正しい分析手法を知り，適正に資料回収ができていれば日本本社側でもある程度の経営分析が可能。
▶適切な実情把握と方針決定ができれば，現地法人への指示もピント外れのものが少なくなり，「ＯＫＹ」でなく，適切な現地バックアップができ，現地との関係が良好になる。

Introduction

Column　日系企業向け中国コンサルタント

　今日,「コンサルタント」というと誰でも名乗れる名刺一枚で始められるお手軽な仕事の代表格のようなイメージもあります。ゆえに,その印象は必ずしもよいものではありませんが,中国の日系企業向けにも数多くのコンサルタントが存在します。

　中国の日系企業向けコンサルタントには,海外,しかも新興国ビジネスであるという特殊性から会計事務所や法律事務所,経営コンサルタント等バックグラウンドは様々で,中国はじめ国外の日系企業向けのコンサルタントは国内のそれとは少し異なる特徴があるようです。これは日本国内だけであれば,法律,税務会計や,経営といった要素だけであるのが,海外になると,そこに「語学」や,「現地とのコネクション」といった部分も重要になってくるという理由が大きいと考えています。そのため「コンサルタント」といっても,内容や特徴は千差万別で,それぞれ面白い特徴があります。以下が中国での日系企業向けコンサルタントの主なタイプですので,特徴を解説していきます。

1　タイプ

①　法律事務所系－士業系は最初に進出！－

　進出のためにはまずは法人の設立ということで,どこの国でも士業系は法律事務所が進出するという場合が多いようです。日本の有名法律事務所なども多数進出しています。

②　会計事務所系－経常的なルーチン業務がある－

　どこの国でも税法があり,帳簿も記帳しますので会計事務所系のコンサルタントもあります。会計事務所も法律事務所と同様,いわゆる「ＢＩＧ４」という世界的会計事務所が進出しています。ただし,「ＢＩＧ４」は日本の事務所が進出しているわけではなく,アライアンスを組む中国の事務所に日本から出向者が派遣されているという形態です。

③　商社ＯＢ系・金融機関ＯＢ系

　これは,海外独自のコンサルティング業形態かもしれませんが,商社や金融機関出身の方がつくられたコンサルティング会社もあります。こちらは,法律や税法といったアプローチではなく,「ビジネスをやるための」アプローチであるため,語学や商流,物流,現地とのコネクションに強いなど上記の法律,会計系とは異なる特色をもっているようです。ただし,設立されてから長くなってくると,法律や会計の部門も補強され,表面的には①②のコンサルティング系とあまり変わりがなくなってきているようにも見えます。

④　自営業実践系－様々な方が－
　これも面白いパターンですが，自分の会社を過去に進出させて，その経験をもとに中国で自分の会社の経営と他社のコンサルティングをしているタイプです。地元事情に精通し，現地とコネクションをもつということを特徴としたコンサルティング会社といえます。
⑤　ローカル系－地元ではやはり強い！－
　上記の各タイプ別に当然ながら中国系のコンサルティング会社があります。言葉のハンディがある反面，実務を行うのは当然中国語で中国人の方が行うわけであり，なおかつ，弁護士，会計士，税理士といった日本の資格は中国の法律上，中国では通用しませんので，実際のライセンスを要する実務は必ず中国の資格を有する中国人専門家が行う必要があります。したがって，実務を行う上では有用な存在ではあるのですが，語学と文化，サービスレベルという点で壁がありますので，そこを上記の日系コンサルタントと提携したり，最近では日系企業対応用に日本人を雇用するようなローカル系コンサルティング会社もあります。

2　経緯と特徴
　こういった様々なバックグラウンドをもつコンサルタントが進出している理由は中国や新興国ビジネスの大きな特徴でしょう。一般的な順序としては，まず商社や現地コンサルタント系の進出があり，次に法律事務所，その次に会計事務所といった進出パターンが多いように感じます。

3　サービスレベルと今後－初心者向けから高付加価値へ？－
　しかし，こうったコンサルタントの多くは，日本や欧米先進国のコンサルタントに比べると，「初心者向けの基礎的なサービスを提供する」ものが主になっています。これは，「そもそも日本語はおろか英語も通じない新興国では，当たり前の業務をやるだけで価値がある」ということに起因しているかと思います。しかし中国の行政制度の透明化や合理化などに伴い，今後はこういったサービスは変化していき，単純な代行業から日本のような企業の多様なニーズに対応していくコンサルティング業に変化していくのではと考えています。

従来のコンサルタント	今後のコンサルタント
ベーシックな代行業務が中心 新興国では当たり前のことをやることにも価値がある！	制度の整備や透明化にともない代行業務からコンサルティング業務へ移行？

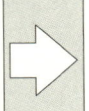

IV 方向性確定後の最適な撤退，再編方法，各種調整，アクションプランの検討

　方向性が確定すれば，方法の検討に移ることとなります。大きな方向性としては，事業継続か撤退，さらにその詳細も①事業継続，②再編やモデルチェンジ，③部分撤退，④全面撤退といった形態があり，そこに至るまでの手法も様々です。現地法人のコンディションによってとれる方法に制限がある場合もありますので，それらの条件を斟酌の上，グループにとって最適な手法を検討していく必要があります。方法としては，法的な方法に限ったものでも以下のような選択肢が考えられます。

【事業継続】
　現状維持による継続か？　それとも追加投資をしての発展的継続か？　あるいは，一部縮小しての継続か？　等，事業継続にしても様々な継続形態があります。
　①　資金調達面からの支援
　　　増資，債務免除，デット・エクイティ・スワップ
　②　オペレーション面からの支援
　　　駐在員，出張者等の体制改変，社内体制，実業オペレーションの改善
　③　定款，就業規則等のメンテナンスと改善

【再編，モデルチェンジの手法】
　①　経営範囲変更
　②　分公司（支店）開設，統廃合
　③　再編
　　　合併，分割，一部事業譲渡，買収

【部分撤退】
　撤退するにしても，部分的な撤退か全面撤退かなど様々な方法があります。
　①　事業譲渡
　②　事業縮小

Ⅳ　方向性確定後の最適な撤退，再編方法，各種調整，アクションプランの検討

【全面撤退】
　①　清算
　②　持分譲渡
　③　実質休眠

　方向性が確定しても各方針別に撤退，再編方法はこれだけの選択肢がありますので，それぞれの現地法人のコンディションに応じて最適な方法を探っていく必要があります。

V 方法確定後，実務実施手続の検討

　上記で最適な方向性と方法が確定すれば方法実施のための実務の検討に移っていきます。上記までが「経営判断として大まかな方針を決定する戦略部分」とすれば，ここからは「決定した方針をいかに達成するかの実務手法を検討する戦術部分」です。方向性，手法が確定しても，手続自体が中国では日本よりはるかに煩雑なものとなっています。こちらも手続に入ってから「そんな指摘を受けるのか!?」というトラブルに直面して困惑するケースも多くありますので，十分な事前検討，準備を行い最も効率的な手法で実施していくのが理想的です。

図表16　現地法人現地法人撤退実行までの各フェーズ

①事業将来性検討フェーズ
　事業継続か，縮小か，撤退か？　グループの中国ビジネスの今後の方針について現状分析からまずは「事業を継続できるのか？　する意味があるのか？」という検討を行う。要は「進むか？」「退くか」の方針決定をしていく。

⇩

②方法，アクションプラン検討フェーズ
　方針が確定後，その方針を実施するために必要な各種調整，アクションプランについて検討を行う（持分譲渡，清算，再編，経営範囲変更及びそれに至るまでの事業オペレーション変更など）。

⇩

③現地実務手続検討フェーズ
　①，②で分析を行った後，再編実施上問題のない（若しくは情報共有の必要がある）と判断したメンバーには，現地で必要な情報を共有し，現地での検討，準備を開始する。現地が疑心暗鬼に陥らないよう本社から十分にケアをする。

⇩

④実務手続実施フェーズ
　③で検討した実施手法に基づき，代行会社及び現地法人で実務手続の実施に入る（この段階では手続を実施するのみで，基本的には方向性変更などはできないこととなるが，この段階でコンサルティング会社などに持ち込み，「もっと良い方法があったのに」となる場合もある）。

①，②の検討を十分に行わず，③若しくは④に突入するケースが多い！

V　方法確定後，実務実施手続の検討

図表17　フェーズ別検討

①**事業将来性検討フェーズ** 現地法人の将来性について検討 ➡経営改善を行ったとしても黒字化の見込みなし。	②**方法，アクションプラン検討フェーズ** 方法の検討 ➡持分譲渡の買い手がなく，過去の税務リスクも低いため清算に決定 アクションプラン ➡段階的に従業員を削減
③**現地実務手続検討フェーズ** ➡直轄地域の清算実務の必要資料，スケジュールを確認。 　日本親会社，取引先へ大枠の期間を連絡。	④**実務手続実施フェーズ** ➡現地法人の縮小。 　従業員整理をコンサルティング会社とともに開始。

VI 現状把握と事前検討の重要性

　このように日本本社経営層にとっては中国現地法人の将来性把握や，清算した場合のリスク分析というのは，本来は出資者である親会社として定期的に検討，把握していくべき事項ですが，これは現地法人の実情が見えていない段階からやみくもに検討していくべきものではなく，現地法人の資料からまずは本社側で客観的な把握，分析を行い，第一フェーズの将来性分析から初めていくべきものです。その過程で，必要があれば現地の限られたメンバーと情報共有，検討を行い，清算等現地にとってセンシティブな情報は未確定の段階ではあいまいな情報は伝えないなどの配慮が必要となります。現地にとってはネガティブな結論に達した際は，それを円滑に実施していくべく戦術の検討を行い，ある程度最終的な方針が確定し，現地スタッフを十分慮った対応を検討してから現地へ伝えていくのが望ましいものと考えます。

　また，現地法人のコンディションを把握しておくことは，本社側の現地法人のいい意味での管理強化にもつながります。

図表18　手法検討までの流れ

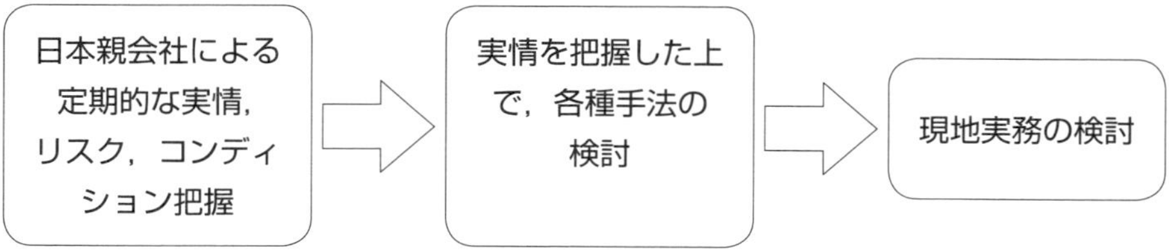

日本親会社による定期的な実情，リスク，コンディション把握 → 実情を把握した上で，各種手法の検討 → 現地実務の検討

☑ Point

実務実施の前の把握，事前検討がとにかく重要！
いきなり実務に突入して必要のない時間的，経済的ロスを出すケースが多い。
実情把握→手法検討→実務検討の後，実務実施へ！

VII 本書の解説手順

　本書ではそういった現状分析をもとに，フェーズごとに検討を行い，最終的に現地法人の清算，持分譲渡の実務を解説する方法により説明を行っていきます。

1　第1章：現状把握のための基本資料の回収と分析方法

　現地法人には営業許可証や監査報告書など，当然ながら正規に運営されている法人なら必ずある法定資料があり，それらの資料を読み込むだけでも，かなりの情報把握が可能になり，現地法人の今後の戦略を考える上で，非常に重要な前提条件を把握することができますので，そちらを丁寧に解説していきます。

2　第2章：最適な方向性の確定のための判断基準と各手法

　第1章の分析，現状把握結果を受けて，現地法人の特徴をつかみ，そういった法人にはどういった撤退，再編手法が考えられ，マッチするかを解説します。中国では法人の基本情報やコンディションにより，法的にとれる手法が現実的に大きく異なる場合もありますので，特徴別に各手法の難易度や注意点を解説します。また，法人の種類やコンディション，進出の経緯によっては最終的な法的処理に至るまでに各種調整が必要な場合も多いですので，そういった最終処理に至るまでに必要となる過程の処理についても解説します。

3　第3章：清算と持分譲渡を中心とした実際の撤退実務

　第2章での手法の確定を受け，第3章では実際の中国での実務手続を清算と持分譲渡を中心に解説します。なお，前述のとおり本来は第1章の現状把握，

Introduction

第2章の最適な手法分析を経て，第3章の実務に移るのが理想的ですが，現実にはいきなり第3章の実務に突入してしまっているケースも少なくないのが実情です。ゆえに，本書では日本親会社が本来あるべき理想的な現状把握や手法検討を行って，清算や持分譲渡を実施していく流れで解説をしていきます。

4 定期的な現状把握と手法検討は事業継続の場合も有用

また，中国ビジネスを前に進めるにしても，いったん撤退するにせよ，客観的な分析を行い，現地法人の内容を把握することは，現地法人の情報把握と棚卸を日本親会社側でもすることにもつながり，非常に有用です。どういった方向に進むにせよ，本書で解説する現状分析手法と方向性検討は，日本親会社，日本人駐在員等の中国現地法人情報の客観的把握とより良い方向性決定に役立つものと思います。分析結果，事業継続が最も望ましいとなれば，それに越したことはありません。それでは，資料から浮かび上がる現地法人の姿を見ていきます。

事例 02　放任主義でアンタッチャブルな中国子会社

1．日本親会社管理部
　① 管理のエキスパート達の海外に対する本音
　　日々，財務や人事など会社のなかの専門的部署として，エキスパートとして活躍する日本親会社管理部の方々も，こと中国子会社のこととなると顔をしかめて，「できれば関わりたくない」といった反応となる会社も少なくありません。中堅，中小企業では当然のことながら，グローバルに展開する大企業であっても，驚くほど現地法人のことを把握していない場合もあります。
　② 大企業の功罪－管理が人事，財務とさらに細分化－
　　また，現地法人日本人駐在員にとって大変なのは，日本親会社の管理部が，財務部が現地法人財務を，人事部を現地法人総務をといった形で各分

野のエキスパートが現地法人のそれぞれを管理しようとし，その各分野での最適化した管理をいわばそういった管理業務は素人である技術系，営業系の駐在員に容赦なく強要し，その結果生じる財務と人事の矛盾，経営の矛盾といったところは考慮してくれないというものです。

　これは，法律自体が異なる海外では当然ながら，人事，財務の各分野を日本の感覚で最適化しても，当然ながらバッティングする部分が生じます。それを経営判断として中国側の法律，実務を把握の上，影響を考慮しながら各分野を横断的に調整をしていく必要があるのですが，そういったことをやってくれる部署も人もおらず，現地駐在員が一人で矛盾を背負い込むという気の毒なケースも少なくありません。

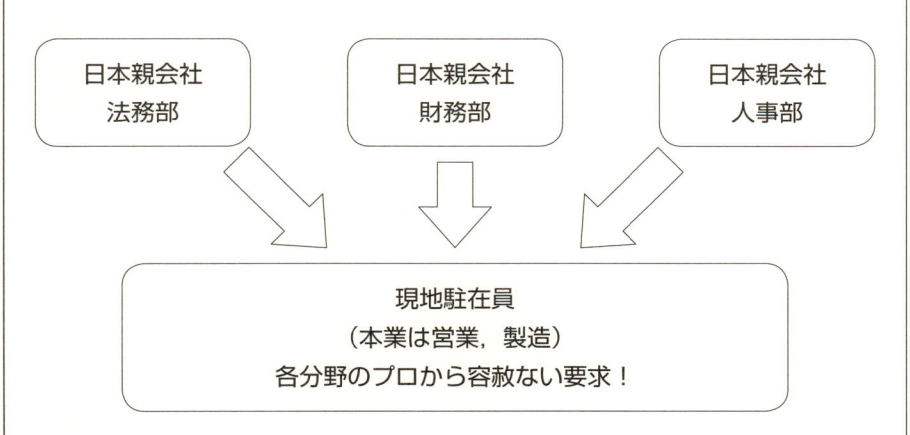

```
┌─────────┐   ┌─────────┐   ┌─────────┐
│日本親会社│   │日本親会社│   │日本親会社│
│ 法務部  │   │ 財務部  │   │ 人事部  │
└────┬────┘   └────┬────┘   └────┬────┘
     ↘              ↓              ↙
    ┌──────────────────────────────┐
    │        現地駐在員             │
    │   （本業は営業，製造）         │
    │  各分野のプロから容赦ない要求！ │
    └──────────────────────────────┘
```

2．日本人駐在員

①　企業により異なる駐在員の待遇，仕事内容

　現地にいて切実に感じるのが会社により駐在員の待遇に大きな差があるということです。その昔の海外駐在員が大手商社のエリートのみといった時代には，ハードシップ手当や語学研修などを施された「海外派遣要員」といった駐在員が投入されていたのでしょうが，中国に関しては企業の規模や過去の経験に関わらず数多くの駐在員が派遣されており，その待遇や経験は様々です。当然，なかには，「中国なんか来たくなかった。島流しだ。」と嘆いている駐在員もおり，士気は低く，望みは任期を終えて日本

に帰ることのみといった方もいらっしゃいます。

やむを得ない面もありますが，当然こういった方が現地のトップでは，現地のマネジメントにも良い影響を及ぼすはずもありません。ただ，なかには当初いやいや来てもすっかり中国に適応されて，立派な総経理になる方もいらっしゃるのが海外勤務の面白いところでもあります。

② ローテーションする駐在員

また，日本人駐在員も通常は短ければ2年，長くても5年でローテーションします。これも，実際駐在された方はわかるのですが，日本人駐在員の駐在期間は中国的にはいかにも短い感じがします。駐在員側からしても，ようやく慣れたという2年の終わりごろに帰任することになり，本格的な仕事になかなか入っていけないという部分と，現地法人側からしても「慣れたころに帰って，また素人が来てしまう」という疲労と，逆にいうとなめられてしまう部分もあります。

③ 日本親会社との関係

上記の事情からなかなか現地法人に習熟した駐在員が育ちにくいのが現実です。また，なんとなく，指揮命令系統の異なる海外現地法人人材は，社内でも「外国人部隊」といった感じになり，若干アンタッチャブルな存在になってしまっている場合も少なくありません。また，帰任しても帰国後の日本のポストが合わず，総経理として現地を束ねていた時代とのギャップに苦しむケースもあります。

3．OKY！

OKYというAKBのような言葉が海外駐在員の間では昔から有名です。駐在員が報われない我が身を儚んでか，日本親会社に対して「O　お前が，K　ここにきて，Y　やってみろ！」というわけです。このようにして，同じ会社内でもお互い距離を作り，ただでさえ管理しにくい海外現地法人を余計に管理しにくくしてしまっているという場合が少なくありません。

第1章
現状把握と分析ポイント

－拙速な撤退の判断をする前に冷静に現状分析！
現地に不安感を与えることなく，
まずは日本親会社，駐在員側で
現状の概観把握を行う－

I 撤退の経営判断を行う前の現状分析の重要性

1 中国における清算の煩雑さ

中国において清算は一大プロジェクトであり、現地法人の状況によっては難航するケースもあります。また、無事清算できる場合も、解雇する従業員への補償（中国では従業員が退職する際、法律により会社が経済補償金という補償金を勤続年数に応じて支給する必要があります）や、資産、負債の処分、過去の優遇の返還、未納税金の納付など、かなりの資金が必要になる場合も数多くあり、ある程度日本本社側でもリスクや追加資金などについて準備をしておく必要があります。

2 持分譲渡による撤退も可能

清算の手間や従業員の雇用などを考えた場合、買い手が見つかるのであれば現地法人の持分を他企業へ譲渡する方がよいという経営判断もあり得ます。しかし、持分譲渡の際も、買い手が現れるか、譲渡が可能か（業法による規制、定款による譲渡制限）、許容できる譲渡価格や税務上の問題などクリアしなければならない課題も数多くあります。

3 現状の経営体制が最適か？ 不振の原因は本当に外部環境か？

一方で、中国の日系企業現地法人は一部の優秀な企業を除いては日本本社に比べるとマネジメントの精度が低く、業績が悪い場合でも、現地法人の経営改革などによりまだまだ再建が可能であるというケースもあります。

ゆえに、本社側としては安易に意思決定をするよりも、まずは現状を正確に把握、分析の上、実行可能な方法を列挙して、各方法のメリット、デメリットを検証し、経営判断をしていくことが重要です。

Ⅰ　撤退の経営判断を行う前の現状分析の重要性

4　情報管理の重要性

　しかし，悩ましいのは現地スタッフに情報が漏れることにより必要以上に現地に混乱を招いてしまう場合があるという点です。なぜなら，現地法人の撤退は現地スタッフにとっては，非常にセンシティブなトピックスであるため（生活がかかっていますので当然といえば，当然ですが，最近の中国経済の減速により求人状況が悪化しているという背景もあります），現状把握のための情報収集にあたっても細心の注意を払わなければなりません。特に中国現地スタッフは機密情報の管理の意識が日本よりも低く，幹部にしか伝えていない重要情報が一般スタッフにも伝わり，単なる検討のための現状把握であるにも関わらず，大きな混乱を招いてしまう場合もあります（事例03）ゆえに，本書における現状把握に関しては，日本人駐在員などの一部幹部スタッフからの情報と，通常の日本親会社からの管理業務の一環として収集できる法定資料等から分析を行っていく手法も紹介します。

> **事例03　中国における情報管理の実情**
>
> 　中国では情報管理の意識は日本ほど高くなく，また，良くも悪くもズカズカと他人の領域にはいってくるのを得意？　としていますので，日系の現地法人においても中国人スタッフ間での情報管理はかなり緩いものと考えていた方がよいでしょう。
>
> ケース１　給与情報がつつぬけ
> 　中国人スタッフ同士で給与に関する情報交換をすることに日本ほど抵抗がありませんので，給与情報は実質的に公開状態となってしまうことも多く，会社によっては給与を他人に公開することを禁止する命令を出している場合もあります。
>
> ケース２　他社の情報は？　中国人スタッフ同士の日系企業情報ネットワークもあり！
> 　情報保護の意識自体が薄いため，会社の情報も中国人スタッフ同士で情報

35

交換があります。さらに自社内だけでなく，日本語の話せる日系企業人材同士の「中国人日系企業ネットワーク」的つながり（当然ながら日本への留学や大学の同窓生等，日本語を得意とする中国人同士でのつながりがあります）から，他社とも待遇などについて情報交換があります。そのなかで，「あっちの日系企業の待遇はどうだ」，「こっちの日系企業の駐在員は扱いづらい」などの情報交換がなされているわけです。一方，中国の日系企業の社会自体は非常に狭く，日本人同士は顔見知りのようなもので，そのよく知った方の思わぬ情報が中国人スタッフから入ってくる場合があります。

ゆえに，他社の日系企業の情報もある程度つつぬけですので，対応方法として同じ地域にある日系の工場などは情報交換をして賃金などをあまり各社で差が出ないような対応策をとっている場合もあります（価格カルテルならぬ，給与カルテルでしょうか…）。

ケース3　当局の担当者も気さく

また，情報の秘匿や保護という発想が，当局の担当者も日本に比べると薄いようです。筆者も何度か税務局に照会などに行ったことがありますが，問い合わせをすると管轄区の別の日系企業の実名を出して，「○○社はこのようにやっているから，これと同じようにやったらいいんじゃないの？」など，時には実際の資料まで見せて教えてくれる場合もありました。これは情報保護の観点からすると，「とんでもない」ということになりますが，逆にこのあたりの大陸的おおらかさが（税務局担当者も明らかに善意でやってくれています），過度な情報保護で神経質になってしまっている現在の日本と比較すると良い面があるという風に感じてしまう時もあります。

ケース4　根も葉もない噂，デマも

また，日本人駐在員や現地管理職への過度の注目のあまり，根も葉もない噂を立てられたりすることがあるのも中国現地法人での頭の痛い問題です。日本人駐在員は本人が思っている以上に注目されていると認識しておくのが良いでしょう（特にプライベートもよく見られています）。

良い悪いはともかく実情がこういう状況ですので，それを踏まえて各種情報発信を行っていく必要があります。

II 法定資料，財務資料の回収

1 法定資料一覧と回収

1 中国現地法人の法定資料

　まずは，撤退とは全く関係なく，通常の経営でも日本本社が当然取得している資料も多くありますので，こちらからもかなりの情報把握を行うことができます。しかし，設立以来日本本社管理部をすると，前述の事例のように「アンタッチャブル」あるいは「腫物をさわる」ような存在である場合も多い中国現地法人に関しては，「本来当然取得しておくべき資料を取得していない」ケースも実は少なくありません（事例04）。そこで，まずは，通常はどういった法定資料があるか見ていきたいと思います。

図表1-1　基本情報資料

資料名	中国語	発行機関，契約者	内容と日本の対応概念
営業許可書	营业执照	工商局	会社の基本情報が記載。日本の登記簿謄本に相当。
批准証書（自由貿易区はなし）	批准证书	商務局	営業許可証にない，出資者などの情報が記載。日本に同じ概念のものはなく，投資許可証といった意味。
定款	章程	現地法人	日本と同様の会社定款。
合弁契約書	合作经营合同	出資者	日方出資者と中方出資者で契約した合弁企業の設立条件について定めたもの。
賃貸借契約書	房屋租赁合同	賃貸人と現地法人	日本と同様。
土地使用権証	土地使用証	土地管理部門	土地の権利証書。

| 就業規則 | 就业规则 | 法人 | 日本と同様。 |
| 労働契約書 | 劳动合同 | | 日本と同様だが，労働契約書は中国では義務。また，労働契約法による労働者保護が強いため内容も非常に重要。 |

2 重要だが回収すらしていない企業も多い

　基本情報だけでもこれだけあり，これを全て本社が回収して内容把握しているケースは，我々の経験上も稀です。これらの内容をある程度理解していれば現在の本社の中国現地法人理解レベルはかなりの高いといっていいほどですが，逆にこの情報を把握しない段階で最終的な方針を決定してしまっている日本企業も多く，本来避けられた経済的，時間的損失を出してしまっている場合が少なくないのが実情です。

3 把握すれば非常に有用な情報に

　しかし，上記の基本資料から得られる情報は今後の方針を決定するためには極めて重要な情報ですし，ポイントを押さえれば資料からだけでもかなりの重要情報を得ることができます。これを有効に活用して正しい経営判断に役立てていくべきでしょう。

　ポイントを押さえれば日本本社でもかなりの情報を把握することができますので，資料の意味と見方をしっかり抑えて，現地法人を適正に管理する手段としていきましょう。

2　年次回収資料－監査報告書－

　中国では外資企業には年度監査が義務付けられており，以前は提出が義務とされていました。現在でも多くの地域で年度検査，報告や企業所得税の確定申告に提出が義務付けられているためほとんどの企業で作成しています。監査報告書には決算書のほか，内訳明細や異常事項の注記などの記載もありますので，

年度ごとの現地法人の経営状態を把握できる重要な資料です。

3 月次回収資料－財務資料－

1 中国では月次で財務資料を作成（しているはず）

上記資料は現地法人に必ずあるものですので，日本親会社は必ず定期的に回収し，モニタリングをする必要があります。現地法人の増値税，営業税，個人所得税の月次の納税申告期限が毎月の翌月15日（例：3月分を4月15日までに税務申告），企業所得税の予定納税申告期限が，毎四半期の翌月15日（例：1-3月分の第一四半期分を4月15日までに税務申告）となっているため，基本的には翌月15日までには財務資料の作成を本来は行っているはずです。

ただし，現地法人の経理事情が悪い場合，税務申告のみ期限どおり行い，後から財務資料を作成しているという「日本本社管理部からすると恐ろしいケース」もあります（事例04参照）。

2 回収できているか？

上記のとおり現地法人が通常どおりの申告を行っていれば，基本的には月次財務資料は毎月15日までに作成されているはずです。ゆえに，本来であれば毎月定期的に回収しておくべきでしょう。なお，15日の提出期限ですが，国慶節や春節など月初に中国の長期法定休日がある場合は，1週間程度提出期限が延長されます。

事例04　本社で月次財務資料の回収を行ったことのない日系企業

1 月次財務資料は作成しているのか？

中国に現地法人をもつ日本親会社の財務部の方から「中国では月次財務資料というものはあるのでしょうか？」とか，ひどい場合になると「中国には決算書はあるのでしょうか？」という質問を頂戴することがあります。つまり，月次財務資料どころか年次の監査報告書すらこれまで回収したことがな

いというわけです。

2　税務申告はやっているが，財務資料の作成をしていない

　財務資料をもとに，税務申告資料を作成するわけですが，税務申告の申告期限が毎月15日ですので「税務申告はやっているが，財務資料を作成していない」という，あり得ない状態が発生している企業があります。

　これは，財務資料の作成は間に合っていないが，納税申告期限が15日であるため，デッチアゲ？　の数字で税務申告をとりあえず行って，後から財務資料を作成するという恐ろしい方法です。数は多くありませんが，内資企業などではこういった方法をとっている企業も稀にありますので，注意したいものです。

3　本社向け財務資料と中国の公的財務資料

　また，気の毒なのは，日本親会社が日本用の資料を重視して現地法人にプレッシャーをかけるあまり，中国現地ローカルの法定財務資料そっちのけで，日本親会社向けのエクセル表などを頑張って作っているというケースです。

4　結論－ローカル基準の財務資料の精度を上げていくのが望ましい－

　3などは，筆者のような中国の会計専門家からみると悲劇的なオペレーションです。中国ローカル会計基準でも精度を上げれば日本親会社の感覚からしても日本と遜色ないレベルの財務資料作成が可能ですので，「中国だから」とあきらめずに正攻法で中国のローカル財務資料のクオリティを高めていくことを筆者はお勧めしています。ローカルの財務資料が正しければ後は単なる翻訳の問題ですので，中国法定財務資料の精度をしっかり上げれば，なんとかなるというわけです。まずは，中国語の世界で現地の業務を固めていくのがやはり王道になります。

III 回収資料の分析ポイント

　中国からの撤退，再編にあたり分析しなければならないポイントは，1．許認可（特に不動産関係），2．税務，3．労務です。この3点が清算や持分譲渡にあたり大きなハードルとなります。当該ポイントを中心に資料を分析してみましょう。資料には数多くの重要情報が詰まっています。

Column　清算の3大ハードル

　「中国の現地法人の清算は設立より難しい」といった言葉は広く知られるようになってきましたが，清算が設立より難しいのは確かですが，決して清算できないわけではありません（最近ではこの言葉が一人歩きしてしまい，あたかも清算できないかのような印象も与えてしまっているようです）。無事清算できている法人も数多くありますが，乗り越えなければならない課題があるのも事実です。清算にあたり大きなハードルとなるのは，主に以下の三つです。

1　労務，人員削減
　勤務している会社が潰れてしまい，生活の糧を失うわけですので，従業員は当然混乱し，文句も言います。これは日本でも同様かと思います。さらに，中国からみると日系企業という外資企業である点や，労働者保護の色が強い労働法という特殊条件があり，人員削減は大きなハードルとなります。

2　税務調査
　税金をとる最後の機会ということで，徴税は非常に厳しいものとなります。設立から清算時までの全ての帳簿を調査する場合もあります。

3　不動産の整理
　中国の不動産制度は複雑で，さらに設立時は各種管理もあいまいで，それでも認可してくれていたため，「建物はあるのに権利証がない」という状態の現地法人も結構あります。現在では本来の書類がないと清算に関する手続をしてくれないため，整理に手間がかかることとなります。

　逆に貿易業やサービス業など，上記の論点があまり出てこない企業は時間はかかるものの，粛々と手続を進めていけば，割と大きな問題もなく清算手続が完了するケースも多くなっています。

1 基本情報資料

1 営業許可証の確認ポイント

まず，資料の基本中の基本となる営業許可証です。さすがにこちらはご存知の日本本社の方も多いですが，実はこのなかにも様々な重要情報が詰まっています。

図表1-2　営業許可証サンプル

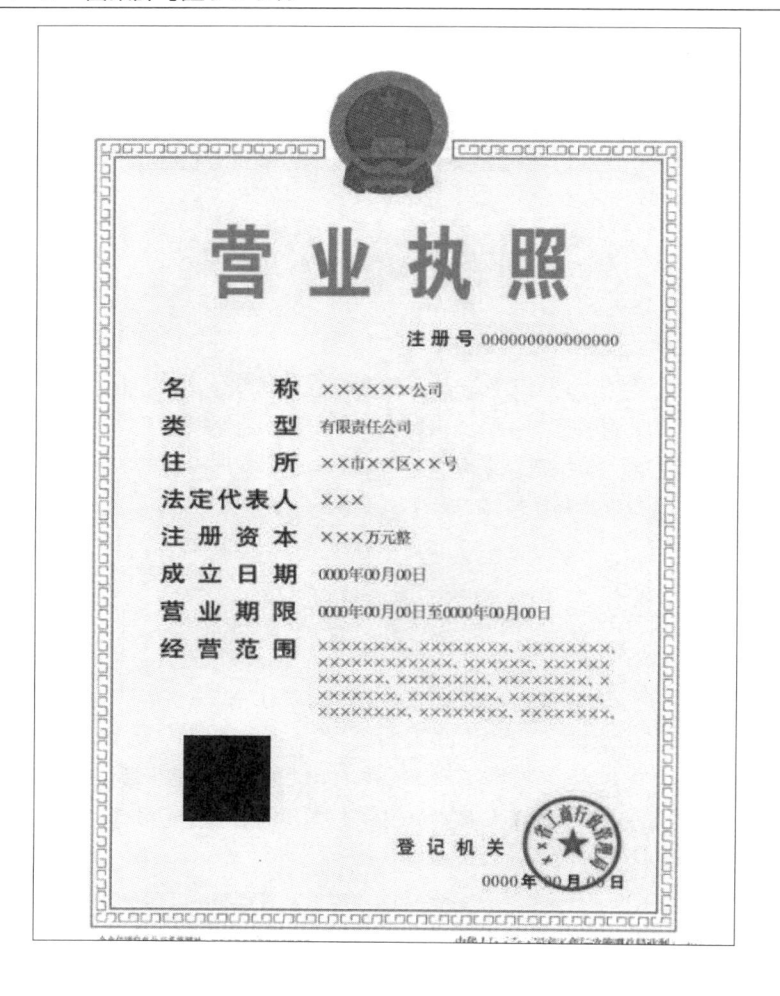

1 営業許可証の意味と重要性

　中国で飲食店などにいくとレジの上などに掲示している，外見は表彰状のようなものですが，実はこれは中国では非常に重要なものとなります。情報の内容としては日本でいう会社登記簿謄本のようなものですが，中国ではこれが免許証のように各企業に現物が交付され，あらゆる手続で必要とされることになっています。また，ニセ会社なども多い中国では「正式な認可を受けた企業である」ことを証明する対外的にも重要なものとなっているようで，誇らしげに正面玄関などに掲示されている場合も多くなっています。こちらは，以前は年度検査の際に毎年当局の印をもらうことになっていました。現在は年度検査制度が年度報告制度に変わったため印を押すことはありません。

　ニセモノの法人を騙る人もいる中国では，工商局から許可を受けた正式な法人であることを証明する重要書類です。情報としては以下が入っており，中国語の知識がなくても漢字である程度の意味の理解は可能ですので，現物のPDFを取り寄せて本社側でも見てみるのも一興です。こういった，日本本社の「中国語がわからないなりにもやろうとする」姿勢は，現地駐在員やスタッフへ日本親会社の参加意識を見せる意味や，牽制の観点からも非常に有用です。

2 確認ポイント

① 名称

　現地法人の名称が入っています。中国の法人名は，「行政区画の都市名（上海，大連など）」「屋号（会社名）」「事業内容」＋有限公司となっています（行政区画を屋号の後ろに入れることも可能）。持分譲渡などを行う場合，ブランド名が社名に入っている場合等は法人名変更を持分譲渡の条件に入れる場合もあります。

Column　中国における社名

　中国に現地法人を設立すると，日系企業，欧米系企業であっても，中国語の漢字による社名が正式名称となります。日本人の感じの感覚からすると，不思議な語感のするのものも多く，「いかにも中国の法人だ」と印象に残っている方も多いのではないでしょうか。

さらに，中国では業種や行政区分の制限など，社名にルールがあるため，どの企業もルールのなかで知恵を絞って社名を決定しています。

①社名のルール

上記のとおり，「行政区画の都市名（上海，大連など）」「屋号（会社名）」「事業内容」＋有限公司が基本パターンです。このうち，会社が自由に決定できるのは屋号の部分ですので，ここを考えることとなります。

②中国語表記－音でいくか？　意味でいくか？－

その会社名にあたる屋号部分ですが，当たり前ですが中国語の漢字で表記しなければいけません。となると，日本語の社名をどう表現するかという問題が生じます。この場合，①音を同じ音でいくか？　②漢字や意味を同じにするか？　という選択肢があります。①音ですと，アメリカのコカコーラ（可口可楽），日本のヤマダ電機（亜瑪达電器）②漢字ですと，トヨタの豊田やパナソニックの松下などがあります。

③社名に入る行政区分都市名－分公司（支店）の場合は？－

分公司の場合は，本公司の名称の後に，上海分公司といった形ではいります。

④各地方のプライド－上海，北京－

中国では税務実務も地方による運用差がありますが，文化的なところもかなり差異があり，「おらがまち」に関するプライドはかなりのもののようです。特に，「南船北馬」の言葉に代表されるように，大きく北方と南方ではかなり文化が異なる印象がします（方言は理解できないほど異なります）。

そのため，「地元資本である」というのは，中国の方にとってかなり大事なことのようです。社名が大連などの地方都市名だと上海っ子には受けが悪いということで，大連の分公司を上海に作ることもできた会社が，新たに上海に現地法人を設立したケース（上海に新たに現地法人を設立すれば社名は，上海○○有限公司になります）もありました。

②　類型

ここは，組織の種類が入っています。ただ，ここでいう種類は「個人事業か？　株式会社か？　有限会社か？」というものですので，通常日系の現地法人は「有限責任公司」になっています。ここはあまり気にする必要はありませんが，もし，「有限責任公司」以外になっていたら理由を確認してみましょう。

③ 住所－登記上の住所が実際のオフィスと異なる場合も－

　会社の登記住所が記載されています。ここで注意したいのはあくまで「登記上の住所」だという点です。よくあるのが，保税区の企業などで登記上の住所は保税区内にあるが，実際の事務所は便利な市内にあるというケースがあります。これも，登記上の住所と実際のオフィスがどこにあるかなど確認しておくようにしましょう。清算の際は，「会社のオフィスをいつまで借りておくべきか？」という論点もありますが，登記住所でないならば事業上の必要性がなくなれば手続の進捗いかんに関わらず解約してしまってもよいこととなります。

④ 法定代表人－通常は董事長が就任－

　会社の法定代表者が記載されており，中国では通常は「董事長」という役職の方が法定代表人になっています（中国の董事長と日本の代表取締役についてはColumn参照）。現地法人の最高責任者ですので，日系企業の場合，日本本社側の重役が任命されている場合も多いのですが，一点注意したい点があります。それは，中国では行政手続や，税務調査などで法定代表人の来中などが当局から要求されたり，本人のパスポートコピーなどが要求されたりする場合があることです。あまりに重要な人が董事長になっている場合，各種資料やサインの手配に難儀する場合もあります。

⑤ 注冊資本－実際の払込資本金と異なる可能性（通常は一致）－

　これはいわゆる登録資本金です。正確には払込資本金とは異なります。日本親会社の貸借対照表の資産にのっている取得価額と一致しているか確認してみましょう。

⑥ 成立日期－設立されてからの年月を確認－

　ここは設立年月日が記載されています。念のため日本本社把握の設立年月日と相違がないか確認してみましょう。また，「設立から何年たっているか？」という点も中国現地法人の撤退にあたっては非常に重要なファクターとなります。

　　A　歴史の古い法人ほど清算の難易度が高い

　　　なぜなら，「清算は歴史の古い法人ほど大変」という面があるためです。というのは，比較的新しく2000年代後半以降に設立された現地法人につい

ては，ある程度設立当初から当局側でも各種手続について正しい処理を行っており，また，企業側でも各種制度や会計帳簿，税務申告などを法令どおり行っている場合が多くなっていますが，歴史の古い法人になればなるほど，当局側も誘致を優先するため本来あるべき手続や書類などを本来と異なる手続でも当局側が超法規的措置として設立や各種手続を認可していたり，企業側も会計帳簿や税務申告について現在よりも無頓着で，ラフな処理でも法人が設立できてしまっていたりという場合があるからです。

B　過去の優遇期と現在の相違－コンディションの確認が重要－

設立当初はそういった事情で認められていたにせよ清算となると当局側も筋を通すことが考えられますし，また当時の事情を知る担当者が当局側も企業側もおらず，「本来あるべき書類がない。許可がない」として手続が非常に難しくなる場合があります。ゆえに，設立時期が古い場合は，清算や持分譲渡を行う場合，手続実務に耐え得る状態（資料があるか各種手続がなされているか）か，十分に事前調査，検討を行う必要があります。

事例05　歴史の古い日系現地法人の清算事例等

1　その昔は投資歓迎！－よくも悪くも大陸的？－

とにかく外資の投資は大歓迎という時代がありました。本来の手続を曲げてでもとにかく来てくださいという地域もあった時代です。地方に行けば行くほど，地方政府挙げての熱烈な誘致により，進出を決めた日系企業もありました。実際筆者が経験した事例でも通常1月はかかる現地法人の設立が1週間でできた事例もありました。

2　法律と実務の整備－かつての超法規的措置は？－

それが徐々に法律も実務も整備されてきました。かつてのような超法規的措置は減り，現在では当時認められたものが「本来の手続と異なる」として問題になるケースもでています。その場合，困るのがかつては認められていた本来と異なる処理が，今になって急に当局も筋を通すようになり，「本来の形どおりにしなさい」という対応をしてくることです。

3 外国企業，外国人に対する対応の変化－歓迎から選別へ－

　また，中国の外国投資に対する姿勢，従来の「何でもいいからとにかく来てください」という段階から，「中国にとって有用なものなら来てください」というものに変化してきています。外資に対する優遇は縮小され，現在はハイテク等高付加価値のもののみに優遇が付されており，自由貿易試験区など規制が緩和されている地域も，規制業種については高い技術をもっている企業が優先的に誘致されているようです。

　また，この傾向は投資だけでなく中国で働く外国人に対しても同様です。不法滞在の外国人の摘発や，ビザの発給基準の厳格化などがここ数年見られます。中国の外資，外国人に対する姿勢が変化してくれていることを認識すべきでしょう。

4 人によっては外国人でも過ごしやすい国？

　ただ，民間レベルでは中国の方は古くから大陸で異文化交流に慣れているためか，割と大らかで外国人でも過ごしやすい国のように感じます。多少中国語が話せるようになれば，生活する分にはそれほど特別扱いを感じることはありません。

⑦ 営業期限

　A　経営期間満了なら解散の認可は不要

　　次は営業期限です。これはいわゆる経営期間を指します。経営期間とは日本では聞きなれない用語ですが，中国では会社をいつまで経営するかと定款で定めることとなっており，清算を検討する際には重要なポイントになります。というのは，清算の際の法人の「解散事由」が「経営期間満了による解散」ですと，清算に関する当局の許可が不要で，かつ合弁企業の場合は解散事由に該当するため，他の出資者の同意を得る必要がありません。ゆえに，経営期間満了のタイミングで清算することができれば，手続をある程度省力化できるということになります。

　B　経営期間満了のタイミングにこだわりすぎる必要はない

　　しかし，現在では現地法人の清算は通常は当局の許可を得ることができ

ますし，また，合弁企業の清算の場合にも現実的には他の出資者の協力がなければ手続を進めていくのが面倒という面がありますので，清算したい時期と経営期間満了時が一致しない場合は，必要以上に経営期間満了のタイミングにこだわる必要はないと考えます。

⑧　経営範囲

項目としての最後は経営範囲です。

　A　中国の経営範囲の特徴－取扱い物品まで詳細に記載－

　現地法人の現在の経営範囲が書かれています。一般的に中国の現地法人の経営範囲は，外資企業が認可事業であることから非常に詳細に書かれており，製造や貿易であっても具体的な製品，商品の種類などまで詳細に記載されています。逆にいうと，経営範囲に謳われていない製品，商品の製造，販売は認められていないこととなります。

　B　経営範囲と発票（中国税務局公認の領収書）の関係

　また，中国の経営範囲の実務上の大きな特徴として営業許可証上の経営範囲と税務上発行できる発票がリンクしているという点があります。税務上業種専用の発票などで実態と異なる発票の発行は，経費処理側で損金算入ができないため，税務上適正な取扱いをするためには経営範囲から変更していく必要があります。

⑨　QRコード

こちらはQRコードの読み取りをすれば，当該現地法人の工商局の公開情報にアクセスできることとなっています。これもニセモノの企業が多い中国ですので，工商局の公開情報で実在を確認するための機能として加えられているものと思われます（以前はこの記載はありませんでした）。

工商局のHPにおける公開情報
工商局のホームページで検索をすれば，正規に登記されている法人であれば，登録情報を誰でも検索できることとなっています。
国家工商行政管理総局
http://www.saic.gov.cn/ywbl/zxcx/djqyxxcx/index.html
全国企業情報信用システム
http://gsxt.saic.gov.cn/

図表1-3　営業許可証確認ポイントまとめ

項目	中国語	確認ポイント
名称	名称	行政区画，商号，業種を確認。 持分譲渡等の場合社名変更の必要があるか検討。
住所	住所	登記住所と実際のオフィスの住所が一致しているか確認（実際のオフィスは登記住所と別の場合あり）。
法定代表人	法定代表人	法人の代表者であるため，誰が代表者として登記されているか確認。
登録資本金	注冊資本	登録資本であり，払込資本金ではない。現地法人の資本金額，日本親会社の子会社出資金と一致しているか確認。
設立日	設立日期	法人設立日を確認。現地法人の歴史が長ければ長いほど，過去の経緯が不明確であることや，本来あるべき手続，資料がなく清算手続が難航する傾向にある。
経営期間	営業期限	経営期間を定めている。経営期間満了は解散の事由に該当し，経営期間延長も180日以内（日中合弁の場合，実務上数年前からの対策が望ましい）。
経営範囲	経営範囲	現地法人の現在の経営範囲が書かれている。一般的に中国の現地法人の経営範囲は，外資企業が認可事業であることから非常に詳細に書かれており，製造や貿易であっても具体的な製品，商品の種類などまで詳細に記載されている。逆にいうと，経営範囲に謳われていない製品，商品の製造，販売は認められていない。 また，中国の経営範囲の実務上の大きな特徴として営業許可証上の経営範囲と税務上発行できる発票がリンクしているという点がある。税務上業種専用の発票などで実態と異なる発票の発行は，経費処理側で損金算入ができないため，税務上適正な取扱いをするためには経営範囲から変更していく必要がある。

Column 中国の董事長と日本の代表取締役

1 会社の最高責任者

中国の最高責任者は法定代表人であり、多くの場合董事長が法定代表人となります（法令上は総経理も可能ですが、稀です）。日本の企業の最高責任者というと、法定代表者である代表取締役ということになりますが、こちらは、経営の最高責任者であり、中国のような出資者の代表である董事長とは若干意味合いが異なります。

2 日中訳文－ＤＩＲＥＣＴＯＲ－

日中租税条約は英文もあり、齟齬がある場合は英文を優先することとされています。英訳はＤＩＲＥＣＴＯＲとなっています。

3 日中租税条約での不思議

上記のとおり、正確には概念が異なる日本の役員と中国の董事ですが、英訳では同じＤＩＲＥＣＴＯＲで同じ意味として取り扱われていますので、役員報酬などで実務的には日中でうまく整合性がとれない事態が生じてしまっています。

4 役員報酬は本店所在地での課税だが役員報酬の概念が違う！

特に、よく問題になるのが役員報酬に対する課税です。日中租税条約では役員報酬は本店所在地での課税と明確に規定されています（日中租税条約16条）。しかし、中国での役員報酬は董事費というものになりますが、これは実際の董事会を開催する際の交通費実費相当額程度を支給するのが通常であり、日本のように高額な金額を支給するものではありません。ゆえに、中国では董事費の本店所在地での課税を認めても、日本の役員報酬は大部分が董事費ではなく、どうみても給与だと解釈され、中国側での課税不要とする日本側ともめてしまうわけです。

このように、国家間の取決めである日中租税条約でもこのようなズレが生じているのが、中国ビジネスの面白いところではあります（中国に限らず、海外ビジネスではどの国でもこのような点があるのではと個人的には考えています）。

2 批准証書

次に批准証書です。これは実は中国の現地法人設立手続上は営業許可証よりも前に発行されている書類で、日本には同じ概念の書類はなく、意味としては「投資許可証、設立許可証」といったものです。これは中国においては、外資企業は基本的に全て当局の許可がいることとなっているため（自由貿易試験区を除

く），外国企業が中国に現地法人を設立しようとする場合は，商務部門から許可を得る必要があり，その許可を受けた書類がこの批准証書ということになります。

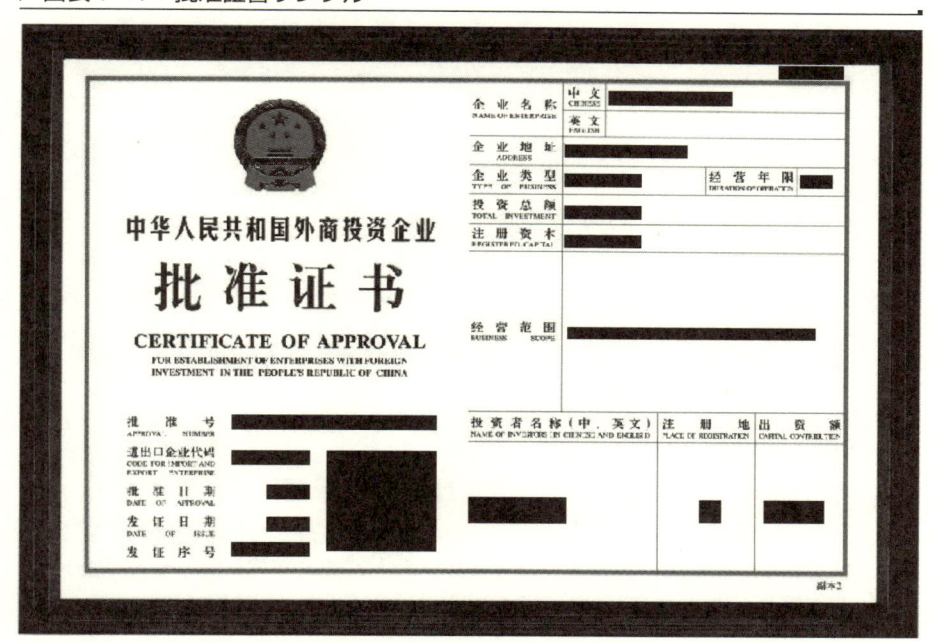

図表1-4　批准証書サンプル

１　批准証書の意味と重要性

こちらも上記のとおり，日本の感覚でいうと表彰状のような外見ですが，こちらは営業許可証と異なり，掲示しているということはあまりなく，重要書類として現地法人の管理部が保管していることが多くなっています。こちらは，設立の際，外国企業からの申請に応じて当局が，「こういうステータスの企業を設立してもいいですよ」と許可した書類ですが，その後もステータスに変更がある度（住所や，董事長，出資者の変更等）に，まずは批准証書の内容を変更して，その後営業許可証の変更を行っていくということになっています。つまり，批准証書記載の情報に変更があるたびに，批准証書も変更を

51

行っていくこととなります（手続的にはまず商務部門で批准証書の変更の許可を得る必要があります）。

Column　批准証書の意味と自由貿易区

1　外資企業の認可制－認可の証明である批准証書－

　従来外資企業は全て許認可が必要（現在でも自由貿易区以外では認可が必要です）であり，当局から認可を得た後に初めて，「この企業は中国で設立していいですよ」という許可を受けたことになり，当該認可をもって工商局等の各部門で設立手続ができるというフローになっていました。この認可が商務部門による「批准証書」です。

2　自由貿易区では通常業種の場合認可が不要

　一方，上海自由貿易区から始まった自由貿易区では，外資企業の事前許認可制を廃止して，届出制としています。ゆえに，自由貿易区企業には制限業種などに該当しない場合，批准証書がなく，事前の認可も不要となっています（ただし，届出情報は交付されます）。

3　認可不要により，実務上は簡便化したか？　－中国における法人管理の実態－

　上記のとおり，外資企業の投資促進も目的として自由貿易区では批准が廃止されたわけですが，その結果として自由貿易区への外資企業設立が増えているかというとそういうわけでもないようです。設立の際の手間は批准の廃止により確かに従前よりは簡便化はされましたが，その後の法人の運営の手間，運営コスト等は区外の法人と同様（毎月の税務申告等）で，日本や香港のように「とりあえず登記して法人を作る」というようにはなかなかなりにくいのが現実です。この辺りから考察すると，投資手続を緩和したといえども，「実業のある法人のみを認める」というのが中国当局の考え方なのかもしれません。

2　確認ポイント

　批准証書の情報は営業許可証記載の情報も多いですが，営業許可証にない情報も記載があります。営業許可証と同じ情報については，営業許可証と一致しているかを確認しましょう。通常は同じ項目については一致していますので，相違がある場合は理由を確認してみましょう。以下では，営業許可証に記載のない情報で重要なものを解説します。

① 企業類型

　A　三資企業のうち，どれに該当するかが記載

　営業許可証にも同じ文言がありますが，こちらの類型は有限責任公司と異なる区分である三資企業の種類が記載されています。

　なお，中国における外資企業は，外国だけでの出資による①外商独資企業，外国企業と中国企業の出資による②中外合弁企業，③中外合作企業の三種類に分けられ，これを併せて三資企業といいます。

　B　三資企業の区分は清算にあたっては重要

　自社の現地法人がこの３種のうちどれに属するかは認識している企業も多いものと思いますが，この区分は清算にあたっても重要なものとなります。というのは，中国の法人に対する法律としては，三資企業共通のものでは会社法がありますが，そのほかに三資企業の個別法として①外商独資企業法，②中外合弁企業法，③合作企業法が設けられており，清算手続に関して，手続や要件が会社法と三資企業法で異なる場合，原則は三資企業法を優先することとなっています。

② 投資総額

　A　概念

　中国の外資企業には投資総額という概念があります。これも日本では聞きなれない用語ですが，簡単にいうと「外国親会社が現地法人に直接，間接的に投資する資金の総額」というものです。日本にない概念ですので非常にわかりにくいですが，いわゆる投注差（外貨での借入可能額）と関係しており，投資総額から払込済み資本金額を引いたものが，外貨での借入可能額（親会社から現地法人への貸付け，いわゆる親子ローンなど）となります。

　B　資金調達との関係（投注差）

　この「投資総額－外貨借入額－資本金額」が，新たな外貨での借入可能額となります。清算を行う場合，清算までの資金が必要であるため，資金が足りない場合は清算の前に資金投入をする必要がある場合があります。その際，投注差がないと借入れでの国外からの資金調達ができず，増資するほかないこととなりますので，現時点の投注差がいくらあるかを試算し

て確認しておきましょう。なお，たまに外貨管理局に登録している数値と異なっている場合等もありますので，正確には現地で外貨管理局に外貨借入可能額を確認する必要がありますが，批准証書の投資総額からある程度の推測は可能となります。

Column 投資総額と資本金

1 投資総額とは？ 資本金と貸付金の合計額

投資総額とは中国の制度上の概念で，簡単にいうと資本金と借入れの総額を指します。

2 投資総額と最低資本金

投資総額のうち，以下の％分は最低資本金としなければならないと定められています。

投資総額	最低資本金比率	金額基準
300万米ドル以下	70％以上	
300万超～1,000万米ドル	50％以上	ただし最低210万米ドル
1,000万超～3,000万米ドル	40％以上	ただし最低500万米ドル
3,000万米ドル	33.33％以上	ただし最低1,200万米ドル

当該規定の意味するところは，自己資本の少ない企業の設立は許可しないとの趣旨です。

3 投注差（外貨借入枠）

上記投資総額と資本金の差額を，「投注差」といい，企業の外貨借入金の限度額とされています（正確には人民元借入も含まれますが，人民元借入は債務登記が不要のため，実務的には機能していません）。

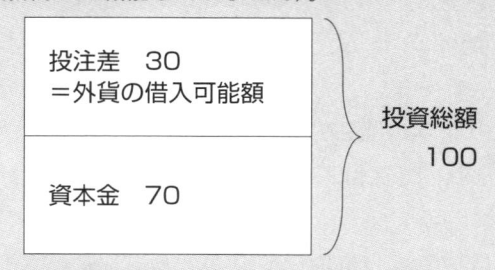

```
投注差　30
＝外貨の借入可能額

資本金　70
```
投資総額 100

※なお，遼寧省や自由貿易試験区では外貨借入枠を純資産の２倍とする等の新しい規定が設けられています。

④ 投資総額設定のための考え方

　上記の関係ですので，借入れを行う予定がなくても投資総額はなるべく限度額まで設定し，最大限外貨借入可能額をとる方が望ましいです。

⑤ 投注差なしで設定してしまった投資総額を変更可能か？

　通常は認められにくいです。ゆえに，当初「資本金＝投資総額」で誤って設定してしまった場合，その部分を投注差ありに修正することは通常できません。

⑥ 投資者名称－出資額－

　A　過去の親会社の社名変更，合併，持分譲渡に注意

　　現地法人の出資者が記載されています。こちらも日本親会社把握の出資者と一致しているか確認してみましょう。最近多いケースが，日本親会社自体が社名変更したり，合併したりで設立時の出資者と名称が変わってしまっているケースです。本来は親会社の社名変更があった時点で変更届を出す必要があるのですが，それを失念しているケースも多く，その状態では清算手続上支障がある場合もあるため，清算手続の前に親会社の社名変更の手続を行う必要がある場合があります。

　B　出資者変更が持分譲渡に該当する場合，課税の可能性も

　　また，合併等があった場合名称変更だけでは済まない場合があります。これは，親会社の合併により中国の税務上は中国現地法人の譲渡があったものとみなされるため，持分譲渡課税の問題が出てくる場合があるためです。この場合，正しくは過去に遡って親会社の合併及び合併による現地法人の持分譲渡の手続をやり直す必要がありますが，現実的に難しい場合はある程度，実務的な解決策を当局から提示してもらえるような場合もありますので，そういった状態になっている場合はまず現地の専門家に相談してみましょう。

第1章　現状把握と分析ポイント

> 図表1-5　持分譲渡イメージ図

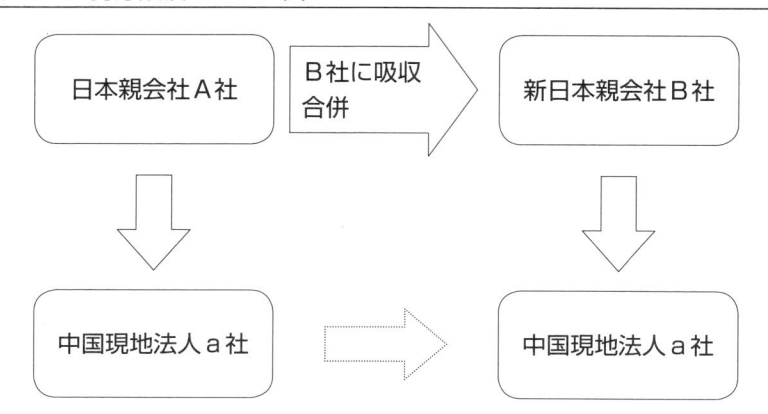

```
┌─────────────┐    B社に吸収    ┌─────────────┐
│ 日本親会社A社 │ ══ 合併 ══▶   │新日本親会社B社│
└─────────────┘                └─────────────┘
       ↓                              ↓
┌─────────────┐                ┌─────────────┐
│中国現地法人a社│ ─ ─ ─ ─ ─ ─▶ │中国現地法人a社│
└─────────────┘                └─────────────┘
```

中国側では現地法人a社出資金が，吸収合併により日本親会社A社からB社に持分譲渡されたこととなり，手続と税務申告が本来必要。

　C　中方出資者が国有企業の場合は要注意

　合弁企業で中方出資者が国有企業の場合，持分を買い取る手続は極めて煩雑になりますので要注意です。これは，国有企業の所有する出資持分の譲渡に該当するとして，国有資産の評価や公開取引などの手続が必要とされるためです。中方出資者である場合，念のため国有企業でないかどうかは確認しておいた方がよいでしょう。

⑦　過去の持分譲渡が反映されているか？

　そのほか，稀に日本親会社では別の日本企業に持分譲渡を行い，対価の決済や日本での会計，税務処理も終わり，日本側では「持分譲渡が完了したもの」となっているのに，中国側では全く手続がされていないというケースがあります。これは，中国現地法人の持分が日本企業間で譲渡される場合，契約や決済の全てが日本だけで行われるため，当事者である日本企業同士ではそれで取引が行われたと勘違いしてしまうというものです（そんなミスがあるのか？　と思われるかもしれませんが，実際の日系企業の実務でも数例目にしています）。

⑧ 中国側での手続を行っていなければ当然中国での有効性がない

　しかし，当然ながら実際に現地法人のある中国で持分譲渡による出資者変更の手続を行わなければ中国側では何の効力もありませんので，こういった場合は過去の持分譲渡の手続からやり直す必要があります。上記のとおり，重要事項であるにも関わらず意外と日本親会社側の把握事項と中国側での登記事項にかい離があるのが出資者に関する項目ですので，批准証書などでしっかりと確認しておきたいところです。

3 持分譲渡がやり直せるか？

　なお，万一日本親会社把握の出資関係と中国で登記されている出資関係に差異があった場合，正攻法としては過去中国側では手続を行っていなかった持分譲渡を遡ってやり直す必要があります。しかし，現実問題として当局側も過去の修正は非常に煩雑であるため，実際の実務では現在の出資者に修正する手続のみを行うことを当局側が同意してくれた事例がありました。ゆえに，やり直すべき手続がかなり時間が経ってしまっている場合や，持分譲渡が複数回行われていて，全てをやり直すのが煩雑である場合などは状況を当局に相談して，簡易的なやり直しで認めてもらえないか相談してみるのも一つかと思います（ただし，紹介の事例はあくまで特殊な対応と思われますので，手続を失念した場合，通常はやり直しといった対応が法律的には正しい対応になると思われます）。

図表1-6　批准証書確認ポイントまとめ

項目	中国語	確認ポイント
企業類型	企業類型	三資企業（外商独資，合弁，合作）のうち，どれに該当するか確認。適用法令も異なる。
投資総額	投資総額	投資総額と資本金の差額から投注差を確認。
投資者名称，出資額	投資者名称，出資額	各出資者の出資額を確認。 親会社認識の出資額と一致しているか確認（持分譲渡，合併があった場合注意）。

3　定款の確認ポイント

　次は会社定款です。これは内容的には日本とほぼ同様で会社の根幹をなす規則が定められています。こちらの重要性については日本親会社の管理部も理解しているところかと思いますが，定款の詳細な内容と現地法人の実態との関係まで把握している日系企業は少ないのが実情です。設立時に定款を作成して，後はそのままほったらかしという日系企業も多くなっています。また，設立時は慣れない中国での現地法人設立であることから，日本親会社も内容を吟味せずに，現地コンサルタント会社やローカルスタッフに言われるがまま作成していたケースも数多くあります（日本での法人設立との異なり，多くの場合なかなか予定のスケジュールどおり設立手続が進みません）。

　確かに通常の経営時には，定款の内容がどうこうという点はあまり意識しませんが，清算など重要な手続を行う場合は，定款の内容は極めて重要となります。なぜなら，社内の出資者会，董事会の決議要件などが定款に基づくのはもちろんのこと，清算の手続の執行についても当局が各企業の定款の内容に合致しているかのチェックを行うためです。

　また，合弁企業などの場合は，クローズの話をするわけですので設立時の友好的な話と異なり，利害が対立する局面も多いため，「定款にどのように謳（うた）っているか？」は極めて重要なファクターとなります。ゆえに，方針を検討する上でも，現地法人の定款内容の把握，研究を前に十分日本親会社側で行っていくのが望ましいといえます。

　定款は会社により異なりますが，法定の記載事項は決まっており，また管轄の工商局によっては，ひな形が提供されていますので核となる内容は共通です。以下は，工商局提供のひな形を抜粋したものです。

図表1-7　定款サンプル【中文ダイジェスト】

〇〇貿易有限公司　　章程

第一章　総則

第一条　根据《中华人民共和国中外合资经营企业法》,《中华人民共和国公司法》及中国相关法律,法规的规定,中国＿＿＿(以下简称甲方)与＿＿国＿＿＿＿(以下简称乙方)于＿＿年＿＿月＿＿日在中国＿＿＿签订了合资经营＿＿＿＿＿＿公司(以下简称合营公司)合同,特制订本公司章程。

第二条　合营公司的名称：＿＿＿＿＿＿＿＿＿＿＿＿＿＿。
　　　　合营公司的法定地址：＿＿＿＿＿＿＿＿＿＿＿。

第三条　甲,乙双方的名称,法定地址,法定代表人情况：
　甲方：中国＿＿＿＿＿＿＿＿＿＿＿＿＿＿＿＿＿＿＿＿公司。法定地址：＿＿＿＿＿＿＿。法定代表人：＿＿＿＿＿＿,职务：＿＿＿,国籍：＿＿＿＿。
　乙方：＿＿＿＿国＿＿＿＿＿＿＿＿＿＿＿＿＿＿＿＿＿＿公司。法定地址：＿＿＿＿＿＿＿。法定代表人：＿＿＿＿＿＿,职务：＿＿＿,国籍：＿＿＿＿。

第二章　宗旨,经营范围

第六条　合营公司的宗旨：＿＿＿＿＿＿＿＿＿＿＿＿＿＿。

第七条　合营公司的经营范围：＿＿＿＿＿＿＿＿＿＿(注：根据批准文件填写,最后应注明"以工商行政管理机关核定的经营范围为准。")。

第八条　合营公司的生产规模：＿＿＿＿＿＿＿＿＿＿＿＿＿＿。

第三章　投资总额和注册资本

第九条　合营公司的投资总额为＿＿＿＿＿＿万美元。
　　　　合营公司的注册资本为＿＿＿＿＿＿万美元。
　(注：投资总额和注册资本也可为其它可自由兑换币种,根据实际情况填写)

第十条　合营各方出资如下：

股东姓名或名称	认缴情况			
	认缴出资数额	占注册资本百分比	出资方式	出资期限
合计				

（注：投资者根据实际情况，可以不填写上述表格，以文字叙述方式约定认缴情况。）

第四章　董事会

第十五条　本公司营业执照签发之日，为董事会成立之日。

第十六条　董事会由＿＿名董事组成，其中甲方委派＿＿名，乙方委派＿＿名。董事长一名，由＿＿＿＿＿＿方委派，副董事长＿＿名，分别由＿＿＿＿＿＿方委派。董事任期为＿＿年，经委派可以连任。合营各方在委派和更换董事人选时，应书面通知董事会。

（注：董事任期三年以下，由投资者自行确定。）

第十七条　董事会是合营公司的最高权力机构，决定合营公司的一切重大事宜。

下列事项须经出席董事会会议的董事一致通过方可作出决议：

1，修改公司章程；

2，解散公司；

3，调整公司注册资本；

4，一方或数方转让其在本公司的股权；

5，公司合并或分立；

（注：其它应由董事会决定的重大事宜）

第二十条　董事会会议应当有三分之二以上董事出席方能举行。

第五章　监事会（监事）

第六章　经营管理机构

第七章　税务，外汇管理，财务与会计

第八章　利润分配

第三十三条　合营公司从缴纳所得税后的利润中提取储备基金，企业发展基金和职工奖励及福利基金。提取的比例由董事会确定。

第三十四条　合营公司依法缴纳所得税和提取各项基金后的可分配利润，董事会确定分配的，按照合营各方在注册资本中的出资比例进行分配。

第九章　职工

第十章　工会组织

第十一章　期限，终止，清算

第三十八条　合营公司的经营期限为＿＿＿年，自营业执照签发之日起计算。

第三十九条　合营各方如一致同意延长经营期限，应当在距期限届满六个月前，向审批机关报送各方签署的书面申请和合营公司董事会决议，经批准后方能延长，并向登记机关办理变更登记手续。

第四十条　合营各方如一致认为终止合营符合各方最大利益时，可提前终止合营。合营公司提前终止合营，需经合营各方协商同意并由董事会召开全体会议作出决定，报审批机关批准。

第四十一条　发生下列情况之一，任一合营方有权依法申请终止合营。（注：企业可根据自己的情况依法作出规定。）

第四十二条　合营期满或提前终止合营时，合营公司董事会应组织成立清算委员会，对合营公司进行清算。

第四十三条　清算委员会的任务是对合营公司的财产，债权，债务进行全面清查，编制资产负债表和财产目录，制定清算方案，提请董事会会议通过后执行。

第四十四条　清算期间，清算委员会代表合营公司起诉和应诉。

第四十五条　合营公司清偿债务后的剩余财产按照合营各方的出资比例进行分配。

第四十六条　清算结束后，合营公司应向原审批机构提出报告，并向原登记机构办理注销登记手续，缴销营业执照，同时对外公告。

第四十七条　合营公司解散后，其各项账册及文件应当由原中国合营者保存。

> 第十二章　附則
>
> 第四十八条　本章程的修改需由合営公司董事会作出决议，同时需经合営各方同意并签署书面协议。
> 第四十九条　本章程经审批机关批准后生效，其修改时同。
> 第五十条　本章程用中文和____文书写，两种文本具有同等效力。
> 第五十一条　本章程于_____年_____月_____日，由合営各方（或授权代表）在中国签署。
> 合営各方签字（中方需加盖公章）：
> 　　　　　　　　　　　　　　　　　　　　　　　　　　　　年　　月　　日

図表1-8　定款サンプル【ダイジェスト内容解説】

> ○○貿易有限公司　　章程
>
> 第一章　总则
> 第1章　総則
>
> こちらで合弁企業法等の根拠法令，出資者が定められています。ゆえに，出資者変更などは定款の変更を要するわけです。
>
> 第二章　宗旨，经営范围
> 第2章　経営範囲
>
> 経営範囲が定められています。会社は当該経営範囲に記載された事業しか行うことができず，税務上の発票もそれに対応するものとなります。経営範囲変更の場合は，定款の変更が必要です。
>
> 第三章　投资总额和注册资本
> 第3章　投資総額と資本金
>
> 投資総額と資本金が定められています。投注差（外債の借入可能額）の限度額を知ることができます（現在費消している投注差の額は別の資料で確認する必要があります）。
> また，各出資者別の出資金，出資方式も記載されています。持分譲渡やＤＥＳ（債

第四章　董事会
第4章　董事会

　董事会のメンバーなどが記載されています。また，清算，持分譲渡など重要事項を決議する際の決議要件が定められていますので，そういった決議を行う際はこちらを確認する必要があります。

第五章　監事会（監事）
第5章　監事会

　日本の監査役に相当する監事会について記載されています。ある程度の規模以下の企業では監事は形式的なものになっている企業も少なくないのが実情です。

第六章　経営管理機構
第6章　経営管理機構

　総経理など，会社の経営メンバーの役割について述べられています。なお，総経理の氏名などは通常入っていません。総経理が工商局の登記事項になっているかどうかは地域により異なるようです。

第七章　税務，外汇管理，財務与会計
第7章　税務，外貨管理，財務会計

　会社の税務，外貨管理，財務会計に関するルールが述べられています。基本的には法令どおりのことが書かれています。

第八章　利潤分配
第8章　利益配当

　会社の利益配当に関する事項が述べられています。また，配当前の積立金の積立てについても触れられています。これも通常は法定どおりの内容です。

第九章　職工
第9章　従業員

　従業員について，法令に従って雇用，待遇を行う旨が述べられています。これも通常は法定どおりの内容です。

第十章　工会組織
第10章　労働組合

　労働組合について述べられています。なお，実際に労働組合を設立しているかどう

かは，会社により異なります。

第十一章　期限，終止，清算
第11章　経営期間，終了，清算

　ここは清算を考える上で重要な箇所である経営期間及びその終了について述べられています。基本的には法令どおりの内容が記載されているのが通常ですが，経営期限の終了や，延長，清算などの各種手続もこちらの内容に沿って行われることになりますので，よく確認しておきましょう。経営期限の延長は，6カ月前の延長決議が必要等の内容が書かれています。

第十二章　附則
第12章　附則

附則及び各出資者のサイン，社印押印などがあります。

　定款は各企業により様々ですが，基本的な構成は同様です（ひな形を当局が出しているところは，通常はそれに沿ったものを作成しています）。また，定款に関しては重要事項ということで，日本語訳が日本親会社にあるのが通常ですが，たまに設立代行業者に定款の作成まで丸投げしてしまい，内容の検討はおろか日本語訳すらないという，日本親会社の法務部等からすると「考えただけでも恐ろしい」ケースもあります。

　しかし，過去それで作成してしまったことについて，いまさら嘆いても仕方がありませんので（中国事業はそういった点が多々あります。精神論になってしまって恐縮ですが，私は日本本社も中国事業をやる以上，いかにメンタルを強くもつか，考え方をある程度切り替えるかが重要だと考えています），その場合も遅ればせながら日本語訳を作成してもらうようにしましょう。過去の進出ブームの時代には，当時はとにかく現地法人を設立することが急務ということで，会社の重要決定事項である定款の作成などもローカルのコンサル会社のひな形であまり吟味せず作ってしまっているケースが日系企業でも多々ありました。

Column　設立時の苦労と後々の現地法人経営への影響

1　FS（フィージビリティスタディ）はあくまで計画

設立認可申請時に，商務部門にフィージビリティスタディという事業計画書を提出する必要があります。その際に事業計画や予想損益などを提出するのですが，その際に「この計画が実態とかい離しても問題ないのでしょうか？」という質問をよく頂戴します。そこは，あくまで計画ですので，計画どおりいかなかったとしても実務上問題にはなりません（逆に，設立前から赤字の計画で申請しても悪印象かと思います）。

2　定款，就業規則，労働契約書，財務規定は後々まで影響

1はあくまで計画書なので良いのですが，定款などは法人の有り方を定めた法定資料ですので，こちらは非常に重要になります。各種手続でも定款に則った処理がなされているかどうか，工商局等の行政当局でもチェックがなされますので，うっかり意図しない内容を書いてしまっていないかどうか十分に吟味すべきです。

3　中方出資者の言いなりのケースもかなり多い

ところが設立時の忙しさと大量の手続や書類提出で感覚が麻痺してしまうのか，この辺りの会社の重要規程の検証が不十分であるまま，「とりあえずひな形そのまま！」で提出してしまっているケースが少なくありません。場合によっては中文しかない場合や，合弁企業の場合，中方にまかせっきりでそのまま提出しているケースもあります。しかし，定款や合弁契約書は本来出資者間で意見や利害が対立した際に調整する機能もあるものですので，そこを片側の当事者のみに任せてしまうというのは，非常にリスクが高い行為になります。

ゆえに，清算や持分譲渡といった大きなアクションを行う際は，事前にまず会社の規定の把握をしておくことが重要となります。

なお，ここであくまで目安ですが定款の記載内容で手続上，非常に重要になってくるものと，運用上多少のかい離があっても問題のないものを解説します。

図表1-9 影響度の違いによる区分

設立時の資料で設立後はあまり影響しないもの	後々まで大きく影響するもの
経営管理機構，財務会計等のなかの実務的な部分	総則／投注差／監事会／経営範囲／董事会／期間,終止清算

※オペレーションと相違があっても法律に則った処理であれば，それ程大きな問題にならない場合が多い

※重大な影響がある場合がある

❶ 会社法の定める必須項目

　定款は，企業ごとに定めるものですので，細かい部分については各社各様です。しかし，定款の必須記載事項というのは法律上定まっており，かつ設立時の手続で工商局からもある程度から指導が入りますので（工商局にひな形があり，設立時には定款の内容にもチェックが入ります），上記のとおり基本的な必須事項の構成は概ね同じで，通常以下の内容が記載されています。

【定款の一般的な記載内容】

①会社の基本事項（社名，住所，法定代表者）
②会社の目的，経営範囲，経営期間
③会社の出資者の構成（社名，登録国，住所，法定代表者等）
④会社の出資に関する詳細（投資総額，登録資本，出資額，出資方式，持分譲渡，利益配当，損失負担）
⑤会社の最高意思決定機関（出資者会，董事会，董事長），経営機関（総経理，副総経理）
⑥財務，会計，監査制度

⑦会社の解散，清算手続
⑧定款修正手続

　その中でも清算を検討するにあたり，重要な項目について解説していきます。

① 　会社の基本事項，目的，経営範囲，出資者の構成（上記①～③）

　こちらは営業許可証，批准証書にも記載のある項目ですので，それらと相違がないか確認し，相違があればその理由を確認します。持分譲渡などがあり，当初の出資者に変更があった場は，それに伴い随時定款の出資事項も変更があることになります。批准証書の項でも紹介しましたが，たまに発生してしまうエラーが，日本の企業同士で持分譲渡をし，中国側の手続を行っておらず，中国的には持分譲渡をしたことになっていないというものです。

② 　会社の出資に関する詳細

　ここは非常に重要な項目になってきます。投資総額，登録資本，出資額などは営業許可証，批准証書のとおりですが，さらに詳細に会社が増資を行う場合の出資比率なども取決めがある場合もありますので，確認が必要となります。清算を行う場合も，資金繰りの関係上事前に増資を行う場合があり，その場合は事前に出資の要件を確認しておく必要があります。以下の項目については営業許可証，批准証書には記載はありませんが，重要な項目ですので解説していきます。

　A　出資方式

　　出資方式には合弁，合作企業の場合「金銭以外の出資方式（現物出資）」が規定されている場合もあります。金銭以外の資産の出資になっている場合特殊ですので，ここも見ておきたいところです。もう出資した後ですので今さら何かできるということはないのですが，過去の出資の経緯は知っておきたいところです。

Column　合弁会社の出資と評価額

1　先入観による合弁企業設立

「日中合弁」というとなんとなく美しい響きがあり，「中国ビジネス＝合弁」と，「中国では日中合弁でなければ企業を設立できない。または不利な扱いを受ける」いった印象がその昔はあったものと思います（私も中国ビジネスに関わるまではなんとなくそういった印象をもっていました）。しかし，実際はいろいろ苦労されているケースも多いのが現実のように感じています。

ゆえに，現在では独資で可能な業種であれば特別な事情がなければ独資で進出した方が経営はしやすいのではと考えています。

2　出資時の黄金パターン－現物出資－

まず，合弁企業の黄金パターンで中方による現物出資というものがあります。これは，日方出資者は金銭で出資しますが，中方は土地や設備などの現物出資で行うというものです（製造業などでは本当にこのパターンが多いです）。もちろん，現物出資でもよいのですが，出資比率に関係しますので，出資された現物の評価は適正に行う必要があります。ただ，進出してすぐの日方になかなかその辺りを検証する力がない場合も多く，後から考えると疑問の残る評価額による出資比率となってしまっている場合もあります。要は出資された現物を実際以上に高く評価し，それが中方の出資額となって出資比率に反映されてしまっているということです。

3　各種規程も設立時の勢いで！

同じ調子で，合弁契約書や定款なども中方に任せきりで日方は十分な検証もせずに進めてしまうケースも多くあります。出資者同士の関係が良好であればよいですが，対立する局面になると，それを仲裁するルールである合弁契約書や定款が中方がメインで作成したものですと，非常に不利になります。

4　新たなステージを迎えた日中合弁

法人の設立自体はかなりの業種で外資100％でも問題なく設立できるようになった現在，「法人を設立するため」という合弁企業の設立意義はかつてより薄れています。しかし，現在では新たに中国の国内販売をとるためという意味での合弁設立も増えているようです。こうした新しい合弁では過去の経験を生かして，十分な検証を経て設立したいものです。

5　日中友好のチーム編成は合弁だけではない！

なお，そもそもの話として，日中の協力というのは必ずしも合弁には限りませ

> ん（中国の方は合弁が好きな傾向がありますが）。外資独資でも日中で良好な協力関係は作れますので，出資にこだわる必要があるかは考えてみてもよいのではないでしょうか？

B　持分譲渡－優先購入権の確認－

さらに，重要なのが持分譲渡に関する項目です。合弁企業法では，出資者が持分を譲渡しようとする場合，優先購入権が他の出資者にあると定められています。また，会社によっては持分譲渡を行ってよい場合の条件などを定めている場合もあります。そういった譲渡制限や優先購入権，持分譲渡の要件については，今後の各手法を検討する上での重要な前提条件になりますので，確認が必須となります。

③　利益配当－損失負担－

利益配当に関しても重要な確認項目です。というのは，清算や持分譲渡の計画を練る過程で，幸いにも現地法人に配当可能利益がある場合は，譲渡価格の引下げや節税などの目的で事前に配当をするなどの対応も考えられるためです。配当は通常は出資比率に基づいて行いますが，特殊な条件が定められている場合もあります（中外合作企業については契約により配当率が定められますので，出資比率とは一致しない場合があります）。ここも配当を行った場合の受取者や割合について確認し，試算の際には正しいキャッシュフローと税効果を計算できるようにしておきましょう。

④　会社の最高意思決定機関－経営機関－

A　三資企業と最高意思決定機関

会社の機関設計について述べられている項目ですが，ここも大変重要です。中国の会社の最高意思決定機関としては，株主会と董事会さらに，経営執行機関として総経理が設けられており，日本の会社の機関設計と若干異なります。

B　三資企業の種類により最高意思決定機関が異なる

また，複雑なのは，この最高意思決定機関が三資企業の種類により異なっていることです（経営執行機関は三資企業とも総経理等です）。①外商独資

企業については株主会が最高意思決定機関，②中外合弁，中外合作企業については董事会が最高意思決定機関とされており，②中外合弁企業，中外合作企業は，通常は株主会を設置できません。ゆえに，清算等の意思決定はどの機関により，どういった要件により決定されるか，機関メンバーはどのように選出されるかを確認する必要があります。

図表1-10　三資企業と会社の最高意思決定機関

種類	最高意思決定機関	留意点
外商独資企業	株主会	2006年の会社法施行以降，株主会が最高意思決定機関。株主が一社のみの場合は，株主会の設立が免除されている場合あり。また，管轄当局の判断によっては董事会決議も要求される。
中外合弁企業	董事会	董事会が最高意思決定機関
中外合作企業	董事会	同上

2　合弁企業，合作企業のデッドロック問題

①　董事会の全会一致事項

　会社の意思決定機関が大きな問題が生じるのは合弁，合作企業の場合です。外商独資企業であれば，出資者は単独若しくは，日系企業同士（日本以外の外資企業の場合もあります）という場合が多いため，意思決定の調整はそれほど難しくはありません。しかし，合弁，合作企業ですと大きな意思決定について中国法に則り中国側出資者と調整を行っていく必要がありますので，その苦労はかなりのものとなります。特に，清算や持分譲渡などは，董事会出席者の全会一致決議事項とされており，また，董事会の定足数も3分の2以上であるため（中外合作企業法実施条例32条，33条），いくら議論しても中方が清算などの決定に合意しないというケース（いわゆるデッドロック状態（Column参照））もあり得ます。

②　デッドロック解決策が設定されているか？

　その場合，設立時に定款についてある程度検討がなされていた企業につい

Ⅲ　回収資料の分析ポイント

ては，定款のなかに董事会に関する項目や，清算などの重要決定事項に関する項目にデッドロック状態に陥った際の解決策が設けられている場合がありますので，そこの有無も確認しておきましょう。デッドロックの解決策条項がない場合，清算をしたいとして董事会を招集しても議論が平行線のまま解決しない場合も考えられますので，董事会を招集する前の根回しや，別の手段（持分の買い取り，譲渡，経営期間満了での解散）を検討する必要があります。

3　財務，会計，監査制度－実際の会計処理とは相違がある場合も－

　ここは清算等の手続であまり問題になる項目ではありません。通常は「監査を行って，会社が承認して当局へ提出する」「中国の税法を順守する」など当たり前の内容が記載されています。ただし，為替レートの会計処理などについては，定款は設立前に作成し，実際の会計記帳は設立後に行うため，実態の会計処理と異なっているケースも多く見られますが，そこが清算手続や税務調査で問題になることはほとんどありません。このあたりの「定款と実態に齟齬があると問題になる点」と「齟齬があっても特に問題にならない点」があるのが中国実務の面白いところかと思います。

図1-11　定款と実態

かい離があって問題になる場合とならない場合

①当局への登記事項に関する董事会　⇒　必ず決議が必要

②財務資料の承認，会計処理　⇒　形骸化や実態とかい離していても法律に則った処理であれば大きな問題とならない

4　会社の解散，清算手続

　会社の解散，清算などについても述べられた項があります。ここも通常は会社法，合弁企業法と同様の内容が述べられている場合が多いですが，会社を解散できる事由，経営期間の延長の場合の対応等も記載されていますので

確認しておきましょう。合弁企業で延長については普段経営期間を意識することがないため、手続を失念してしまう場合もたまにあります。

5 定款の修正

定款の修正に関する項目もあり、こちらも重要決議事項となっています。合弁企業でデッドロック状態に陥ったときなどに、定款を修正して解決策を盛り込むというのもアイデアとしてはあり得ると思いますが、定款の修正自体にも決議がいることとなりますので、現実的ではないこととなります。

6 労働組合

労働組合についても記載がある場合があります。労働組合は中国語では工会といい、日本の労働組合の概念と若干異なります。労使の利害対立が想定されているのが日本の労働組合ですが、中国の場合、社会主義国ですので労使の対立は想定されていません。

図表1-12 定款確認ポイントまとめ

項目	中国語（参考）	確認ポイント
会社の基本事項	総則	営業許可証、批准証書、日本把握の情報との整合性
出資方式	投資総額和注册資本	投注差、増資の手続
持分譲渡	转让其本公司的股权	持分譲渡の手続、優先購入権
利益配当、損失負担	利潤分配	配当の手続
会社の機関	経営管理機構	機関設計
財務、会計、監査	税務、外汇管理、財務与会計	財務関係のルール
解散、清算手続	期限、終止、清算	清算手続の要件
定款修正	修改公司章程	修正の要件
労働組合	工会組織	内容、実際の有無

4 合弁契約書の確認ポイント（中外合弁企業、中外合作企業の場合）

中外合弁企業については、合弁契約書というものがあります。これは合弁企

業設立に先立ち，出資者同士で法人のあり方について取り決めたもので，定款よりも前の段階でできているものですが，これも重要な資料です。手続手順としては，合弁契約書をもとに合弁企業の定款を作成することとなり，設立後は定款が会社のあり方を決定する公的な資料となります。ゆえに，機能としては，一般的には出資者間の権利義務は合弁契約書，合弁企業の経営，運営に関することは定款に基づき当局も判断を行うようです。

各企業で締結するものですので，形式は様々ですが，一例を以下に挙げておきます。

図表1-13　合弁契約書サンプル【中文ダイジェスト】

中外合资公司合作经营合同

第一章　总则

中国＿＿＿＿＿＿公司和＿＿＿＿＿＿国＿＿＿＿＿＿公司，根据《中华人民共和国中外合资 经营企业法》和中国的其它有关法律法规，本着平等互利的原则，通过友好协商，同意在中华人民共和国共同投资举办合资经营企业，特订立本合同。

第二章　合资双方

第一条　合资合同双方

合同双方如下：

1．1．"中国＿＿＿＿＿＿公司"（以下简称甲方）是一个按中华人民共和国（以下简称"中国"）法律组织和存在的企业法人，在中国注册，持有编号为＿＿＿＿＿＿的营业执照。

法定地址：法人代表：

1．2．"＿＿＿＿＿＿公司"（以下简称乙方）是一个按＿＿＿＿＿＿国法律组织和存在的企业法人，在＿＿＿＿＿＿注册，持有编号为＿＿＿＿＿＿的营业执照。

法定地址：法人代表：

1．3．各方均表明自己是按中国法律或＿＿＿＿＿＿国法律合法成立的有效法人，具

有缔结本合资合同并履行本合同义务所需的全部法人权限。

第三章　合资公司的成立

第二条　按照中国的合资企业法和其它有关法律和法规，合同双方同意在中国境内_____ _____省_____市建立合资公司。

第三条　合资公司的中文名称为_____ 合资公司的英文名称为_____ 法定地址：_____

第四条　合资公司为中国法人，受中国的法律，法规和有关规章制度（以下简称"中国法律"）的管辖和保护，在遵守中国法律的前提下，从事其一切活动。

第五条　合资公司的法律形式为有限责任公司，合资公司的责任以其全部资产为限，双方的责任以各自对注册资本的出资为限。合资公司的利润按双方对注册资本出资的比例由双方分享。

第四章　生产和经营的目的范围和规模

第五章　投资总额与注册资本

第九条　总投资　合资公司的总投资额为_____人民币。

第十条　注册资本 合资公司的注册资本为_____人民币，
其中：甲方_____元，占_____%；
乙方_____元，占_____%。

（如乙方以外币出资，按照缴款当日的中国国家 外汇管理局公布的外汇牌价折算成人民币）

第十一条　双方将以下列作为出资：

11．1．甲方：现金_____元 机械设备_____元 厂房_____元 工地使用费_____元 工业产权_____元 其它_____元 共_____元

11．2．乙方：现金_____元 机械设备_____元 工业产权_____元 其它_____元 共_____元

第十二条　合资公司注册资本由甲，乙方按其出资比例分_____期缴付，每期缴付的数额如下：(略)

第六章　合资双方的责任

第十六条　甲，乙方应各自负责完成以下各项事宜：

16．1　甲方责任（根据具体情况写，主要有：）

16．2　乙方责任：

第七章　技术转让

第八章　商标的使用及产品的销售

第九章　董事会

第二十二条　合资公司注册登记之日，为合资公司董事会成立之日。

第二十三条　董事会由_____名董事组成，其中甲方委派_____名，乙方委派_____名。董事长由甲方委派，副董事长由乙方委派。董事，董事长和副董事长任期4年，经委派方继续委派可以连任。

第二十四条　董事会是合资公司的最高权力机构，决定合资公司的一切重大事宜：

1．修改合资公司的章程；

2．终止或解散合资公司；

3．与其它经济组织合并；

4．合资公司注册资本的增加；

5．采纳，更改或终止集体劳动合同，职工工资制度和集体福利计划等；

6．分红；

7．批准年度财务报表，……（略）

第二十五条　董事会的所有决议均需全体董事的多数表决方能通过，但第二十四条_____款所列事项需全体董事一致同意后方能通过。

第二十六条　董事长是合资公司的法定代表。如果董事长不能行使其职责，应书面授权副董事长代理。

第二十七条　董事会会议每年至少召开一次，由董事长召集并主持会议。经三分之一以上的董事提议，董事长可召开董事会临时会议。会议纪要归合资公司存档。任何一名董事如不能出席会议，应以书面委托的形式指定一名代理出席会议和行使表决权。如果董事既不出席会议也不委托他人参加会议，应视作弃权。

第十章　经营管理机构

第二十八条　合资公司设经营管理机构，负责公司的日常经营管理工作。经营管理机构设总经理一人，由_____方推荐，副总经理_____人，由甲方推荐_____人，乙方推荐_____人。总经理，副总经理由董事会聘请，任期_____年。

第二十九条　总经理的职责是执行董事会会议的各项决议，组织领导合资公司的日常经营管理工作。副总经理协助总经理工作。

第三十条　总经理，副总经理有营私舞弊或严重失职的，经董事会会议决议可随时撤换。

第十一章　设备材料的采购

第十二章　劳动管理

第三十三条　合资公司职工的招聘，处罚，辞退，合同期限，工资，劳动保险，生活福利等事宜，按照《中华人民共和国劳动法》和《中华人民共和国中外合资经营企业劳动管理规定》及其实施办法，经董事会研究制定方案，由合资公司和合资公司工会组织集体或个别地订立劳动合同。劳动合同订立后，报当地劳动管理部门备案。

第三十四条　外籍职工有关的劳动事务详细规定见附件。

第十三章　工会

第十四章　税务，财务和审计

第三十八条　合资公司应按有关的中国法律和法规的规定支付各类税款。

第三十九条　合资公司职工应按中国的税法支付个人所得税。

第四十条　合资公司按照《中华人民共和国合资经营企业法》的规定提取储备基金，企业发展基金和职工福利基金，每年提取的比例由董事会根据公司经营情况讨论决定。

第四十一条　合资公司的会计年度与公历年相同，从每年1月1日起至12月31日止，一切记帐凭证，单据，报表，帐簿，用中文或双方同意的一种外文书写。

第四十二条　合资公司的财务帐册应每年一次由一个在中国注册的会计事务所进行审计，费用由合资公司承担。合同各方有权各自承担费用自行指定审计师审计合资公司的帐目。

第四十三条　每一营业年度的头三个月，由总经理组织编制上一年度的资产负债表，损益计算书和利润分配方案，提交董事会会议审查。

第十五章　保险

第十六章　合资公司的期限及正常终止

第四十五条　合资公司的期限为_____年。合资公司的成立日期为合资公司营业执照签发之日。经一方提议，董事会会议一致通过，可以在合资期满 6 个月前向原审批机构申请延长合资期限。

第四十六条　合资期满或提前终止合资，应按可适用法律和公司章程所规定的有关条款进行清算。

第十七章　合同的修改，变更和终止

第四十七条　对合同及其附件所作的任何修改，须经合同双方在书面协议上签字并经原审批机构批准后方能生效。

第四十八条　由于不可抗力，致使合同无法履行，或是由于合资公司连年亏损，无力继续经营，经董事会一致通过，并报原审批机构批准，可以提前终止合同。

第四十九条　由于一方不履行合同，章程规定的义务，或严重违反合同，章程的规定，造成合资公司无法经营或无法达到合同规定的经营目的，视作违约方片面终止合同，对方除有权向违约方索赔外，并有权按合同规定报原审批机构批准终止合同。

第十八章　违约责任

第十九章　不可抗力

第二十章　适用法律

第五十三条　本合同的订立，效力，解释，履行受中华人民共和国法律的管辖。在某一具体问题上如果没有业已颁布的中国法律可适用，则可参考国际惯例办理。

第二十一章　争议的解决

> 第二十二章　合同文字
>
> 第五十六条　本合同用中文和＿＿＿＿＿＿文写成，两种文字具有同等效力。上述两种文本如有不符，以中文本为准。
>
> 第二十三章　合同生效及其它
>
> 第五十八条　本合同及其附件，自中华人民共和国审批机构批准之日起生效。
>
> 第五十九条　双方发送通知，如用电报，电传时，凡涉及各方权利，义务的，应随之以书面信件通知。合同中所列双方的法定地址为收件地址。
>
> 第六十条　本合同于＿＿＿＿年＿＿＿＿月＿＿＿＿日由双方指定的授权代表在中国＿＿＿＿签署。
>
> 中国＿＿＿＿公司代表
> ＿＿＿国＿＿＿公司代表

【基本的には定款と同様】

　合弁契約書を基に定款を作成していますので，出資者や董事，経営期間，規模など基本情報は基本的に定款と同様になっています。

【定款にない運営上，オペレーションの事項が記載されている場合も】

　ただし，合弁契約書には定款に通常載せない運営，オペレーション上の事項が記載されている場合もありますので，そちらは確認が必要です。合弁契約書も出資者間で法的拘束力を持ちます。

❶　定款との相違

　機能としては上記のとおり，「出資者間では合弁契約書，企業自体の経営，運営は定款」ですが，特に明確に規定されているわけではありませんので，管轄当局により判断が分かれている場合があります。ゆえに，合弁契約書と定款に相違がある項目については，どちらが優先になるか専門家や管轄当局へ確認しておいた方が望ましいでしょう。

❷　合弁契約書の法的位置付けと効力

　合弁契約書は作成の手順としては，合弁企業設立前に作成をします。その

後それに基づいて合弁企業を設立しますので，合弁契約書は法人ができてしまえば，不要な気もします。しかし，その後も行政手続等の際は斟酌され，また定款に記載されいない内容で，合弁契約書に記載があるものはそちらに基づき処理されますので，法人設立後も効力を有する重要な書類となります。

図表1-14　合弁契約書の確認ポイントまとめ

項目	確認ポイント
定款との相違	定款との相違がないか，確認しておく。また，合弁契約書独自の記載内容がないかを確認。
合弁契約書の法的効力	法人設立後も効力を有し，行政手続や，意見相違の場合の根拠となる。

5　不動産関係の確認ポイント－労務・税務と並ぶもう一つの壁－

　清算においては現地法人の不動産関係の調査は極めて重要となります。中国の不動産制度は日本と異なり，土地は全て国有となっており，土地の使用は期限付きの使用権が払い下げられるという形で企業が使用することができることとなっています。また，土地の使用権者とその土地の上にある建物の所有権者は同一でなければならないとされています（建物の所有権者が，別の者に賃貸をすることは可能です）。それらは，地方政府の土地管理部門不動産管理センターにより管理されており，処分の手続は非常に複雑です。

　また，制度が複雑なことに加えて中国の地価の値上がりにより，設立時に購入した土地使用権や建物が現在では非常に高額な価格となり，現地法人の本業は赤字でも不動産で大きな含み益を抱え，結果として現地法人の出資金の時価が高額となってしまうケースも少なくありません（出資金の時価が高額になると，持分譲渡の際の価格に影響します）。

　ゆえに，清算においては，「現地法人の不動産が自己所有か？　賃貸か？」は極めて重要な要素であり，自己所有の場合は，清算の際のハードルが①人員整理，②労務に加えて第3の大きなハードルになるほど，清算の手間が増すこととなります。

図表1-15　中国の土地使用権と建物イメージ図

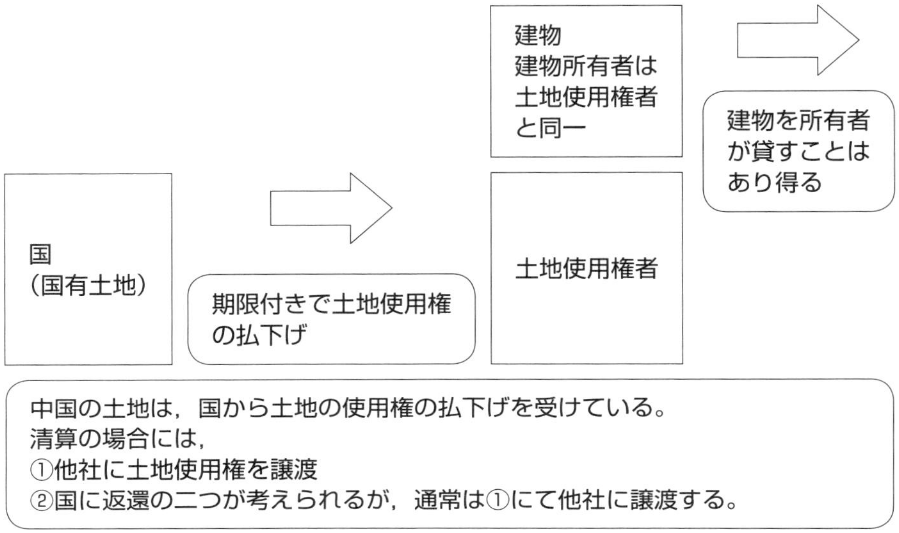

国（国有土地） → 期限付きで土地使用権の払下げ → 土地使用権者

建物　建物所有者は土地使用権者と同一

建物を所有者が貸すことはあり得る

中国の土地は，国から土地の使用権の払下げを受けている。
清算の場合には，
①他社に土地使用権を譲渡
②国に返還の二つが考えられるが，通常は①にて他社に譲渡する。

1　不動産自己所有か賃貸か

　不動産が自己所有の場合は，国有土地の払下げ使用権と建物の所有権をもっていることになるため，それらを清算までに処分（通常は売却）しなければなりませんが，使用権払下げ時に用途など様々な条件が付与されているのが通常であるため，それらの条件を満たした買い手を見つける必要があり，さらに手続も煩雑と，処分は非常に難易度の高いものとなります。賃貸については，基本的には賃貸契約の終了のみが論点となるため，自己所有に比べるとはるかに簡便といえます。

　まずは，簡単なパターンである，「不動産が賃貸である場合」から解説していきます。貿易業，サービス業の大部分及び製造業でも規模の小さな現地法人は，不動産を自己所有せず，賃貸で運営している場合が多くなっています。この場合，確認点は主に賃貸契約書となります。

2　賃貸借契約書の確認ポイント

　現地法人は登記住所が必要ですので，必ずオフィスを賃借するか土地使用

権を買い取るかをしています（設立の際に通常オフィス不動産の契約書などの確認があります）。現地法人の不動産がどのような状態かは重要確認事項ですので，まずは，工場などの生産型企業以外の貿易業，サービス業の大部分の住所である賃貸借の場合を見ていきましょう。この場合，当然ですが現地法人と賃貸人（大家）の賃貸借契約書があります。

賃貸契約書は民間の契約書ですので，形式は様々ですが，オフィス契約書の一例は下記のようなものです。

図表1-16　賃貸契約書サンプル【中文ダイジェスト】

房屋租赁合同

本合同双方当事人：
出租方（以下简称甲方）：＿＿＿＿＿＿
身份证：＿＿＿＿＿＿＿＿＿＿＿＿＿
联系电话：＿＿＿＿＿＿＿＿＿＿
承租方（以下简称乙方）：＿＿＿＿＿＿
身份证：＿＿＿＿＿＿＿＿＿＿＿＿＿
联系电话：＿＿＿＿＿＿＿＿＿＿

根据《中华人民共和国合同法》，《中华人民共和国城市房地产管理法》及其他有关法律，法规规定，在平等，自愿，协商一致的基础上，甲，乙双方就下列房屋的租赁达成如下协议：

第一条　房屋基本情况
　　甲方房屋（以下简称该房屋）坐落于＿＿＿＿；位于第＿＿＿层，共＿＿＿〔套〕〔间〕，房屋结构为＿＿＿＿，建筑面积＿＿＿＿平方米（其中实际建筑面积＿＿＿＿平方米，公共部位与公用房屋分摊建筑面积＿＿＿＿平方米）；该房屋的土地使用权以〔出让〕〔划拨〕方式取得；该房屋平面图见本合同附件一，该房屋附着设施见附件二；〔房屋所有权证号，土地使用权证号〕〔房地产权证号〕为：＿＿＿＿。
第二条　房屋用途

该房屋用途为＿＿＿＿＿＿＿＿＿＿。

除双方另有约定外，乙方不得改变房屋用途。

第三条　租赁期限

租赁期限自＿＿年＿＿月＿＿日至＿＿年＿＿月＿＿日止。

第四条　租金

该房屋租金为（人民币）＿＿万＿＿千＿＿百＿＿拾＿＿元整。

租赁期间，如遇到市场变化，双方可另行协商调整租金标准；除此之外，出租方不得以任何理由任意调整租金。

第五条　付款方式

乙方应于本合同生效之日向甲方支付定金（人民币）＿＿万＿＿千＿＿百＿＿拾＿＿元整。租金按〔月〕〔季〕〔年〕结算，由乙方于每〔月〕〔季〕〔年〕的第＿＿＿＿个月的＿＿＿＿＿日交付给甲方。

第六条　交付房屋期限

甲方于本合同生效之日起＿＿＿＿＿日内，将该房屋交付给乙方。

第七条　甲方对产权的承诺

第八条　维修养护责任

第九条　关于装修和改变房屋结构的约定

第十条　关于房屋租赁期间的有关费用

在房屋租赁期间，以下费用由乙方支付，并由乙方承担延期付款的违约责任：

1．水，电费；

2．煤气费；

3．电话费；

4．物业管理费；

5．＿＿＿＿＿＿＿＿；

6．＿＿＿＿＿＿＿＿。

在租赁期，如果发生政府有关部门征收本合同未列出项目但与使用该房屋有关的费用，均由乙方支付。

第十一条　租赁期满

租赁期满后，本合同即终止，届时乙方须将房屋退还甲方。如乙方要求继续租赁，则须提前＿＿＿＿个月书面向甲方提出，甲方在合同期满前＿＿＿＿个月内向乙方正式书面答复，

如同意继续租赁，则续签租赁合同。

第十二条　因乙方责任终止合同的约定

乙方有下列情形之一的，甲方可终止合同并收回房屋，造成甲方损失，由乙方负责赔偿：

1．擅自将承租的房屋转租的；

2．擅自将承租的房屋转让，转借他人或擅自调换使用的；

3．擅自拆改承租房屋结构或改变承租房屋用途的；

4．拖欠租金累计达＿＿＿个月；

5．利用承租房屋进行违法活动的；

6．故意损坏承租房屋的；

7．＿＿＿＿＿＿＿＿＿＿＿＿＿＿＿＿＿。

第十三条　提前终止合同

租赁期间，任何一方提出终止合同，需提前＿＿＿月书面通知对方，经双方协商后签订终止合同书，在终止合同书签订前，本合同仍有效。

如因国家建设，不可抗力因素或出现本合同第十条规定的情形，甲方必须终止合同时，一般应提前＿＿＿个月书面通知乙方。乙方的经济损失甲方不予补偿。

第十四条　登记备案的约定

自本合同生效之日起＿＿＿日内，甲，乙双方持本合同及有关证明文件向＿＿＿＿＿申请登记备案。

第十五条　违约责任

租赁期间双方必须信守合同，任何一方违反本合同的规定，按年度须向对方交纳年度租金的＿＿＿％作为违约金。乙方逾期未交付租金的，每逾期一日，甲方有权按月租金的＿＿＿％向乙方加收滞纳金。

第十六条　不可抗力

因不可抗力原因导致该房屋毁损和造成损失的，双方互不承担责任。

第十七条　其它

本合同未尽事宜，由甲，乙双方另行议定，并签定补充协议。补充协议与本合同不一致的，以补充协议为准。

第十八条　合同效力

本合同之附件均为本合同不可分割之一部分。本合同及其附件内空格部分填写的文字

第1章　現状把握と分析ポイント

　　与印刷文字具有同等效力。
　　本合同及其附件和补充协议中未规定的事项，均遵照中华人民共和国有关法律，法规执行。
第十九条　争议的解决
　　本合同在履行中发生争议，由甲，乙双方协商解决。协商不成时，甲，乙双方同意提交中国国际经济贸易仲裁委员会深圳分会仲裁，仲裁裁决是终局的，对双方均有约束力。
第二十条　合同份数
　　本合同连同附件共＿＿＿页，一式＿＿＿份，甲，乙双方各执一份，均具有同等效力。

　　　　　　　甲方（签章）：＿＿＿＿＿　　　乙方（签章）＿＿＿＿＿
　　　　　　　授权代表（签字）：＿＿＿＿　　授权代表（签字）＿＿＿＿
　　　　　　　　＿＿年＿＿月＿＿日　　　　　　＿＿年＿＿月＿＿日

　上記サンプルのなかで重要なものについて解説していきます。

図表1-17　賃貸契約書　実物サンプル【日文解説】

房屋租赁合同

本合同双方当事人：

家屋賃貸契約書

契約当事者
契約の双方当事者です。家主が誰になっているか確認しておきましょう。稀にですが，家主と異なる方が領収書を発行しているような場合があります。この場合やはり税務上問題になってしまいます。

第1条　房屋基本情况
　物件基本状況

84

賃貸面積，証書証明番号の記載があります。
第2条　房屋用途
　　物件の賃貸使用用途です。
第3条　租賃期限
　　賃貸期間です。
第4条　租金
　　家賃です。
第5条　付款方式
　　家賃の支払方式です。

第8条　維修養护責任
　　改修，修理などに関する責任が記載されています。
第9条　关于装修和改变房屋结构的约定
　　物件を損傷させた場合や，原状回復などについて述べられています。
第10条　关于房屋租賃期間的有关费用
　　関連費用の負担について述べられています。
第11条　租賃期満
　　契約期限と延長について述べられています。

第13条　提前終止合同
　　期限到来前解約について述べられています。清算等を検討する場合，ここが重要になります。

第15条　違約責任
　　違約責任です。

第19条　争議的解決
　　紛争解決です。中国の物件ですし家主は中国在住ですので裁判所，準拠法令も中国法となっています。

不動産の賃貸に関する契約書ですので，確認の視点は日本と同様です。その

85

中でも中国での清算等をにらんだ場合について特徴的なものについて解説していきます。

① 契約期間　解約条項　違約責任条項

　通常のチェックポイントについては概ね日本の不動産契約と同様です。契約期間については定めがありますので，そこを確認し，契約期間に満たない解約の場合，解約条項を確認していつまでの通知か，それにともなう違約金はいくらかなどを確認し，清算のプロジェクト上考慮することとなります。

② 清算の場合，いつまで住所が必要か？

　なお，清算してしまう場合，オフィス自体がいつまで必要かという問題がありますが，清算手続を開始しても法人の登記住所自体は必要であるため，保守的に考えると清算手続の税務登記抹消までは登記住所の契約はしておくようお勧めしています。ただし，通常の経営に必要な広い作業場や工場，オフィスなどは必要なくなりますので，そこは通常の経営終了までに解約し，最低限の機能がある住所確保のためのオフィスへ住所移転する場合もあります。

③ 契約主体

　中国の契約主体も念のため確認しておきます。これは通常は当然ながら，賃貸人と現地法人が契約主体になっているはずですが，稀に又貸しなどの状況が生じている場合があります。この場合，問題になる可能性があることや，税務上は，契約書上の賃貸人が発行した賃貸用の発票でなければ，現地法人の損金に算入できないなどの問題がありますので，念のため確認しておきましょう。たまにあるのが，工場などで「稼働していない場所があるから又貸しする」といった場合がありますが，その場合に賃貸人が不動産業の許可を得ていない場合，賃貸の発票が発行できず，賃借人が家賃を損金算入できないこととなります。この場合は，税務局で賃貸発票の代理発行手続を行えば賃借人が家賃を損金算入することができます。

④ 敷金

　中国語では押金と呼ばれますが，これも契約に基づき返金があります。

　敷金が返ってこない場合，損失処理をせざるを得ませんが，損失に相当す

る発票がでませんので，処理では悩むこととなります。本来は税務局の承認がいりますが，現実的には承認が得られにくいので，そのまま損失処理をする場合も多くなっています。

⑤ **原状回復義務**

これも通常謳われていますので，契約に基づき処理します。

図表1-18　賃貸契約書確認ポイントまとめ

項目	中国語（参考）	確認ポイント
契約期間	租賃期限	契約期間がいつまでか確認
解約条項	提前終止合同	解約の際の手続（事前通知等），支払について確認
違約責任条項	違約責任	契約違反発生の場合の処理について確認
契約主体，当事者	本合同双方当事人	領収書発行者と契約上の家主が一致しているか確認

3　自己所有不動産の場合

不動産を自己所有している場合にはかなり複雑になります。まず，制度として，①土地が国有であり，所有は土地使用権の所有を指し，用途等に制限がある，②土地使用権の上に建物がある場合は，土地使用権の権利者と建物の所有者が同一でなければならない，というものがあります。それに加えて，不動産の管理当局の運用は地方により様々であり，土地使用権証や産権証等の資料の管理が当初はそれほど厳格でなかったため，記載内容や整備状況が実態とかい離してしまっているケースも少なくありません。不動産の整理を考える上では，まず，そういった公的書類での記載状況と実態との整合性から確認していく必要があります。所有不動産の公的資料としては，①土地については，土地使用権証，②建物については産権証という資料があります。

第1章　現状把握と分析ポイント

4　土地使用証

図表1-19　土地使用証サンプル

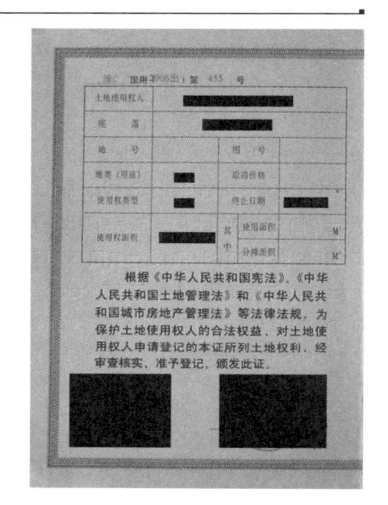

① 土地使用権者，住所等各種情報

こちらが実際のものと一致しているか確認しておきましょう。

② 用途

用途についてはこれ以外の使用は認められず，売却する場合も譲受者は記載された用途で使用しなけれなりませんので，確認しておきましょう。本来の用途と異なる用途で使用されている場合も多いです。

図表1-20　土地使用証ポイント

項目	確認ポイント
土地使用権者，住所等	実態との一致
用途	実際の使用用途と一致しているか確認

Ⅲ　回収資料の分析ポイント

5　産権証（建物証明書）

図表1-21　産権証サンプル

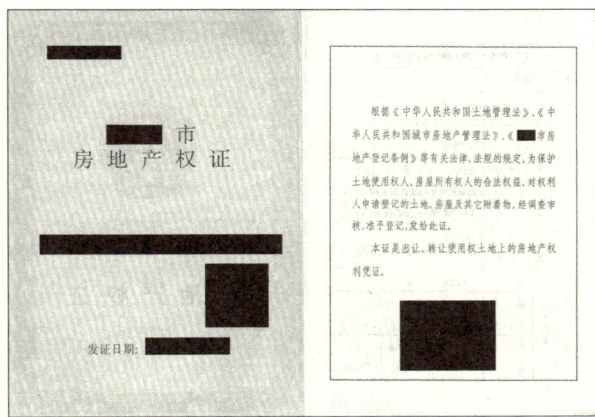

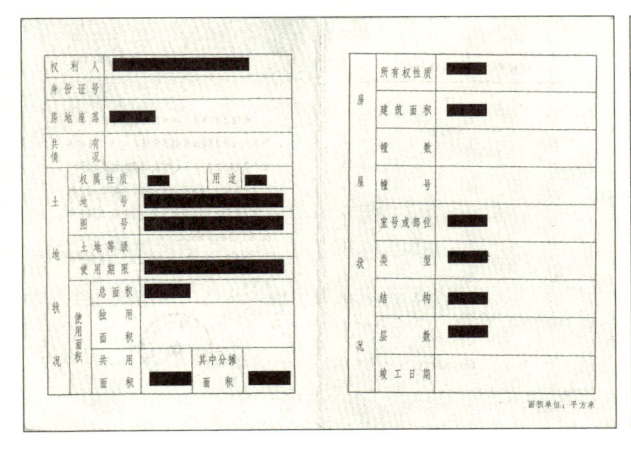

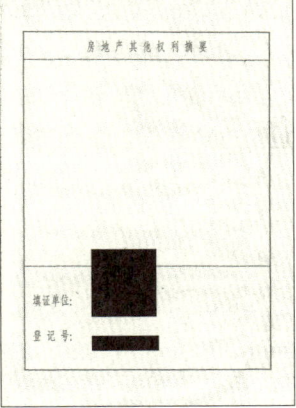

※産権証は地域により名称が異なる場合があります。

① 土地だけでは売却できない

中国で土地を売却する場合土地だけでは売却できないことになっています。上物である建物も一緒に売却をする必要がありますので，建物が登記されているか確認しましょう。

89

② 実態と一致した建物が登記されいているか確認

登記されている情報が実態の建物と一致しているか確認しましょう。よくあるのが増改築などを行った場合に，登記が更新されていないというものです。実物と産権証に相違があると問題になりますので，よく確認しておきましょう。

図表1-22　産権証確認ポイント

項目	確認ポイント
産権証の有無	土地使用権だけでの売却はできないため，産権証が取得できているか確認
登記情報と実態との一致	増改築等が反映されているか確認

6　就業規則の確認ポイント

1　意味は同じだが法律が異なる

中国の現地法人にも就業規則はあり，内容は日本と同じく法人の従業員の就業上の規則を定めたものです。こちらは中国の現地法人経営においては大変重要なものとなります。というのは，中国は経済的には資本主義を導入しているにせよ，国家の体制としてはいまだ社会主義国で，「労働者の国」という側面があります。ゆえに，そもそも非常に法律上労働者の権利が強くなっています。したがって，外資企業における就業規則は会社側が健全に経営を行うためには，中国の法律をしっかりと把握した上で「法律で認められた範囲で会社側に最大限有利な就業規則」を作っていくくらいの考え方が，現地法人運営には必要となります。

2　中国の労働法以上の待遇を法律で与えてしまっている場合は要注意

逆に，法律以上の保護を就業規則で与えてしまっている場合はそれが会社と同社で約束したことになってしまっているため，会社としては履行義務があることとなり，かなり不利になります。例を挙げると中国では残った有給休暇は会社が有償（給与の300％相当額）で必ず買い取ることとなっており，日本の退職金のような経済補償金の支払が義務となっています。ゆえに有給休

Ⅲ　回収資料の分析ポイント

暇や退職金を日本の感覚で就業規則に盛り込んでいると従業員の退職時に会社は大きな経済的負担を追うことになります。

図表1-23　就業規則【中文目次サンプル】

就　業　規　則

目　　録

第1章　总则
第2章　人事
第3章　劳动纪律
第4章　工作
第5章　工资
第6章　经济补偿金
第7章　庆吊慰问金
第8章　安全和卫生
第9章　教育
第10章　社会保险和福利
第11章　表彰
第12章　惩罚
第13章　附则

上記目次のうち，重要なものを解説していきます。

91

> **図表1-24 就業規則【目次日文解説】**

就 業 規 則

目 録

第2章　人事
人事
　従業員の入退社，労働契約の締結などについて述べられています。
第3章　劳动纪律
労働規律
　服装，注意事項，守秘など服務規程的なものが述べられています。
第4章　工作
労働
　労働時間，休暇などが述べられています。
第5章　工资
給与
　給与について述べられています。別途給与規定参照となっている場合もあります。
第6章　经济补偿金
経済補償金
　経済補償金について述べられています。経済補償金は従業員退職時に会社が支払う必要のあるものです。通常は法律どおりの条件が記載されていますが，法律以上の支給が謳われていないか就業規則上の記載を確認しておくべきでしょう。
第10章　社会保险和福利
社会保険，福利厚生
　会社が付与する社会保険，福利厚生について述べられています。
第12章　惩罚
懲罰
　就業規則違反の場合などの懲罰について述べられています。労働契約解除などの懲罰もありますので，確認しておく方が良いでしょう。

3　就業規則の確認ポイント

　就業規則は日本と同様，従業員の就業上の規則を定めたものです。ただし，清算等を検討するにあたってはこれから人員整理をする必要があるわけですので，事前に就業規則の内容を把握しておくことは極めて重要となります。就業規則に妙な条項が入っている場合，事前に改定してしまう選択肢（従業員の同意は必要になります）もありますので，重要ポイントはしっかり確認していきましょう。

① 退職に関する条項

　まず，退職に関する条項を確認しましょう。就業規則は通常は中国の労働法に沿って作成されているので基本的に同じ文言のはずですが，法律以上の待遇が規定されていないか確認する必要があります。法律以上であっても労使で合意している以上会社はその待遇を履行する義務があることになります。

② 経済補償金（退職金）に関する条項

　こちらも上記同様，法律に合致した内容になっているか，法律以上の支給になっていないかを確認しましょう。

③ 有給休暇に関する条項－日本のスライドの有給休暇に注意－

　有給休暇も同様です。たまに日系企業では就業規則を日本親会社のものをスライドして作成しており，有給休暇も日本同様になっている場合は注意が必要です。

　なお，中国では退職時に未消化の有給休暇がある場合，会社が有償で買い取る必要があります。しかも，その対価は300％です。なお，この300％は通常給与を含めての300％ですので，上増しの支給額としては200％となります。

④ 従業員のサイン

　就業規則自体も従業員のサインをとり，合意事項である旨を確保した方がよいことになりますので，確認しておきましょう。

⑤ 事前に就業規則を改定するのも一案

　上記で現行の就業規則に不備がある場合，清算等の大きなアクションを起こす前に変更するのも一つの方法です。ただし，変更後のものも従業員の合意を得て，サインを得る必要があります。

第1章　現状把握と分析ポイント

図表1-25　就業規則確認ポイントまとめ

項目	確認ポイント
退職に関する事項	退職時の手続，要件等の確認。
経済補償金	経済補償金の基準，要件，法律との整合性の確認。
有給休暇	有給休暇の付与数，要件，法律との整合性の確認。
従業員のサイン	現行の就業規則が従業員の同意を得ているかの確認。
変更	就業規則に不備がある場合，就業規則変更をして従業員の同意を得るのも一案。

7　労働契約書の確認ポイント

　労働契約の締結は中国では義務（労働契約を締結せずに会社が労働をさせていた場合，ペナルティがあります）であり，必ずどの会社も全ての従業員について労働契約書があります。また，労働契約書は地域によってはひな形を当局が交付していることところがありますので，ひな形がある場合通常はそのひな形に沿った労働契約書を締結しています。

図表1-26　労働契約書サンプル【中文ダイジェスト】

労　动　合　同

甲　　方：
地　　址：
乙　　方：
户口地址：
现居住地址：
身份证号码：

　根据《中华人民共和国劳动法》和相关法律法规，甲，乙双方本着平等自愿，协商一致的原则，签订本合同，并共同遵守履行。

94

1，合同期限

1.1 经甲乙双方协商约定：本合同有效期自＿＿＿年＿＿＿月＿＿＿日起至＿＿＿年＿＿＿月＿＿＿日止，其中　年　月　日至　年　月　日为试用期。

1.2 本合同期满或出现双方约定的劳动合同终止条件时，本合同即告终止；经双方协商一致后，可以续订劳动合同。

2，工作岗位和职责

2.1 根据工作需要，甲方安排乙方在＿＿＿＿＿＿＿＿＿＿（部门）工作，岗位为＿＿＿＿＿＿＿，乙方应履行其岗位职责，按时、按质、按量完成规定的工作。

3，工作条件和劳动保护

4，工作时间和休假

4.1 甲方实行国家规定的标准工时时制度。部分岗位因工作性质或生产经营的需要，经政府劳动行政部门批准，实行综合计算工时工作制或不定时工作制。用餐和工间休息不包括在工作时间内，另有约定的除外。

4.2 乙方在合同期内享受国家规定的法定假日，周休日，产假，婚假和丧假等。

4.3 因工作需要，甲方可安排乙方加班，并按照有关法规支付加班报酬或安排相应的补休。

5，劳动报酬

5.1 根据甲方薪酬制度和乙方岗位职级，业务能力确定乙薪酬标准。每月税前工资为人民币＿＿＿＿＿＿元（包括政府和甲方规定的各类津贴，补贴）。奖金根据甲方经营状况和乙绩效考评结果确定。

6，保险福利待遇

6.1 甲方按本地政府规定，在指定部门为乙方办理各项社会基本保险，缴纳住房公积金。乙方应配合甲方，及时提供办理上述手续所必需的相关材料。

乙方承诺：因乙方原因致使甲方未能及时办理，其后果由乙方承担。

7，劳动纪律

8，合同的解除，变更和终止

9，双方其他约定

10，违约责任

11，劳动争议

12，其他：

甲方：　　　　　　　　　　　　　　　　　　　乙方：（签章）
　　　　　　　　　　　　　　　　　　　　　　或委托代表（签章）
　　　　　年　　月　　日　　　　　　　　　　　　年　　月　　日

附注：
　　本合同由乙方于签订前十日收到或经乙方愿意在收到之日即行签订。
　　本合同乙方持有件已于＿＿＿＿＿年＿＿月＿＿日收讫。

　　　　　　　　　　　　　　乙方：
　　　　　　　　　　　　　　日期：　　　年　　月　　日

表1-27　労働契約書【サンプル日文重要ポイント解説】

甲　　方：
地　　址：
乙　　方：
户口地址：
现居住地址：
身份证号码：
従業員個人情報
　戸籍，身分証明書番号などの記載があります。日本のマイナンバー的なものを中国では先行して取り入れています。
1，合同期限
　契約期間
　労働契約期間が記載されています。
2，工作岗位和职责
　業務職位及び職責
　業務上の職位，職責が記載されています。現在の実際の役職と異なっている場合もあります。
4，工作时间和休假

96

労働時間及び休暇

労働時間，休暇，残業等について記載されています。
5，労动报酬

給与

給与について述べられています。
6，保险福利待遇

社会保険，福利

社会保険等について述べられています。
7，劳动纪律

労務規律

労務の姿勢，守秘，違反の場合の賠償等，服務規程的なところが定められています。
8，合同的解除，変更和終止

契約解除，変更及び終止

労働契約の解除，変更，終止に関する事項や経済補償金に関する事項が定められています。

労働契約の終了を考える場合，重要な項目になってきます。
10，违约责任

違約責任

違約の場合の責任や賠償金，経済補償金について述べられています。
11，劳动争议

労働争議

労働争議の発生の場合について述べられています。

甲方： 　　　　　　　　　　　　　　　乙方：（签章）

サイン

実はサインが重要です。サインがなければ労働契約を締結していないものとして，2倍の経済補償金の支払や無期限固定労働契約の締結を求められる場合があります。

1　退職（労働契約解除）

退職に関する条項を確認しましょう。こちらに沿い退職手続を行っていくこととなります。

2 経済補償金

経済補償金に関しても確認しましょう。就業規則と同様，法律以上の条件で締結すると義務となります。

3 休暇，残業時間

休暇，残業時間も労働契約上どのように定められているかを確認し，実態の付与状況と齟齬がないか確認します。齟齬がある場合，労働契約が優先されますので，契約に基づいた付与を行っていないということで問題になる可能性があります。

4 本人のサイン

本人のサインがないと，労働契約を締結せずに労働をさせていたということになり，2倍の経済補償金を支払う必要がありますので，要注意です。

図表1-28 労働契約書確認ポイントまとめ

項目	中国語（参考）	確認ポイント
労働契約解除，変更及び終止	合同的解除，変更和终止	退職に関する手続，要件を確認。
経済補償金	经济补偿	経済補償金の算出基準，要件を確認。
労働時間及び休暇	工作时间和休假	契約上の労働時間，休暇，残業時間と実態付与を確認。
社会保険，住宅積立金	保险福利待遇	契約書と支払実態の確認。
サイン	签章	本人のサインを確認。

2 年次回収資料（監査報告書）分析ポイント

年次の回収資料で最も重要なものは監査報告書になります。中国では外資企業は監査報告書の作成が義務であり，また，ほとんどの地域で手続上年度監査報告書の提出が必須となっています（年度検査は廃止されましたが，企業所得税の確定申告で年度監査報告書の提出が義務付けられている等で現段階では手続上も実質的に

作成が義務となっている地域の方が多くなっています)。そちらを回収すれば中国語版であってもある程度の現地法人の財務の概要の把握が可能となります。また，地域によっては，この会計師事務所による会計監査報告書のほか，税務師事務所による税務監査報告書の提出が義務付けられています。

なお，中国の監査報告書については日本の監査と異なり精度は千差万別ですので，その実態は頭に入れて考えていくべきです。決して日本のように「公認会計士の先生の監査を受けているから我が社の経理処理は全く問題ない」というように誤解されないよう注意してください。

Column 中国の監査の実態と不正事件発生の際の駐在員の嘆き

1 外資系現地法人は監査が必須であった

中国では外資企業は全て監査を受けることが義務となっています。(外商独資企業法) ゆえに，どんな小規模の企業であっても外資企業であれば監査を受けています。

2 実態

監査というと，日本では民間企業については上場企業が受けるものですので，厳格なイメージを抱きがちです。しかし，中国ではレベルはピンからキリまであり，BIG4のような世界的会計事務所ももちろんありますが，実態としてはキリの方が数として多く，「義務だから仕方なくやっている。安ければ安いほど良い」といった面もあり，日本の監査とはレベルが異なり，短期間で最低限の確認のみ行うといったものも多いです。

3．不正事件

上記がローカル監査の実態ですので，我々が不正調査などを行い，残念ながら現地法人で不正が発生した場合に，駐在員の方が皆様おっしゃるのが，「監査を通っていたのになぜだ！」という言葉です。実態が上記のとおり，ですので，なかなか安価な監査では不正を発見するまでにはとても至らないということを理解しておく必要があります。

1　監査報告書－一般的な構成と内容－

監査は中国語では「审计（シェンジー）」であり，「审计报告书」といった表紙がついています。中身の構成は概ね同様で以下のような内容から構成されてい

ます。

1 表紙部分

```
            ○○上海貿易有限公司2015
            年度財務報表的審計報告


            ○○审（2016） 字第0900○号
               ○○会計師事務所
```

　　表紙に対象企業と，監査実施会計事務所，年度の記載があります。中国の現地法人は全て12月決算で，監査報告書は通常対象年度の翌年１月〜５月に作成します。したがって，５月になって監査報告書が上ってこないようであれば，現地法人に確認してみるのがよいでしょう。監査報告書に関しては全ての年度分を必ず本社でも収集するようお勧めします。

Column　中国の各種法定報告書　日本では見慣れない報告書も

　中国には法定の報告書が多々ありますが，日本では聞きなれない，日本にない概念の法定報告書も多数存在します。（社会主義国家らしく？　中国はとにかく書類が多いのが特徴です）そのなかでも日系企業現地法人の経営に重要な報告書を以下のとおり解説します。

1　会計監査報告書
　法定の会計監査報告書で意味合いは日本と同様です。

2　税務監査報告書
　税務申告を中国公認の税務師事務所が証明する書類で，一部地域では義務となっています。

3　資産評価報告書
　資産の評価額を査定した報告書で，中国では法的なものです。現地法人の持分評価額も算定でき，持分譲渡の際に税務局から要求される場合もあります。

4　験資報告書
　資本金の出資を証明した報告書です。以前は出資の際，取得が義務でしたが，現在は任意となっています。

5　資産損失に関する報告書
　税務師事務所が発行する資産損失の発生を証明する書類です。損金算入のために必要とされる場合があります。

2 監査意見結論部分

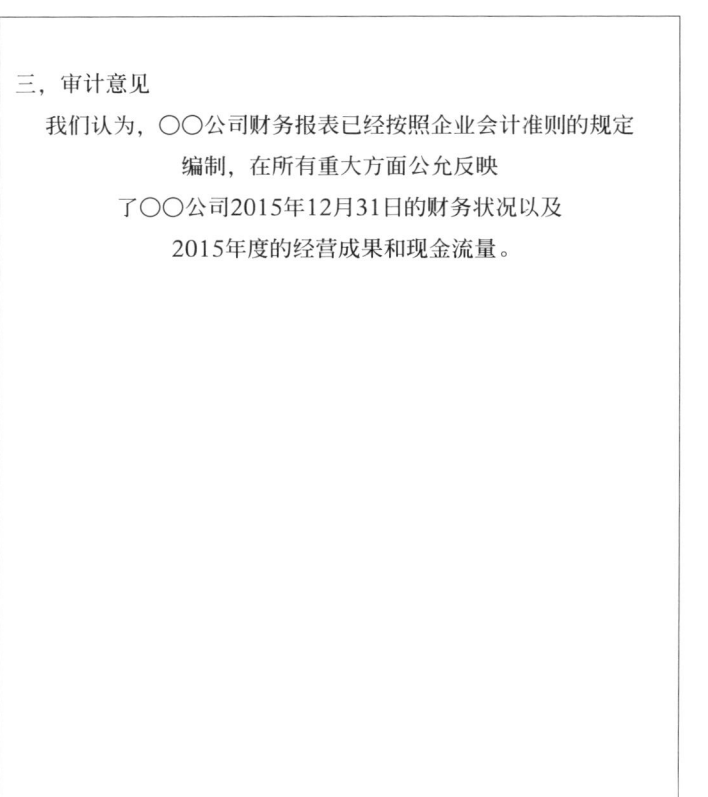

> 三，审计意见
> 　我们认为，○○公司财务报表已经按照企业会计准则的规定
> 　　　编制，在所有重大方面公允反映
> 　　了○○公司2015年12月31日的财务状况以及
> 　　　　2015年度的经营成果和现金流量。

　次に監査意見部分です。監査報告書の結論部分といえ，結論としては最も重要な部分といえるでしょう。ただし，後述のとおり通常は適正意見が表明されています。

3 決算書類部分

```
            資産負債表


```

　その後決算書類部分があります。通常１．貸借対照表，２．損益計算書，３．キャッシュフロー計算書，４．株主資本等変動計算書の財務四表がついています。

4　財務資料付表部分

```
一，財務報表主要項目附注
 1．应收账款
```

　付表部分です。この辺になると「中国語だし，見てもわからない」と中国語のわからない方には非常に敬遠されがちですが，実は非常に有用な情報が整理されて記載されています。決算書の内訳明細書に相当する部分もあり，慣れれば中国語がわからなくてもかなりの情報取得が可能です。

5　納税調整表部分

　会計上の当期利益から始まり，税務調整を行って課税所得を算出する日本の法人税別表四に相当する書類です。

　納税調整表というものがついている場合もあります。ただし，これは会計監査の正式資料というよりは，いわば「おまけ」で付けてくれているという

だけのもので，本来は会社が5月の企業所得税確定申告の際に計算するか，若しくは税務の監査である税務師事務所の税務監査の際に作成する資料となっています。

2 監査報告書の確認ポイント

1 表紙部分

表紙部分には
① 監査対象の現地法人名
② 対象年度
③ 実施会計事務所が記載されています。
こちらから監査報告書の作成の基本的な情報が確認できます。

① 監査対象の現地法人名

①は現地法人の名称が記載されています。

② 監査対象年度

②は，対象年度です。中国の法人は全て12月決算で，監査報告書は通常企業所得税の確定申告期限である翌年5月末までに作成します。

③ 監査実施会計事務所

監査を実施した会計事務所が記載されています。多くの場合，監査実施会計事務所の営業許可証も添付されています（ゆえに，たまに我々もお客様に「現地法人の営業許可証を送ってください」というと，監査報告書添付の会計事務所の営業許可証を送って来られる方が数多くいらっしゃいます）。

2 監査意見結論部分

もっとも大事なのがこの部分です。「会社の決算書が適正か，監査で会計士が意見表明をする」というものですので，ここが適正意見となっているのが通常で，中国語では「无保留意见（保留意見なし）」といった表現が適正意見の意味になっています。

ただし，まれに監査手続で一部は適正性を確認できない部分があったとして「保留意見」というものが出ている場合があります。この場合は要注意です。中国では外資企業は，法律上は作成が義務かつ以前は全ての地域で監査報告

書が手続上必要とされており（年度検査で必要），現在でも多くの地域で監査が実質的に義務となっていますが，監査報告書では基本的に適正意見がでており，保留意見がでるのはごく一部で余程の問題がある場合のみとなっています。ゆえに，監査報告書上保留意見がでていると対外的に非常に見栄えが悪いとされ，税務調査も誘発しかねないということで通常は現地法人の財務担当者などは極力回避するようにします。

それにもかかわらず保留意見がでてしまっているというのは，カバーしきれない問題が何かあったということですので，清算上も障害になる可能性が考えられ，しっかりとどういった問題があるのか，解消可能な問題なのかなど確認しておく必要があります。

❸ 決算書類部分－貸借対照表部分

资产负债表

编制单位：　　　　　　　　　　　　　年　月　日　　　　　　　单位：元

资产	行次	期末余额	年初余额	负债及所有者权益（或股东权益）	行次	期末余额	年初余额
流动资产：	1			流动负债：	34		
货币资金	2			短期借款	35		
交易性金融资产	3			交易性金融负债	36		
应收票据	4			应付票据	37		
应收帐款	5			应付账款	38		
预付款项	6			预收款项	39		
应收利息	7			应付职工薪酬	40		
应收股利	8			应交税费	41		
其他应收款	9			应付利息	42		
存货	10			应付股利	43		
一年内到期的非流动资产	11			其他应付款	44		
其他流动资产	12			一年内到期的非流动负债	45		
流动资产合计	13			其他流动负债	46		
非流动资产：	14			流动负债合计	47		
可供出售金融资产	15			非流动负债：	48		
持有至到期投资	16			长期借款	49		

长期应收款	17		应付债券	50	
长期股权投资	18		长期应付款	51	
投资性房地产	19		专项应付款	52	
固定资产	20		预计负债	53	
在建工程	21		递延所得税负债	54	
工程物资	22		其他非流动负债	55	
固定资产清理	23		非流动负债合计	56	
生产性生物资产	24		负债合计	57	
油气资产	25		所有者权益（或股东权益）：	58	
无形资产	26		实收资本（或股本）	59	
开发支出	27		资本公积	60	
商誉	28		减：库存股	61	
长期待摊费用	29		专项储备	62	
递延所得税资产	30		盈余公积	63	
其他非流动资产	31		未分配利润	64	
非流动资产合计	32		所有者权益（或股东权益）合计	65	
资产总计	33		负债和所有者权益（或股东权益）总计	66	

　中国の会計も国際会計基準にある程度近いものですので，概念としては日本や国際会計基準と同じものが多いですが，そのなかでも重要なものや中国独特の特徴があるものについて解説をしていきます。

① 貨幣資金（中国語：货币资金）

　現預金です。日本の財務資料と同様，残高さえ合っていれば資産のなかでは，最も確実に実態のあるものになりますので，まずはここを確認しましょう。資金繰り分析の際も重要な情報になってきます。

　また，中国の日系現地法人ですので必ず，外貨（日本円，米ドル等）と人民元を両方もっています。外貨は期末（12月31日）の人民銀行公定レートで人民元に換算されて表示されています。内訳に，口座，通貨ごとの記載がある場合もありますので，そちらも見てみましょう。

② 売掛金（中国語：应收帐款）

　売掛金です。内訳に顧客別，年齢別の分析の表示がある場合がありますの

③　その他未収入金（中国語：其他応収款）
　日本の未収入金より範囲が広く様々なものが計上されていますので，内容を注意してみてみましょう。
④　棚卸資産（中国語：存貨）
　棚卸資産ですが，中国では実態と帳簿在庫のズレが生じている企業も多くなっています。確認してみましょう。

Column　中国の在庫（棚卸資産）管理の受難

　棚卸資産はどの日系企業でも悩みの多い問題です。中国では棚卸資産の在庫をあわせるのはそもそもシステム的に非常に難しいのが現実です。それは，主に増値税法で，「国外取引は通関，国内取引は発票起票」のタイミングで増値税の売上を認識することが原因となっています。以下をご覧ください。

区分	ズレの種類	要因別	帳簿	実際
入庫	時期のズレ	通関	通関済みだが未入庫	前月以前通関だが当月入庫
		発票	前月以前入庫だが当月発票取得	発票未取得だが入庫
	解消しないズレ	通関		ハンドキャリーで入庫
		発票		発票取得不能だが入庫（サンプル）
出庫	時期のズレ	通関	前月以前出庫だが当月通関	出庫済みだが未通関
		発票	前月以前出庫だが当月発行	出庫済みだが発票未発行
	解消しないズレ	通関	ハンドキャリーで出庫	
		発票	発票未発行だが出庫（サンプル）	
実際の減耗分			盗難などによる減耗	

　上表は，『帳簿在庫』と『実際在庫』の間で発生してくる主なズレを一覧にしたものですが，ざっと見ただけで，一番下の『実際の減耗分』にたどり着くまでたくさんの差異があります。本来の在庫管理で把握したい『減耗分』を算出しようと思うと，上記の差異を全て調整してからでなければ計算できません。

⑤　長期持分投資（中国語：长期股权投资）

　あまり多くはありませんが，数値の計上がある場合，子会社出資金をもっているということになります。子会社出資金をもっている法人を清算する場合は，その子会社（日本親会社からみれば孫会社）を譲渡するか清算する必要があります。

⑥　短期借入金（中国語：短期借款）

　短期借入金です。通貨ごとに見てみましょう。外貨借入のものは投注差の制限を受けます。

⑦　買掛金（中国語：应付账款）

　買掛金です。日本親会社に対するものは残高が一致しているか確認しましょう。なお，買掛金のＤＥＳは現在のところ実務的には難しいようです。

⑧　未納税金（中国語：应交税费）

　未納税金です。納付する必要があり，ＰＬ上は損益計上しているものですので，基本的には既に申告しているものになります。なお，マイナス表示となっているものは還付を意味します。輸出企業などは増値税の還付金額が表示されています。

⑨　未払配当金（中国語：应付股利）

　配当金の未払額です。現地法人が配当決議をして支払を行うまではこの科目に計上されています。

⑩　その他未払い金（中国語：其他应付款）

　未払金です。その他未収入金と同様，分類しにくいものがここに計上されている可能性があります。また，日本親会社からハンドキャリーで持ち込んだ人民元借入金などがここに計上されている場合もあります。

⑪　長期借入金（中国語：长期借款）

　長期借入金です。親会社からの借入金なども計上されています。通貨別に確認してみましょう。また，表示は人民元ですが，内訳の記載は借入通貨で記載されているかも念のため見てみましょう。内訳の借入通貨が日本親会社の貸付額と一致するはずです。

⑫ **資本金（中国語：資本金）**

資本金です。こちらも日本親会社の認識金額と一致しているか確認しましょう。なお，資本金の換算レートは出資時のレートで固定となっています。

4 決算書類部分－損益計算書

利潤表

編制単位：　　　　　　　　　　　　　　　年　月　日　　　　　　　単位：元

项目	行次	本期金額	上期金額
一，营业收入	1		
减：营业成本	2		
营业税金及附加	3		
销售费用	4		
管理费用	5		
财务费用	6		
资产减值损失	7		
加：公允价值变动收益（损失以"-"号填列）	8		
投资收益（损失以"-"号填列）	9		
其中：对联营企业和合营企业的投资收益	10		
二，营业利润（亏损以"－"号填列）	11		
加：营业外收入	12		
减：营业外支出	13		
其中：非流动资产处置损失	14		
三，利润总额（亏损总额以"－"号填列）	15		
减：所得税费用	16		
四，净利润（净亏损以"－"号填列）	17		
五，每股收益：	18		
（一）基本每股收益	19		
（二）稀释每股收益	20		

決算書上の科目は，1級科目のみになりますので，決算書だけでは内容はつかみにくいものとなっています。ただ，1級科目のみの決算書でも読み取れる情報はあります。

なお，上記損益計算書の「上期」は前期を表しますので，「上期」の数値がある場合は前期比較が可能となります。

　以下，科目別に解説していきます。

① 営業収入（中国語：営業收入）

　いわゆる主要売上になります。人民元に換算されていますので，親会社との関連取引等は日本親会社で持っている印象とは異なるかもしれません。

② 営業原価（中国語：営業成本）

　主要原価になります。管理費用との配賦基準は企業により様々です。

③ 管理費用（中国語：管理費用）

　管理費用です。ここはある程度適正な処理を行っていれば，毎月，毎期ある程度安定してくる数値になります。

④ 財務費用（中国語：財務費用）

　支払手数料や，支払，受取利息，為替差損益が計上される科目で，日本と異なりますので実はやっかいな科目です。為替が大きく動いた年度などはここに大きな数字が計上されることとなり，その後の営業利益が大きく影響を受け，利益率分析などがし辛くなってしまいます。財務費用を除外して比較を行うなど，工夫が必要でしょう。

⑤ 営業外収入，支出（中国語：営業外収入，営業外支出）

　営業外収入，支出は日本の特別損益に相当します。ここは中国の表示が国際会計基準準拠になります。

⑥ 利益総額（中国語：利潤総額）

　税引き前利益になります。なお，細かいことですが中国の課税所得調整計算（日本の法人税別表四調整）は税引き前利益から開始します。

⑦ 純利益（中国語：浄利潤）

　税引き後利益です。新会計基準適用の会社は税効果会計適用後の利益となります。

5 決算書類部分－キャッシュフロー計算書－

现金流量表

编制单位：　　　　　　　　　　　　　　　年　月　日　　　　　　单位：元

项目	行次	本期金额	上期金额
一，经营活动产生的现金流量：	1		
销售商品，提供劳务收到的现金	2		
收到的税费返还	3		
收到的其他与经营活动有关的现金	4		
经营活动现金流入小计	5		
购买商品，接受劳务支付的现金	6		
支付给职工以及为职工支付的现金	7		
支付的各项税费	8		
支付其他与经营活动有关的现金	9		
经营活动现金流出小计	10		
经营活动产生的现金流量净额	11		
二，投资活动产生的现金流量：	12		
收回投资收到的现金	13		
取得投资收益收到的现金	14		
处置固定资产，无形资产和其他长期资产收回的现金净额	15		
处置子公司及其他营业单位收到的现金净额	16		
收到其他与投资活动有关的现金	17		
投资活动现金流入小计	18		
购建固定资产，无形资产和其他长期资产所支付的现金	19		
投资支付的现金	20		
取得子公司及其他营业单位支付的现金净额	21		
支付其他与投资活动有关的现金	22		
投资活动现金流出小计	23		
投资活动产生的现金流量净额	24		
三，筹资活动所产生的现金流量：	25		
吸收投资收到的现金	26		
取得借款收到的现金	27		

收到其他与筹资活动有关的现金	28		
筹资活动现金流入小计	29		
偿还债务支付的现金	30		
分配股利，利润或偿付利息支付的现金	31		
支付其他与筹资活动有关的现金	32		
筹资活动现金流出小计	33		
筹资活动产生的现金流量净额	34		
四，汇率变动对现金及现金等价物的影响	35		
五，现金及现金等价物净增加额	36		
加：期初现金及现金等价物余额	37		
六，期末现金及现金等价物余额	38		
补充资料	行次	本年金额	上年金额
1．将净利润调节为经营活动现金流量：	39		
净利润	40		
加：资产减值准备	41		
固定资产折旧，油气资产折耗，生产性生物资产折旧	42		
无形资产摊销	43		
长期待摊费用摊销	44		
处置固定资产，无形资产和其他长期资产的损失（收益以"－"号填列）	45		
固定资产报废损失（收益以"－"号填列）	46		
公允价值变动损失（收益以"－"号填列）	47		
财务费用（收益以"－"号填列）	48		
投资损失（收益以"－"号填列）	49		
递延所得税资产减少（增加以"－"号填列）	50		
递延所得税负债增加（减少以"－"号填列）	51		
存货的减少（增加以"－"号填列）	52		
经营性应收项目的减少（增加以"－"号填列）	53		
经营性应付项目的增加（减少以"－"号填列）	54		
其他	55		
经营活动产生的现金流量净额	56		
2．不涉及现金收支的重大投资和筹资活动：	57		
债务转为资本	58		
一年内到期的可转换公司债券	59		

融资租入固定资产	60	
3．现金及现金等价物净变动情况：	61	
现金的期末余额	62	
减：现金的期初余额	63	
加：现金等价物的期末余额	64	
减：现金等价物的期初余额	65	
现金及现金等价物净增加额	66	

　上記がキャッシュフロー計算書になります。内容は日本とほぼ同様ですので違和感のある項目については理由を確認してみましょう。

6　所有者権益変動表－株主資本等変動計算書－

　日本の株主資本等変動計算書に相当するものです。増資や配当，持分譲渡など動きがあった場合は確認してみましょう。

所有者权益变动表

编制单位：　　　　　　　　　　　　　　本年年度　　　　　　　　　　　　　　会企04表
单位：元

项　目	行次	本年金额							上年金额						
		实收资本(或股本)	资本公积	减：库存股	盈余公积	未分配利润		所有者权益合计	实收资本(或股本)	资本公积	减：库存股	盈余公积	未分配利润		所有者权益合计
一、上年年末余额	1														
加：会计政策变更	2														
前期差错更正	3														
二、本年年初余额	4														
三、本年增减变动金额（减少以"-"号填列）	5														
（一）净利润	6														
（二）直接计入所有者权益的利得和损失	7														
1.可供出售金融资产公允价值变动的净额	8														
2.权益法下被投资单位其他所有者权益变动的影响	9														
3.与计入所有者权益项目相关的所得税影响	10														
4.其他	11														
上述（一）和（二）小计	12														
（三）所有者投入和减少资本	13														
1.所有者投入资本	14														
2.股份支付计入所有者权益的金额	15														
3.其他	16														
（四）利润分配	17														
1.提取盈余公积	18														
2.对所有者（或股东）的分配	19														
3.其他	20														
（五）所有者权益内部结转	21														
1.资本公积转增资本（或股本）	22														
2.盈余公积转增资本（或股本）	23														
3.盈余公积弥补亏损	24														
4.其他	25														
四、本年年末余额	26														

7　財務資料付表部分

　付表部分ですが，ここには非常に有用な情報が記載されています。それは，ここには貸借対照表の内訳明細に相当する部分が記載されているためです。どこの会社でも「売掛金の金額は把握していても，その内訳までは把握できていない」などということが実は多くなっています。普段から現地の内訳を取得していない企業も多いのですが，その場合は，監査報告書の付表部分を見れば現地とややこしいやり取りをせずとも把握できることになります。

8　納税調整表部分－課税所得額調整表－

应纳税所得额调整意见表

2009年度

编制单位　　　　　　　　　　　　　　　　　　　　　　　　　　　单位：元

行次	项　　目	金　額	备注
1	一，利润总额		
2	二，应纳税所得额		
3	三，不得列支成本，费用，损失合计		
4	其中：		
5	1，固定资产购建支出		
6	2，购进无形资产支出		
7	3，资本的利息		
8	4，所得税款		
9	5，违法经营罚金和被罚没财物损失		
10	6，税收滞纳金和罚款		
11	7，灾害损失有保险赔偿部分		
12	8，公益，救济性以外的捐赠款		
13	9，交际应酬费超规定部分		
14	10，与生产，经营业务无关的交际应酬费		
15	11，超过2年无法支付的应付款项		
16	12，多进工资总额		
17	13，福利费超支		
18	14，未报批流动资产损失		
19	15，代垫租金		

| 20 | 16．不得列支 | | |
| 21 | 17．教育経費 | | |

　これは日本の法人税申告書別表四に相当する部分で，本来は企業所得税申告書に記入する書類です。加算調整は交際費等の損金不算入以外は通常あまりありませんので調整がある場合は確認してみましょう。

図表1-29　監査報告書確認ポイントまとめ

項目	確認ポイント
保留意見の有無	適正意見が出ているか確認。保留意見があれば異常事態。
基本情報	日本親会社把握の情報と一致しているか確認。
貸借対照表内訳	内訳を把握。日本親会社債権，債務数値と照合。
損益計算書前期比較	前期比較で分析。為替の影響に注意。
納税調整表	調整項目を確認。

3　月次財務関係資料分析ポイント

1　月次財務資料

　中国では毎月税務申告がありますので，通常は毎月15日の税務申告期限までに財務資料（貸借対象表，損益計算書）を作成しています。イメージでいうと「日本の月次試算表レベルのものを税務申告のため，毎月税務署に提出している」といった形です。ゆえに，基本的には貸借対照表の内訳明細も毎月作成していますので，月次の処理は日本よりしっかりしている面もあります。そのため，日本親会社や日本人駐在員にとってこの資料を活用しない手はありません。是非，毎月財務資料を取り寄せ，モニタリングするようにしましょう。内容は監査報告書添付の決算書とほぼ同じです。また，内訳明細も指示すれば通常は会計ソフトで出力して送ってもらえます。

2　発生余額表

　なお，内訳明細の話などが現地にうまく通じない場合は，「発生余額表」とい

うものを送付してもらいましょう。これは日本の残高試算表に相当するもので，補助科目含めて全ての科目を表示した状態で出力することが可能です。

3　賃金台帳（経済補償金試算）

各社各様ですが，次表のようなものです。

図表1-30　賃金台帳サンプル

×××公司工资台账

姓名：×××

2015年

月份	应出勤	实出勤	加班天数	计酬天数	应发工资					出勤情况					全勤奖	工资总额	五险应扣	公积金应扣	个人所得税	实发工资
					基本工资	午餐补贴	交通补贴	话费补贴	加班工资	绩效工资	迟到	病假	事假	旷工						
1																				
2																				
3																				
4																				
5																				
6																				
7																				
8																				
9																				
10																				
11																				
12																				

確認点は現地法人の人数と一致しているかの実態との整合性のほか，経済補償金の試算が可能になります。経済補償金は基本給だけでなく支給総額全額を基本的に給与としてカウントしますので，そちらをもとにひと月分の給与×勤続年数で計算します（厳密には様々な条件や例外がありますが，概算の段階ではひと月×勤続年数でよいかと思います）。

Ⅲ　回収資料の分析ポイント

また，中国の会計上は通常は経済補償金の引当金計上を行いませんが，将来支払うべき負債ですので，日本の会計だと引当金計上が必要なものと考えて良いでしょう。

4　法定資料以外の資料及び現地法人へのインタビュー等による評価

これまでは現地法人から資料回収を行うことにより，あくまで日本親会社側で分析を行う手法を解説しました。もう一歩進んで，法定資料以外の会社資料の回収や，状況によっては現地法人の特定の者（日本人駐在員や一部中国人スタッフ等）からインタビューでヒアリングを行うことができる場合について解説します。これらの資料により，より深い情報を得，法定資料を立体感をもってみることができるようになります。

1　組織図の回収

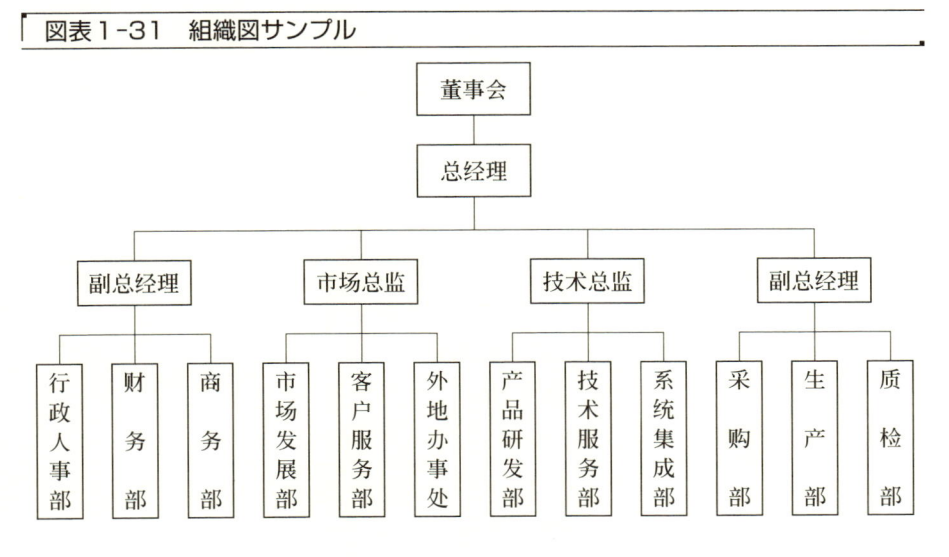

図表1-31　組織図サンプル

```
                    董事会
                      │
                    总经理
                      │
   ┌─────────┬────────┼────────┬─────────┐
 副总经理    市场总监   技术总监   副总经理
   │          │          │          │
┌──┼──┐   ┌──┼──┐   ┌──┼──┐   ┌──┼──┐
行 财 商   市 客 外   产 技 系   采 生 质
政 务 务   场 户 地   品 术 统   购 产 检
人 部 部   发 服 办   研 服 集   部 部 部
事      展 务 事   发 务 成
部      部 部 处   部 部 部
```

現地法人には通常組織図があります。特に，中国において役職は日本以上に重いものですので，組織図は現地スタッフにとって非常に重要です。組織図を

回収し，日本人駐在員にヒアリングをしながら，現地法人の実際のキーマンは誰か？　清算や持分譲渡など会社の最重要事項を相談してよい人間は誰かを把握しておくべきでしょう。

2　印鑑管理

　中国現地法人にとって社印は小切手の発行や，契約，各種申請に必要な重要書類です。誰が何を管理しているか把握します。また，清算手続中は社印を法律事務所や会計事務所に預けることも考えられます。

3　内部統制

　現地の各種決済体制，承認体制を文書やインタビューなどで把握するようにします。残念ながら日本人駐在員の審理体制が形式的なものになってしまっている場合も少なくありません。

4　現物，実際のオペレーションとの関係

　決算書の各項目と現物の関係について，どういうつながりがあるか把握するようにします。特にメインとなる商流については，仕入から売上まで，サンプリングで現物の流れと帳簿の動きを一通り把握しておくのが望ましいでしょう。

図表1-32　商流のイメージ図

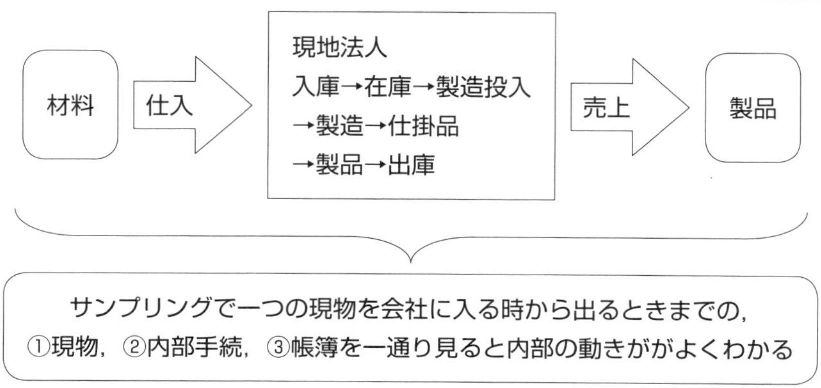

材料 →仕入→ 現地法人　入庫→在庫→製造投入→製造→仕掛品→製品→出庫 →売上→ 製品

サンプリングで一つの現物を会社に入る時から出るときまでの，①現物，②内部手続，③帳簿を一通り見ると内部の動きががよくわかる

5 上記現状分析に基づく総合的評価

　以上が日本親会社側から把握できる現地法人の情報の分析方法となります。上記により分析を行えば，かなり現地法人の実情が見えてくるのではないでしょうか。以下は，上記分析により得られた結果を，清算や持分譲渡などの大きなアクションを行う場合の視点に立って総合的にどういう点に気を付けて分析，評価していくべきかを解説していきます。

1　三資企業の種類

　営業許可証，批准証書により三資企業の種類が把握できます。外商独資企業か，合弁企業かにより，根拠法令が異なり，手続の難易度も変わりますのでまずはこの種類を必ず把握しましょう。また，一般的にいうと，合弁企業は外商独資企業より全てにおいて撤退や再編といった手続の難易度は高いといえます。批准証書で種類を確認しておきましょう。

図表1-33　根拠法令の把握

外商独資企業 = 外商独資企業法	合弁企業 = 中外合弁企業法

一般的には出資者間の合意の取り付けなどにより，合弁企業の方が手続の難易度は高い

2　法人の事業内容（貿易，サービス，生産）

　種類別に注意点や特徴は異なります。以下が種類別の特徴ですので，営業許可証，批准証書，定款，監査報告書で法人の現在の事業内容を確認しておきましょう。

1 貿易，サービス，生産の把握

次に事業内容です。中国の企業は大きくタイプ別に①貿易型法人，②サービス型，③生産型に分けられます。これは特に法律的な区分ではありません。大きくこの三タイプにわけられるというものです。まずは，この類型を把握しましょう。生産型は不動産や固定資産，さらに従業員も多数雇用している場合が多いことから一般的に清算や再編の手続は煩雑になります。

2 貿易は保税取引の有無

貿易型はモノを製造しているわけではありませんので，生産型企業に比べれば論点は少なくなります。しかし，モノを扱っていますので在庫管理の論点等はでてきます。また，税務では，特に保税取引のあるなしで手間が大きく変わってきます。保税取引がある場合，保税手冊（保税貨物の出入りを管理する書類）の閉鎖の処理などで，追加の関税納税（手冊登録と現物の動きが一致していない）などが生じる場合もあります。

3 中国では国内取引のみでも貿易型と表現

なお，貿易企業というと日本語的には，海外との貿易を当然イメージしますが，中国では国内取引も貿易という単語を用います。ゆえに，貿易型は，日本語的には，貿易及び国内卸売といったイメージになります。

4 サービス系は最も論点が少ないが，従業員の特殊性に留意

サービス系は設備もモノもないということで，最も難易度が低いということができますが，注意したい点もあります。サービス業の種類によりますが，非常に知識のある方を雇用している場合もあり，そういった方は労働法や撤退にまつわる法制度も詳しいことが多いです。笑い話のようですが，例えば我々のような業種もサービス業ですが，「労務トラブルを解決するのが仕事」のコンサルタントは，自分が退職を迫られる立場になると，当たり前ですがとんでもない強敵になることになります。コンサルタントばりの知識をもつ従業員がいる可能性もありますので，対応には注意が必要です。

5 生産は保税取引の有無，過去の優遇

生産型企業が，難易度はトップクラスです。設備はある，モノはある，従業員は多数いる，不動産は自社所有という，清算のハードルがフルコースで

出てくることとなります。事業の生産停止から従業員の整理，不動産の売却と過去の優遇の返還の確認など，本書の論点が網羅的にでてくる企業もありますので，ある程度手間もコストもかかるものだと思って専門家とともに十分な事前検討を行って取り組んでいくのが結局はコストも手間も抑えることにつながります。

3　従業員数と従業員との関係

　こちらは，数が多いほど大変になり，経済補償金の額も多くなります。労働契約書，就業規則，賃金台帳などで契約形態や人数を確認しておきましょう。また，従業員との関係が良好かどうか，役職や，中国人のなかの実力者は誰か，関係は良好かなどをについて，それとなく探ってみましょう。

4　不動産の所有状況，条件等

　現地法人は住所があるわけですので，必ずオフィスなり，工場なりがありますが，これが自己所有の場合，処分の手続が複雑になります。営業許可証の住所地，賃貸契約書，土地使用権証などで，所有状況と各種条件を確認しておきましょう。

5　設立年数，地域性

　設立年数が古いほどやはり処理がラフになり，新しいほど各種手続や帳簿などもしっかりしている傾向があります。また，上海等の先進都市より外資企業の少ない地方都市に行くほど，ローカルルールや独特の問題がでてくる傾向にありますので，年数や地域性を把握しておきましょう。

6　過去の財務，税務の状況，保税

　過去の財務の状況が明らかでないと，清算や持分譲渡で様々な問題が生じることになりますし，税務では追徴課税のリスクもありますので，場合によっては事前の修正申告納税や，清算を保留することも考えられます。また，保税設備などは保税取消の可能性もありますので，過去の経緯を把握しておきましょ

う。

7　内部管理－不正の可能性・従業員との関係－

内部管理の不備や不正の可能性，従業員の統制が取れていない場合は様々な手続の阻害要因になる可能性や，場合によっては各種手続について悪意をもって引き伸ばされてしまう可能性もあります。そういった場合は，手続について全面的に外部委託をするということや，スタッフを総入れ替えするという選択肢も考えられますので，異常な管理状態になっていないか探ってみましょう。

Column　現地法人の雰囲気とマネジメント

　日本と同様，中国でも会社内の雰囲気からも，現地法人のマネジメント状況を伺い知ることができます。筆者の経験上，中国における日系現地法人の雰囲気は千差万別で，「今時日本親会社でもここまではできていない」というほど，きっちりとした挨拶や整理整頓，清掃ができている会社から，雰囲気は荒廃し，日本の学校でいう「学級崩壊状態」のようになっている会社など各社各様です。こうした雰囲気は実際，訪問してみると一目瞭然で感じられるものがありますが，日本親会社の方でも，現地とのやりとりのなかで推し量ることも可能です。やはり，現地の対応が不親切であるとか，よくわからない理由で指示を聞いてくれないこと等がある会社などは士気が低下しており，現地のマネジメント状況も良好でない場合が多いようです。現地駐在員にとっては，こうした事を細々注意するのは，「姑の嫁いびり」のようで気がひけるという面もありますが，やはり一事が万事ですので細かいことから正していくというのが，日本人駐在員の重要な役割であると筆者は考えています。

　また，中国は成長過程にある国ですので，社員も日本人ほど冷めていない面があります。福利厚生行事などは楽しみにしており，インセンティブにも積極的に取り組む風土が中国にはまだあります。そういったポジティブな面を生かしつつ，引き締めるべき面は引き締めてマネジメントの精度を上げていくことが健全な社内の空気の醸成と，事故の防止にもつながるのではないでしょうか。

IV 駐在員事務所の清算と確認ポイント

1 駐在員事務所の清算概要

1 清算は現地法人に比べると簡単

　駐在員事務所は現地法人ではなく，あくまで日本親会社の一部という位置付けであり，また，通常は営業行為を行っていないことから（航空会社，法律事務所等を除く），清算自体は容易です。従業員も少なく，売上もないため（経費課税による計算上の売上のみです），人員解雇や税務調査の難易度も現地法人に比べると格段に低くなっています。

2 持分譲渡はない－現地法人への変身もできない－

　なお，たまにある誤解ですが，駐在員事務所はあくまで「日本親会社の一部」ですので，駐在員事務所がそのまま「日本親会社と別人格である中国子会社」に変身することはできません。駐在員事務所はいったん清算して，新たに現地法人を設立する必要があります。また，「日本親会社の一部」ですので，駐在員事務所だけを譲渡するということもできません。

3 過去，経費課税を免れていた事務所は要注意

　民間の駐在員事務所は，金融機関等一部業種を除いて現在ほとんどの事務所が経費課税の適用を受けています。ただし，過去は一部の企業については経費課税を免れており，その後適用範囲が広がりほぼ全企業が適用に至ったという経緯があります。この場合，納税不要であった過去の分について納税を要求される場合がありますので，いつから経費課税が適用されていたかを確認しておきましょう。

図表1-34　過去経費課税が適用されていなかった駐在員事務所

過去
経費課税が適用されておらず，企業所得税，営業税が徴収されていなかった

現在
課税強化により，経費課税の対象となり，企業所得税，営業税について納付義務がある

この部分について清算時に課税される可能性がある

2　駐在員事務所の確認ポイント

1　代表証

駐在員事務所の営業許可証の相当するものです。

Ⅳ　駐在員事務所の清算と確認ポイント

図表1-35　代表証サンプル

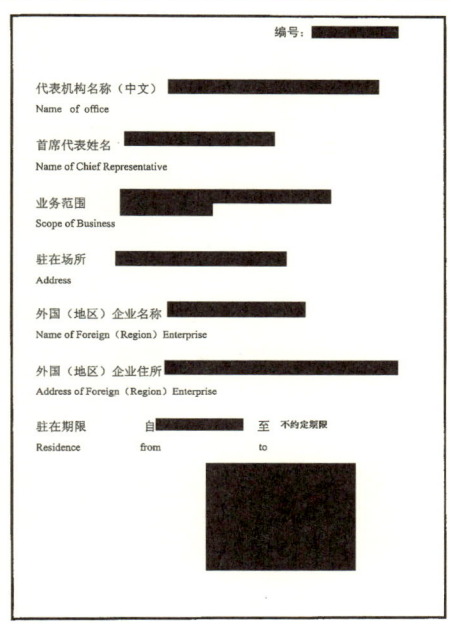

2　監査報告書

駐在員事務所でも監査を受けています。

3　税務調査面－代表の個人所得税－

駐在員事務所の代表は，ＰＥの構成員とみなされますので，183日ルールの適用がないところなどが特殊です。歴代代表の個人所得税納税履歴を確認してみましょう。

4　経費課税（家賃，給与）

経費課税が適用になる事務所がほとんどです。事務所家賃や代表給与が経費に入っているか確認しておきましょう。

5 非課税事務所

一部の事務所のみ経費課税が不適用で課税されていません。課税されていない根拠は何か確認してみましょう。

図表1-36 駐在員事務所の確認ポイント

項目	確認ポイント
現地法人化	駐在員事務所を清算して法人を設立する必要がある。
経費課税	適用の有無の確認。不適用の場合，税務調査時に指摘の可能性。不適用のまま清算できるよう対策を。
代表の個人所得税	ＰＥ関連者であるため，過去の納税等確認。

第2章
各方法の特徴と経営判断のポイント

〜現地法人の現状分析結果に基づき
最適な撤退，再編方法を探る〜

I 各方法の特徴と経営判断概要

　第1章では，現地法人の現状把握，分析のポイントについて解説しました。第2章では第1章で分析した結果に基づいて，今後現地法人についてどのような展開を考えていくのが望ましいかを解説していきます。検討手法は様々ですが，一般的には以下のような順序で考えていくべきでしょう。

1　事業将来性分析－ビジネスデューデリジェンス－

　まずは，方向性を検討する必要があります。第1章の手法により情報を把握していけば，ある程度の現地法人の実情や問題点が浮かび上がってきていると思います。それをもとに中国事業の将来性，方向性を検討していきましょう。最近のムードですと，とかく「業績が悪いから撤退だ！」，「将来性がないから撤退だ！」といった方向に行きがちですが，単に現地法人の実情がよくわかっていないだけであったり，マネジメントが悪いだけであったりというのが主要な原因であるケースもよくあります。例えば，会計の観点でいえば現地法人財務資料の「存貨（棚卸資産）」という，商品，製品を扱う企業にとっては最も重要な情報がありますが，これが実際在庫と一致している日系企業現地法人は実はそれほど多くありません。製品，商品を扱う企業にとって，財務の最重要情報である棚卸資産が一致していないという状態なのですが，このようなエラーがある状態は収益性以前の問題ともいえます。このように，「不振の原因がどこにあるのか？　外部環境のせいなのか？　そもそも通常の経営自体ができていないのか？」といったところも目を向けつつ将来性分析をしていくべきでしょう（残念ながら後者が少なくないのが実情です）。

　事業将来性は，マーケットや各社の内部要因など，様々な要因が関係し，誰がやっても難しいものですが，大まかには「今後数年から十年単位で中国事業を継続して事業として勝算があるのか？　継続すべきか撤退すべきか？」の方

向性がわかる程度に分析すれば十分であろうと考えます。そうした事業の将来性を日本本社や駐在員等の経営幹部で共有し，その後その方向性に向けての再編方法を検討していくことになります。

2 大まかな方向性の検討－継続か？ 撤退か？－

事業将来性を検討すると，大きく「継続すべきか？ 撤退すべきか？」の方向性，最終的なゴールが明らかになってきます。そこが見えてくると，次は最終的なゴールに着地させる時期や，ゴールにどのようにもっていくかの手法，アクションプランの検討に移ることなります。

最終的に，継続ないしは撤退と結論がでていたとしても，その過程でどのようなマイナーチェンジをしながらゴールに向かっていくかは，様々な過程が考えられます。

図表2-1　ゴールに向かう過程

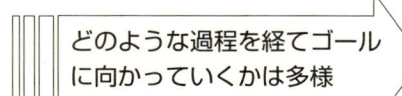

現状 → どのような過程を経てゴールに向かっていくかは多様 → ゴール ①継続 ②撤退

継続，撤退の方向性に向けて，極力効率的に進めることができるよう，様々な調整手続が考えられる。

| 1. 資金調達 | 2. 出資者間調整 | 3. 現地法人ステータス変更（経営範囲，住所地） |
| 4. 事業縮小 | 5. 各種リスクの整理と対処（DD調査，行政手続，納税等） |

フルモデルチェンジに向けて，マイナーチェンジによる軌道修正，各種調整が必要な場合があり，様々な手法，アクションプランが考えられる。

①資金が足りない場合
なにをするにも時間がかかるので，まずは当座の資金が必要という場合もある。

> | 増資 | 親子ローン | DES（DESによる外債登記余裕額の回復） |
>
> ただし，どの資金調達方法がとれるかは，現地法人のコンディションにより異なる。
>
> **②出資関係，支配関係を整理して，意思決定を円滑にしたい**
>
> | 持分譲渡，買取り | 定款の改定 | 董事メンバーの改選 |
>
> どの手段が望ましいかはケースバイケース。様々な方法があることを認識の上，交渉に臨むべき。
>
> **③過去の税務リスクを整理したい**
>
> | 税務DDの実施 | 追加納税 | 保税関係などの整理 |
>
> **④経費を圧縮してダウンサイジングをしたい**
>
> | 従業員の整理 | 移転 |
>
> 以上の手段が考えられます。これらを第1章で把握した現地法人の現状分析結果に基づいて，最適な方法をアレンジしていくのが理想的な進め方です。

✓ Point

方向性確定後はゴールに向けてどのように着地させるかの計画を考えていく。
フルモデルチェンジに至るまでのマイナーチェンジも様々な手法があり，法人の状況等により適した手法は異なるため，第1章で把握した現状分析結果をもとに，最適な手法を検討していく。

　こういった順序により，最適な計画を検討していくのが望ましい形です。それでは第1章の現状把握に基づく総合的評価別に，どういった撤退，再編手法が最適かを考えていくこととします。

II 各手法の特徴と経営判断詳細

それでは、フルモデルチェンジ、マイナーチェンジ含めてどういった調整手続、軌道修正の手法があるのか、みていきましょう。

1 最終的な処理手続方法－最終的なゴールは事業継続か？ 撤退か？－

まず、最終的な法的処理手続としては、以下の方法があります。なお、事業継続は経営を続けますので、法人自体は存続させ法的手続はとらない場合もあります。

1 事業継続

現地法人の継続を何らかの形で続けるという結論です。この方法では最終的な処理は特に行いません。しかし、「事業を続けるための再編やマイナーチェンジ」は手続として必要な場合もあります。なお、以下で事業撤退に分類している「合併による清算」も広い意味では事業継続ということもできます。

2 事業撤退

事業撤退の法的手法としては、以下があります。
① 清算
　(1) 普通清算
　(2) 特別清算（破産）
② 持分譲渡
③ 合併

上記のとおり、シンプルな事業撤退の最終処理手続としては、大きく清算と持分譲渡と二通りあります。また、吸収合併してもらうという方法もあります

が，実質的には事業継続ともいえる場合もあります。最終的な法的処理手続としては以上になりますので，最終処理方法の選択肢はそれほど多くなくシンプルということができます。わかりやすくいうと，「進むか，退くか？」で，退くのであれば，①自分で清算するか？ ②持分譲渡で他社に譲渡するか？ ということです。

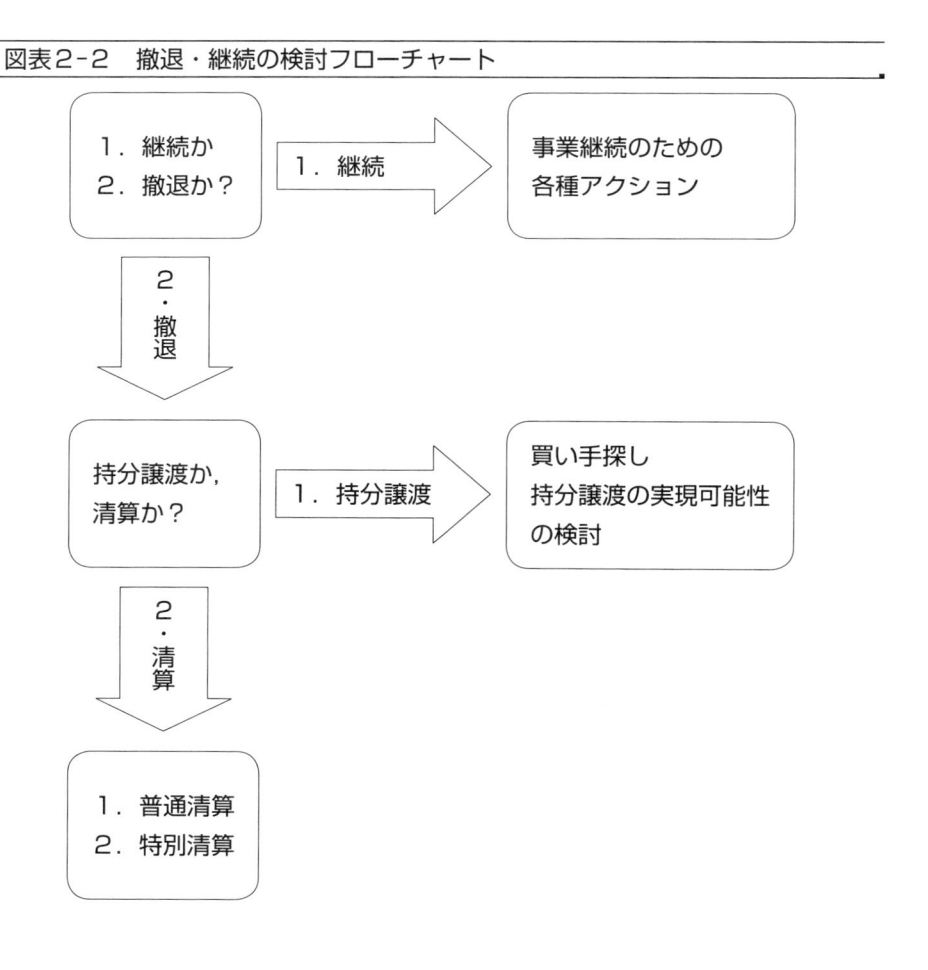

図表2-2 撤退・継続の検討フローチャート

```
┌─────────────┐               ┌─────────────┐
│ 1．継続か    │ ──1．継続──→ │ 事業継続のための│
│ 2．撤退か？  │               │ 各種アクション │
└─────────────┘               └─────────────┘
      │
      2．撤退
      ↓
┌─────────────┐               ┌─────────────┐
│ 持分譲渡か，  │ ──1．持分譲渡→│ 買い手探し    │
│ 清算か？     │               │ 持分譲渡の実現可能性│
└─────────────┘               │ の検討        │
      │                       └─────────────┘
      2．清算
      ↓
┌─────────────┐
│ 1．普通清算  │
│ 2．特別清算  │
└─────────────┘
```

3 清算と持分譲渡

一般的にいうと，清算よりも持分譲渡の方が手続の手間やコストという点で

は圧倒的に簡便かつ安価という面があります。清算は手続自体に最低半年以上，通常1年～2年かかるのに対し，持分譲渡は，手続自体は2カ月～数カ月で済みます。さらに，清算は法人を解散するため資産，負債の処分，従業員の解雇など膨大な費用とエネルギー，場合によっては訴訟リスク等もあるのに対し，持分譲渡は法人の運営は継続しますので，条件によっては現在の状態とほぼ同じ状態でそのまま引き取ってもらえる場合もあります（持分譲渡の条件として，ある程度の整理を買い取り側から求められる場合はあります）。

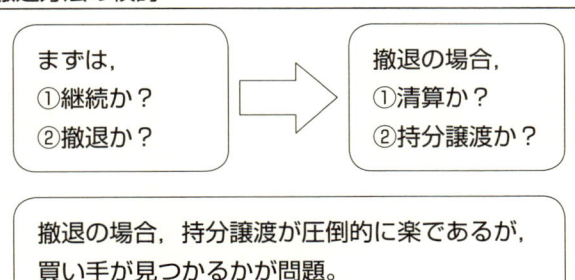

図表2-3　撤退方法の検討

```
まずは，            撤退の場合，
①継続か？    →    ①清算か？
②撤退か？          ②持分譲渡か？
```

撤退の場合，持分譲渡が圧倒的に楽であるが，買い手が見つかるかが問題。

1　困難な買い手探し

上記のとおり，良いこと尽くめの持分譲渡ですが，大きなハードルがあります。それは当然ながら買い取ってくれる企業を見つけるのが難しいという点です。そもそも撤退を考えるような企業であるため，事業に問題があり，投資としての旨味がない場合も多く，さらに日系企業の場合従来あった日本親会社絡みの商流なども全て停止して去ってしまうということを考えるため，なかなか都合よく買い手は見つかりません。

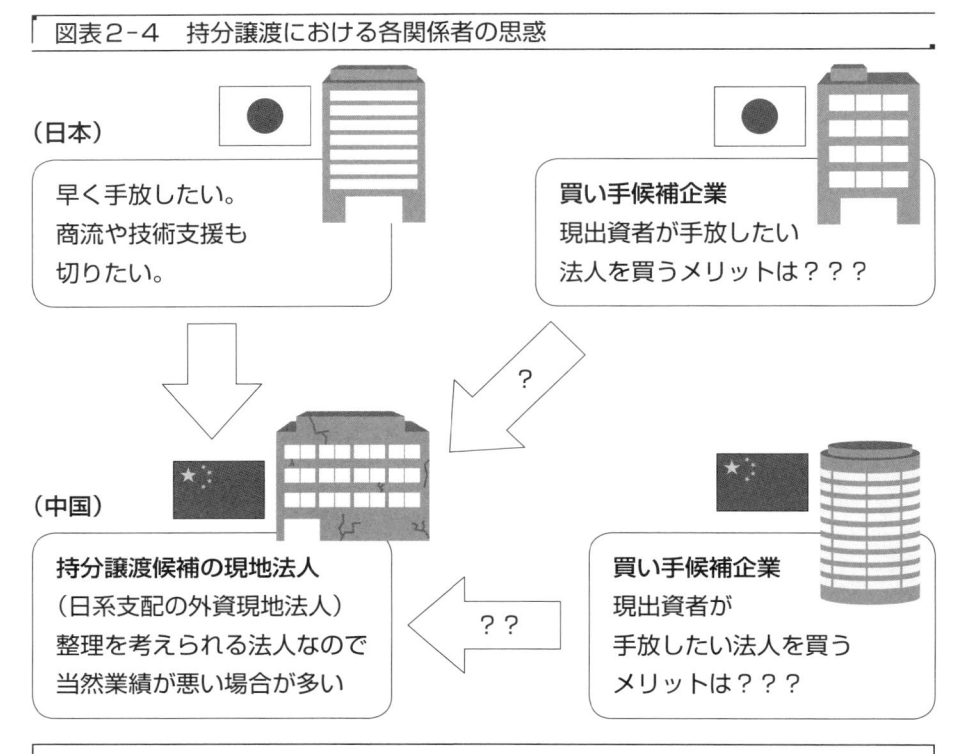

第2章　各方法の特徴と経営判断のポイント

図表2-4　持分譲渡における各関係者の思惑

（日本）

早く手放したい。
商流や技術支援も
切りたい。

買い手候補企業
現出資者が手放したい
法人を買うメリットは？？？

（中国）

持分譲渡候補の現地法人
（日系支配の外資現地法人）
整理を考えられる法人なので
当然業績が悪い場合が多い

買い手候補企業
現出資者が
手放したい法人を買う
メリットは？？？

☑ Point

商流の遮断，技術支援の中止，ブランドの使用禁止などを持分譲渡の条件にする場合が多いが，買手企業にとってメリットが薄れればより買手探しが難しくなる。

　ゆえに，持分譲渡を成功させようとするために，「完全に中国と縁を切る」といった理想にこだわりすぎず，ある程度買手側に配慮し，ブランドの使用は禁止するが，技術支援は一定期間続けるなどといった条件を持分譲渡契約に盛り込む場合もあります。

2　日本企業に譲渡するか？　中国企業に譲渡するか？

　さらに，譲渡相手企業を日本企業にするか，中国企業にするかによっても手続は異なりますし，交渉も大きく異なってきます。

① 中国企業に譲渡する場合

日本企業の持分を中国企業に譲渡する場合は、現地法人のカテゴリーが外資企業（外商独資、合弁、合作ともに）から内資企業に変わることになります。ゆえに、行政手続も外資から外資への持分譲渡より煩雑になります。

また、交渉も中国企業と行うことになりますので、当たり前ですが日本人同士である日系企業よりはいろいろと難しくなります。特に最も心配になるのが、「無事譲渡代金を支払ってもらえるか」という点でしょう。物理的なモノの取引と異なり、持分譲渡の場合は中国側での手続が完了すれば持分譲渡自体は完了してしまいます。工商局の登記変更手続は外貨管理局の許可後に行われ、譲渡代金支払より通常は先になります。ゆえに、契約書の文言や事前交渉、代金の支払ルートの確認（当該中国企業が外貨で日本企業へ支払えるのか等）等を行ってなんとか譲渡代金の確実な支払を担保していく必要があります。

図表2-5　持分譲渡代金支払

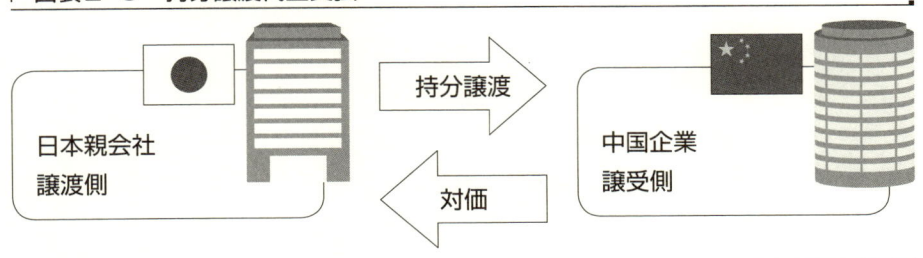

日本親会社　譲渡側　──持分譲渡→　中国企業　譲受側
　　　　　　　　　　←対価──

☑ Point

手続上、中国企業からの対価支払は通常は中国現地法人の工商局登記が変更になってから、外貨管理局の支払ができることになる。
（代金の支払前に持分譲渡による出資者変更登記がされる）

② 日本企業等の外国企業（香港を含む）に譲渡する場合

逆に同じ日系企業へ譲渡する場合は、手続的には内資への譲渡より簡単になります。

日本企業同士であれば，日本のビジネス習慣が通用しますし，当然ながら交渉ははるかに楽になるでしょう。

　上記のように，買い手探し，また譲渡先が中国企業か日本企業かその他の外国企業かにより注意点や各種手続や交渉条件も異なってきます。容易に都合よく成立するものではありませんが，現地法人のコンディションによっては相当なエネルギーをかけて持分譲渡成立のための調整を行っても十分見合う場合もあるでしょう。これらの持分譲渡を成立させるための調整も以降で解説するソフトランディングのための方策であり，こちらの検討も大変重要になります。

4　清算

　清算手続には法的には，普通清算か特別清算（破産）があります。しかし，実務的には特別清算の外資企業への適用事例は極めて少ないため，現実的に選択できるのは普通清算となります。

　なお，前にも後ろにも現状では動けない場合は，実質休眠状態にするという選択をする企業もあります。これは中国には法的には休眠という手続はありませんので，法的には通常どおり運営している法人としつつ，実際にはスタッフやコストを最小限に抑えて実質休眠状態にしてしまうというものです。もちろん，税務申告や年度報告などは実施し続けます。経営をしていないわけですから当然法人は赤字になり，税務リスクも高まります。決して推奨できる方法ではありませんが，清算や持分譲渡はエネルギーも予算もかかりますので，一つの緊急避難的な方法としてとられる場合もあります。

Ⅱ　各手法の特徴と経営判断詳細

図表2-6　最終的な法的処理手続まとめ

方法	種類	交渉面，留意点等	手続面
持分譲渡	外資企業への譲渡	交渉は外資（日系）企業同士の慣習で可能。	外資企業から外資企業への譲渡はカテゴリーの変更はないため手続自体は簡便。
	内資企業への譲渡	中国企業との交渉になる。	外資から内資，合弁から内資の場合等は通常より煩雑。
清算	普通清算	解散事由（経営期間満了，出資者合意）が必要。	手続前に清算できる状態にする（事業縮小等）。
	特別清算	法的には可能だが，事例は少ない。	現実的には実施しにくい。
実質休眠	法的な措置ではない。	申告などは必要。	最小限のコストで運営。

最終的な処理手法は上記のとおり。
現地法人の状態に応じて，最終的なゴールを検討し，極力ソフトランディングできるよう各種再編，マイナーチェンジ等の調整手続を用いていく！

2　ソフトランディングのための各種調整手続の必要性

　上記のとおり，大きな方向性としては，事業継続か撤退か，さらに撤退の法的処理としては持分譲渡か清算かということになります。しかし，この最終処理にもっていくために，各現地法人の状態に応じて通常は様々な調整（増資，債務再編，人員削減，在庫処分等）が必要です。これらをトータルで構想を練り，よりスムーズに着地できる計画を練っていくことが重要です。

図表2-7　方法決定後の調整手続

最終処理手続

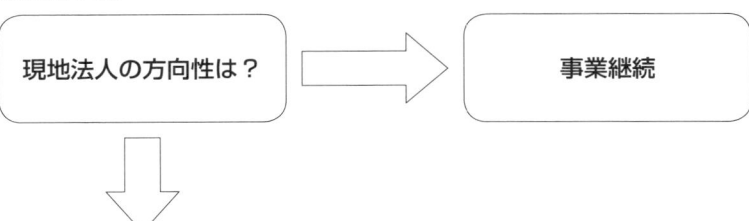

現地法人の方向性は？ ⟹ 事業継続

↓

撤退
①清算
②持分譲渡
③合併による清算

ソフトランディングのための各種調整手続
最終的な手続（事業継続，撤退）に円滑にもっていくため，様々な再編，マイナーチェンジ等（増資，住所移転等）も必要

III 現地法人の状況別に考える撤退,再編方法

ここまで最終的な処理手続の種類について概要を述べてきましたが,これを第1章で把握した現地法人の現状別に各手法の注意点とポイントをみていき,「現地法人の状況に応じた」最適な撤退,再編方法を検討してみましょう。第1章の「現地法人の総合的評価」別に各方法別のポイント,注意点を解説していきます。

1 三資企業の種類-企業の種類別にポイントがある-

1 清算の場合

❶ 合弁企業の場合-合弁企業の清算は大変-

① 合弁は董事会の全会一致決議が必要

清算は合弁企業では董事会出席者全員の一致決議が必要になりますので,手続以前に「会社の経営層での合意をとりつける必要がある」という点から始める必要があります。ゆえに,清算の手間という点では合弁企業は,難易度が高いということができます。ただし,中方との関係が良好である場合や,日方と意見が一致している場合は独資と同様であり,それほど手間はかかりません。

② 中方の協力を得ることができる場合は独資よりスムーズ

逆に中方出資者も清算に同意しているような場合は,彼らの地元のコネクションなどで手続がスムーズに進むような場合もあります。ゆえに,出資者間で意見が割れている場合の清算は,合弁の場合難易度が上がり,逆に意見が一致しているなら実務面では中方の協力を得て,手続の難易度が下がる場合もあるということができます。そのため,出資者間の意見の一致が重要なポイントとなります。意見の一致を図るよう調整するのか? あるいは中方の持分を買い取るのか? などが主な対応となります。

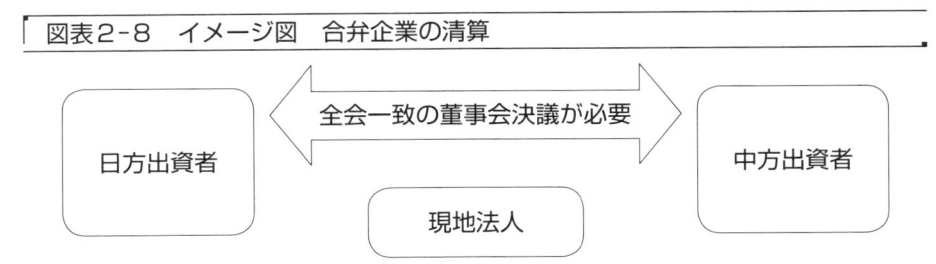

第2章　各方法の特徴と経営判断のポイント

図表2-8　イメージ図　合弁企業の清算

日方出資者 ←　全会一致の董事会決議が必要　→ 中方出資者

現地法人

【合弁企業清算の留意点】

① 日方，中方で意見が割れていると大変（全会一致の董事会決議が必要であるため，デッドロックの危険も）

② 一方，日方と中方の意見が一致しているなら中方の現地コネクション等で手続がスムーズな場合も

　③　清算のための持分買取りが必要な場合

　中国ビジネスから撤退するにあたって，撤退するために一時的に持分を買い取るという，「撤退するために，追加投資が発生する」という日本親会社経営層にとっては一見非常に受け入れにくい選択肢をとる必要がある場合もあります。一般的に追加出資や，持分の追加取得は日本親会社の社内手続上も重要決定事項ということで，日本親会社の社内手続のハードルが高い場合も多くあります。

　ただ，中方の同意が得られない場合はやむを得ない手段でもありますので，その意味を日本親会社経営層に説明を尽くす必要があるでしょう。

　その反対に「清算したいのに，同意してくれないなら買い取ってくれ」と中方への持分譲渡へ対応を切り替えるという手段もあります。

Ⅲ 現地法人の状況別に考える撤退，再編方法

| 図表2-9　合弁企業清算と各出資者の意向 |

現地法人
中方が清算に反対
持分買取りを要求

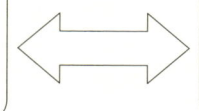

⇔

日本親会社
閉める法人の持分を買い
取るなどもってのほか！

日本親会社側
　中方との関係，清算が全会一致事項等の理解が要
中国現地法人側
　日本親会社にとって，資金の追加投入が難しい点であること，
　制度，実情理解の説明が重要であることの理解が必要

④　経営期間満了による清算もあり得る

　清算に関して日方は「清算したい」，中方は「いや，清算したくない。事業継続してほしい」と，意見が割れることが濃厚である場合，現地法人の経営期間満了が近いのであれば経営期間満了による解散も検討に値します。経営期間満了は，法的な解散事由に基づく解散ですので，董事会の決議不要で解散することが可能です。

2　外商独資企業の場合

①　決議事項

　外商独資企業であれば株主会の決議で解散が可能です。ただし，管轄当局によっては董事会決議も求められる場合も結構あります。ただ，意思決定の統一という点では合弁に比べると容易であるのが一般的です。もちろん，複数の外国企業による出資者である場合などは意見が一致しない場合もありますが，日本企業同士であるため持分譲渡，買取りなどの調整も中方との合弁に比べれば一般的には容易です。

②　経営期間満了による解散を狙う意味はそれほどない

　100％支配の外商独資企業や，複数出資者でも意見が割れていない場合の外商独資企業，合弁企業は，意思決定自体はできますので，経営期間満了による解散をわざわざ待つ理由はそれほどないことになります。

143

上記をまとめると以下のとおりとなります。

図表2-10　三資企業の種類別に見る清算のポイントまとめ

種類	ポイント	メリット	デメリット
外商独資企業	株主会の決議により清算。	意思統一が合弁企業に比べて容易。	外資が独力で清算を行う必要あり。
合弁，合作企業	全会一致の董事会決議が必要。	中方が清算に同意している場合，中方の協力を得て清算ができる。	中方が同意しない場合，清算申請自体ができない。持分買取りの必要が生じる場合や，最悪の場合デッドロック状態に陥り，身動きが取れなくなる場合も。

▶一般的には合弁企業の方が，外商独資に比べ清算の難易度は高い。
▶同意が得られない場合，経営期間満了のタイミングを狙うのも一つの方法ではあるが，解散の決議が不要といえども，協力を得られないと各種実務が煩雑となるため，やはり同意を得る方向に持っていくのが王道。

2　持分譲渡の場合

次に持分譲渡の場合の，三資企業の種類別のポイントを見ていきましょう。

1　合弁企業の場合

合弁企業の場合，通常は他の出資者に優先持分買取権が付与されています。これは持分を譲渡しようとする場合，現出資者へ優先して譲渡しなければならず，現出資者が買い取らなかった場合のみ第三者へ譲渡できるというものです。

合弁企業の持分譲渡の場合も，①内資企業へ譲渡する場合と，②外国企業（外国人を含む）へ譲渡する場合の2パターンに分けられますので，パターン

別に解説していきます。なお，③中国人個人に譲渡する場合については，合弁企業の中国側出資者は，個人ではなく法人しか出資者となれないこととなっていますので（中外合弁企業法1条），合弁企業のカテゴリーから外れて内資企業になる場合以外は原則できないこととなります。それでは，まずは，①内資企業へ譲渡する場合を見ていきましょう。

① 外国企業から国内企業への譲渡の場合－手続面－

これは日方が中方に譲渡する場合です。清算したいのに中方出資者が同意してくれない場合，「それなら買い取ってください」という場合もあり得るでしょう（また，合弁の中方だけでなく，現出資者ではない中国企業へ譲渡することも優先買取権の問題をクリアすればあり得ます）。この場合の注意点ですが，まず手続面については，大きなものは，「外資企業から内資企業へ変更になる」という点です。これは実は中国では実務的にはかなり大きな変化です。合弁企業といえども，外資出資が25％以上入っているため，「中外合弁企業」と法律上されているのであり，これが持分譲渡により外資出資比率が25％を切ってしまうと内資企業になってしまいます。

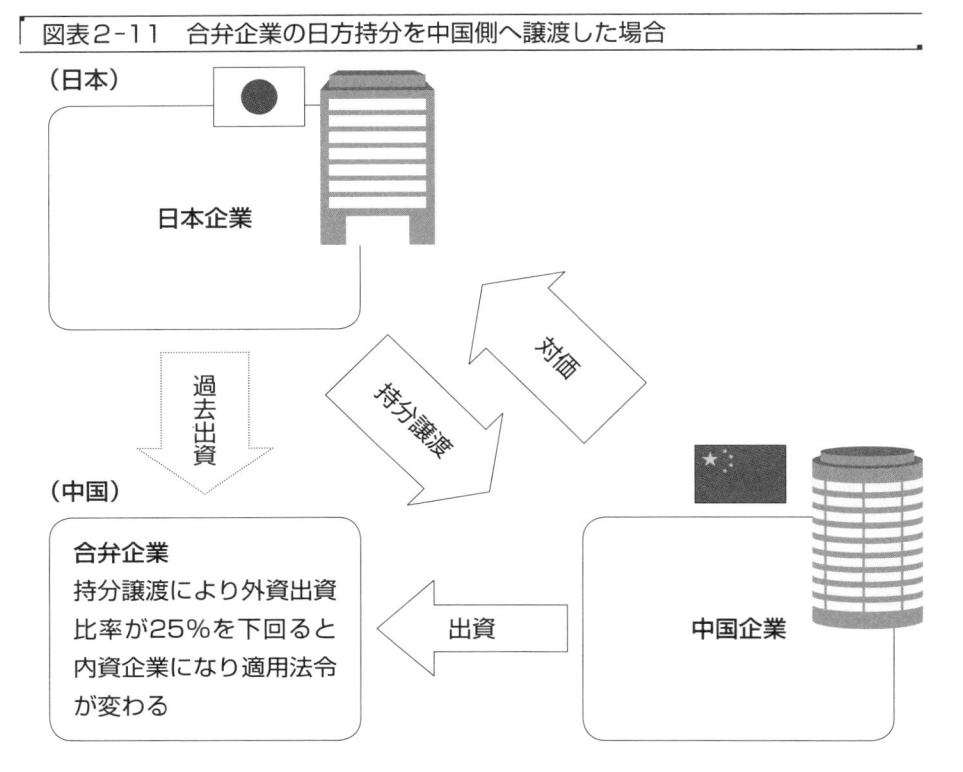

第2章 各方法の特徴と経営判断のポイント

図表2-11 合弁企業の日方持分を中国側へ譲渡した場合

（日本）

日本企業

過去出資

持分譲渡 / 対価

（中国）

合弁企業
持分譲渡により外資出資比率が25％を下回ると内資企業になり適用法令が変わる

← 出資

中国企業

・中国企業への譲渡により外資出資比率が25％を下回ると現地法人の法令上のカテゴリーが合弁企業（外資企業）から内資企業へ変わる。
・管轄が変わるため，実務手続的にも大きな変化に。

　ここからが日本の実務の感覚からは想像しにくいのですが，外資企業である三資企業と内資企業は役所の管轄も異なっています。三資企業は，合弁企業であっても外資企業であるとして商務部門が管理の元締めなのですが，内資企業になると商務部門の関与は不要になり，管理の元締めが工商局に変更になります（外資企業も工商局の管轄下にありますが，各種重要認可は商務部門が認可してその認可のもとに，工商局などは登記などを管理するというたてつけになっています）。
　ゆえに，持分譲渡の手続的には通常のカテゴリー変更を伴わない手続に比

Ⅲ　現地法人の状況別に考える撤退，再編方法

べて煩雑になります。また，「外資である」ことを理由として優遇を享受していた場合には，その優遇が取り消される場合や，過去の優遇措置の返還などを求められる可能性もあります。ゆえに，過去の優遇や内資に変わった場合の手続などについて，十分な事前調査が必要でしょう。

　また，現出資者又は譲受人（買い手）が国有企業である場合，国有資産の譲渡に該当するとして，資産評価事務所による持分の評価や，国有資産管理部門の認可が必要となります。

A　中方との価格交渉面

　中方との価格交渉は，一般的には日本企業相手に比べタフな交渉になるでしょう。何せ相手は商売の国の人たち，さらに，中国は当たり前ですが彼らのホームグラウンドです。撤退をしたいのという日本企業ですので，どうしても価格面では相手側優位になりがちですが，希望の価格や，中国企業との交渉においては，こちらも中国事情に精通した中国人，日本人とともに交渉し，対等な交渉にもっていきたいものです。特に，通訳は必ずこちらからも優秀な通訳を立てるようにしましょう。できれば，日本人，中国人の2本立てが望ましいです。

Column　中国ビジネスにおける通訳の重要性

　華橋の方などを除いて，通常の日本人が流暢な中国語を話せるケースは英語に比べて圧倒的に少ないといえます。ゆえに，持分譲渡のような重要かつ難易度の高い交渉では通訳の役割は非常に重要になってきます。以下，通訳の起用時の留意点を解説します。

1　通訳のさじ加減一つでどうにでもなってしまう！

　実際，通訳をやった経験のある方なら理解できると思いますが，普通に翻訳をしているように見えても通訳が伝え方を工夫すれば，通訳のところである程度意図的に伝えることができてしまいます。特に，交渉の片側が中国語，日本語が全くわからない状態では，かなり恣意的な通訳をしても誰もわかりません（駐在1年目の方はこれに苦しんだ方も多いかと思います。筆者も恥ずかしながらそうでした）。

　ゆえに，交渉においては必ずこちらからも通訳を立てることと，できれば日本

人，中国人両方の通訳を立てることが重要となります。また，日本人は一般的に中国語の発音が難しいため話すのは苦手な人は多いですが，聞くことはかなりできる駐在員は少なくありません。ゆえに，語学畑出身の通訳以外に，そういった実業出身で中国語をある程度理解できる日本人駐在員を同席させるのも有用でしょう。

2　欧米との相違－日本人上級中国語話者の少なさ－
　中国との経済交流のボリュームは今や欧米より多いですが，日本人の上級中国語話者は英語に比べて圧倒的に少ないようです。これも中国ビジネスの面白い点ではないでしょうか。中国人の日本語話者の調達が，欧米人の日本語話者の確保より安価で容易であったというのが理由の一つかと推測していますが，今後の中国の人件費上昇でどうなっていくのでしょうか？

3　通訳能力が全てでもない
　なお，こういった専門的な交渉では語学能力が全てではありません。持分譲渡や定款，税務上の譲渡価格などは概念を理解するだけでも大変です。単に会話が流暢であるという点と，ビジネスや法務，会計用語を通訳できるといのは必要とされる能力が異なりますので，その点も鑑みた通訳の起用が必要でしょう。また，難しい概念を伝えるときは，まずは通訳にその概念を理解させるレクチャーを行うなどの配慮も必要です。

4　海外業務の醍醐味　異文化交流を楽しむ!?
　上記のとおり単に通訳といえども非常に神経を使う重要業務ですが，日本語，中国語場合によっては英語が入り乱れての会議，交渉は海外業務の醍醐味といえる気もします。乗り切った時の喜びや，結果はどうあれ双方ある程度わかり合えたという感情は素晴らしいものがあります。ビジネスはビジネスとして緊張感はもちつつ，「異文化交流」と思って開き直って楽しんでしまうのも一興かもしれません。

B　譲渡価格の税務上の妥当性面

　税務上の価格妥当性の面については，後述する外商独資企業と同じ問題がありますが，中方も持分譲渡を成立させたいので中方の協力も得られる場合があります。買い取る中方としては価格が安い方がよいので，当該価格で税務上も認められるよう努力するわけです。

　ただ，注意したいのは持分譲渡の取引自体は当事者間で成立した価格で

Ⅲ 現地法人の状況別に考える撤退，再編方法

支払い，税務局からは税務上の価格修正を指導されて，税金だけ納付することになるケースもあることです。「税金に関しては譲渡側が負担すること」などと契約書に一筆入れられて後は中方に知らんぷりをされては大変なことになりますので，譲渡価格見直しが税務局から要請される可能性があることも念頭に入れて，事前交渉と契約書作成を行うべきでしょう。

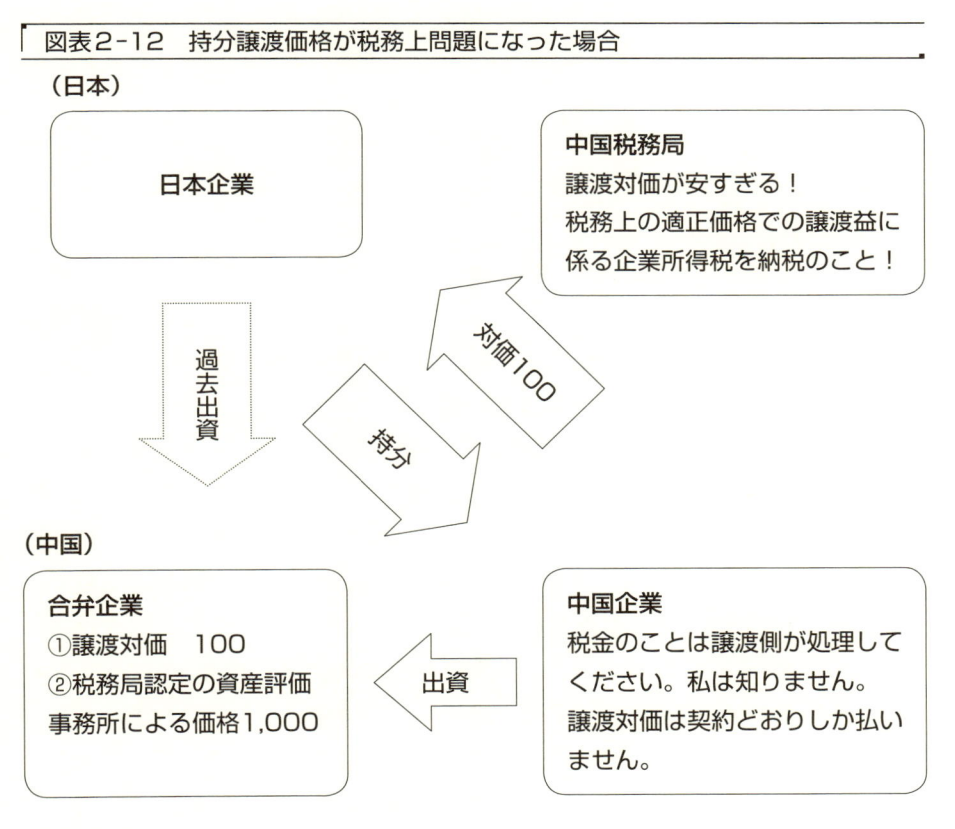

図表2-12 持分譲渡価格が税務上問題になった場合

（日本）

日本企業

過去出資 →

中国税務局
譲渡対価が安すぎる！
税務上の適正価格での譲渡益に係る企業所得税を納税のこと！

対価100 ← 持分 →

（中国）

合弁企業
①譲渡対価　100
②税務局認定の資産評価事務所による価格1,000

← 出資 ―

中国企業
税金のことは譲渡側が処理してください。私は知りません。
譲渡対価は契約どおりしか払いません。

【こうなると大変！】
・税務局から価格に意見が出た場合の税金の処理や，そもそもの価格の妥当性について事前に交渉，検討しておく。

　さらに手続面とも同様になりますが，内資へ変更になることで税務上も

149

より厳しい目で見られることとなります。会社法，三資企業法と異なり，税法上は2008年以降，外資企業と内資企業の税法が統一されていますので，税務上の取扱いは外資も内資も変わりがないはずなのですが，実質的には外資がいまだ税務局からは実務的には重点徴税対象として内資企業よりも厳しい管理下に置かれているという現実があります。

ゆえに，内資企業になり管理が緩くなる前に最後の税務登記変更時の調査で外資企業時代の課税漏れがないか調査するというわけです。特に，税務上の優遇で外資企業（合弁企業も含む）であることを要件として課された優遇については取り消される可能性がありますので，優遇の規定内容や地域の実務運用など確認が必要でしょう。

C　契約面　譲渡対価の確保

中国企業への譲渡の場合，最も注意したいのが，「譲渡代金を確実に払ってもらえるか？」という点です。物理的なモノの取引と異なり，現地法人の持分譲渡は手続後に代金支払になってしまう場合があります。

② 外国企業から外国企業への譲渡の場合

外国企業から外国企業への譲渡の場合は，カテゴリーは合弁企業のままですので手続的には中方への譲渡に比べ簡便です。ただし，中方出資者には優先購入権があります。この辺りは定款にも記載がありますので，その記載条項に従うこととなります。また，外資の保有する持分を他の外資に譲渡するだけであればステータスに変化は生じません。

そのほか，注意点としては，取引自体は日系企業同士で完結してしまうため，中国側での登記手続を忘れてしまう場合も以前はよく見られました。こうなってしまうと，後から中国側で手続のやり直しを行うのは相当面倒なことになりますので，当たり前ですが必ず中国での持分譲渡手続を行うようにしましょう。また，類似ケースで親会社がどこかの会社に吸収合併された場合も中国側では持分譲渡と解されることとなり，この場合の中国側での手続失念は非常に多くなっています。

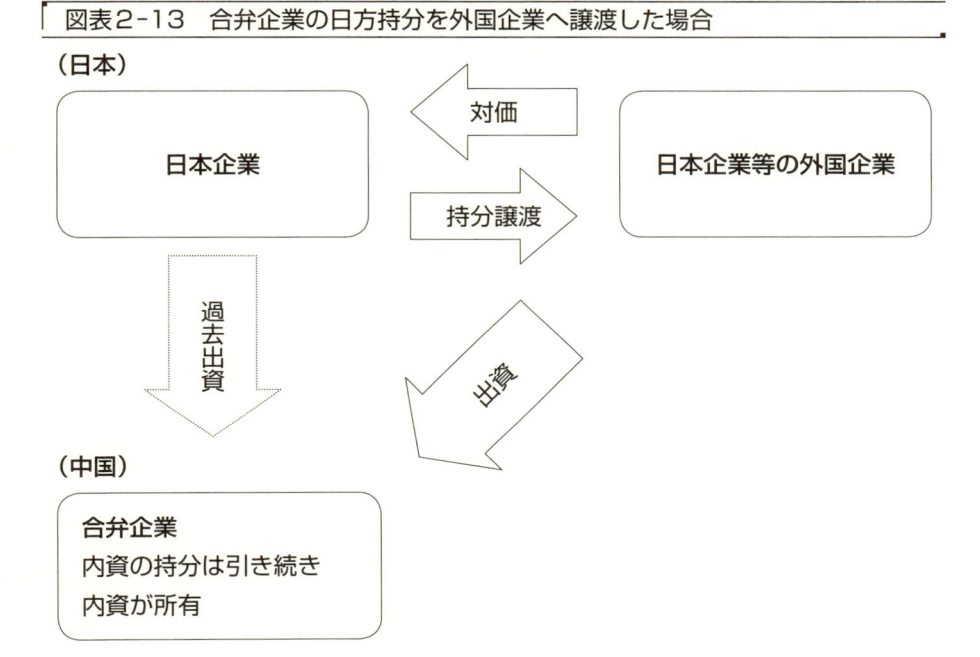

Ⅲ 現地法人の状況別に考える撤退，再編方法

図表2-13 合弁企業の日方持分を外国企業へ譲渡した場合

（日本）

日本企業 ←対価― 日本企業等の外国企業
日本企業 ―持分譲渡→ 日本企業等の外国企業

過去出資 ↓　　　出資 ↓

（中国）

合弁企業
内資の持分は引き続き
内資が所有

☑ **Point**

外資→外資の場合，内資の持分割合が変わらないためステータスに変化はなく，手続も外資→内資の場合より簡便です。
ただし，取引自体（契約書締結，代金決済）は日本側で完結してしまうため，中国側での手続を失念してしまう場合もあります。
日本親会社が別の日本企業に吸収合併された場合も中国では持分譲渡に該当する（中国現地法人の持分を対価に，吸収合併法人の持分を交付されたことになる）ため，注意が必要です。

　そのほか，特殊な許認可業種（建設，運輸，金融等）である場合，外資の出資者にも要件がある場合があります。ただ，通常は関係ありませんので特殊な認可を取得している場合のみ注意すればよいでしょう。

　A　価格交渉面

　　交渉自体は日本企業同士ですので，日本流で進めることができますので，こちらも中国企業との交渉に比べれば日本企業にとっては圧倒的に楽です。

151

ただし，注意したいのは譲渡価格です。

「とにかく撤退したくて，二束三文でもいいから引き取ってほしい日本企業」と，「安く進出するために中国現地法人がほしい日本企業」は利害が一致して，実態よりも格安で取引が成立する場合もよくあります。

B　譲渡価格の税務上の妥当性面

税務上の価格が問題になるのは，中国企業へ譲渡する場合と同様ですが，日本企業同士の売買の場合，中方がコネクションで解決を図ってくれることは期待できませんし，また，その反面，日本企業が日本企業に対して「税金はそちらで払ってください。私は知りませんよ！」と知らんぷりをする事態も考えにくいのが一般的です。ゆえに，当事者間で合意した価格が税務上問題になると売り手側，買い手側ともに，「困った事態」になりますので，取引前から双方こういった事態を回避する対策を練ることと，またそういった事態になってしまった場合の対応を取り決めておくべきです。

具体的にはやはり現地の管轄税務局の持分譲渡に対する課税の温度感，資産評価報告書の提出義務の有無などを確認し，その費用負担や，税務局から課税価格修正を求められた場合の対応なども取り決めておくのが望ましいでしょう。

また，日本企業同士ですので，中国的な評価額や課税価格に関係なく，双方の意図に合致していれば中国での一般的な評価額と異なる価格で合意する場合も多いものと思いますが，その場合，中国で課税価格の修正を求められる可能性が高くなることを認識しておくべきでしょう。

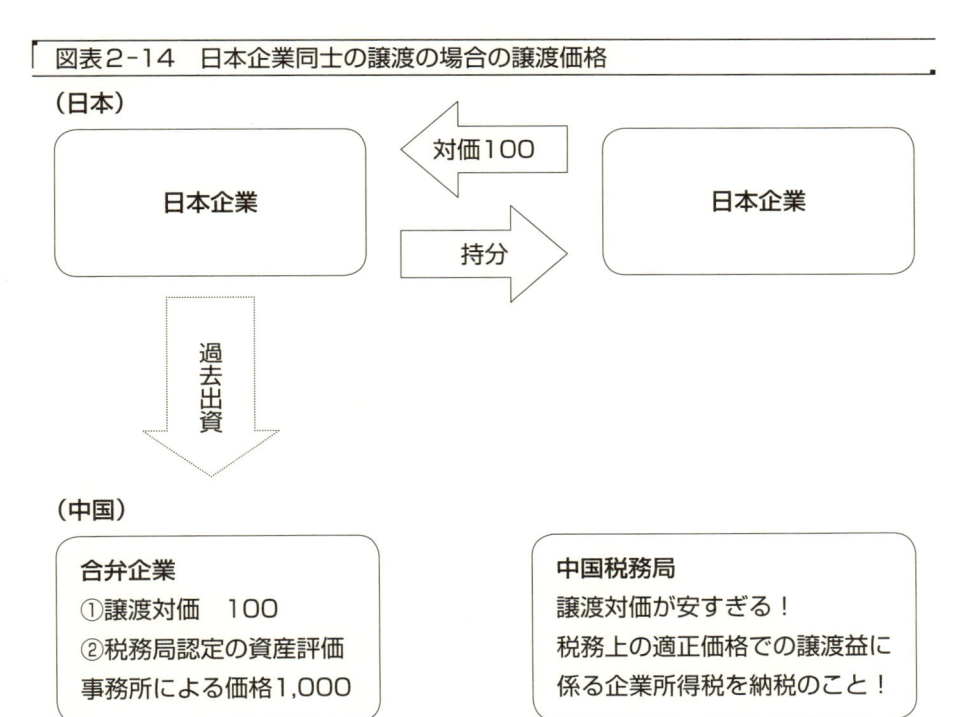

Ⅲ 現地法人の状況別に考える撤退,再編方法

図表2-14 日本企業同士の譲渡の場合の譲渡価格

（日本）

日本企業 ←対価100― 日本企業
　　　　　―持分→

↓過去出資

（中国）

合弁企業
①譲渡対価　100
②税務局認定の資産評価事務所による価格1,000

中国税務局
譲渡対価が安すぎる！
税務上の適正価格での譲渡益に係る企業所得税を納税のこと！

【日本企業同士の場合】
① 手続は日本企業と現地法人で進める（中方の現地コネクション等はない）
② 日本企業同士のビジネスルールで進む（課税の問題が出てきて知らんぷりということはあまりない）
③ 決済が中国に関係なく，日本側でできてしまう（逆に中国側で手続を失念してしまう場合も）

2 独資企業の場合－日系へ譲渡するか？　中国系へ譲渡するか？－

次は外商独資企業の持分譲渡手続についてみていきます。

① 手続面

合弁企業の場合と異なり，買取側の中国企業の支援を得るということはできませんが，意思決定は格段に楽です。なにせ出資者が通常は当事者である日本企業だけ，複数出資者である場合も日本企業等であるため，出資者間の意見調整も日本企業との調整になるためです。なお，持分譲渡の意志決定は

法令上は株主会決議により決議されることとなります（会社法37条）。

ただし，許認可業種の場合など，出資者に要件がある場合は，同じ日本企業同士であっても持分譲渡に制限がある場合があります。

ただし，上記も簡単なのは日本企業のような外国企業へ譲渡する場合であって，中国企業へ譲渡することになると内資企業若しくは合弁企業にカテゴリーが変更になることになりますので，手続は煩雑になります。この場合は外資の優遇取消しなどの問題も発生することになります。

また，手続とは関係のない話にはなりますが，一般的に内資企業は外資企業より待遇が悪い場合が多いため，現地法人の従業員が持分譲渡に不満を持ち，不安に思った従業員が反対運動を起こしたような事例もあります。

なお，中国人幹部や中国人への譲渡等も検討事項に入る場合もあるでしょう。この場合，注意しなければならないのは，外資企業は合弁企業であっても中国人個人は出資者になれないという点です。

② 価格面，税務面

　A　価格交渉面

　　価格交渉面では，合弁企業のそれぞれ，日本企業への譲渡，中国企業への譲渡の場合と同様となります。日本企業同士の場合，親会社で日本の理屈で話がついてしまう場合も多いですが，中国側での課税上の問題，手続などを抑える必要があります。

　B　譲渡価格の妥当性面

　　こちらも，上記と同様です。

　C　外資から内資への変更に伴う税務調査の可能性

　　こちらもカテゴリーが変わる場合（外商独資企業から中外合弁企業に変更になる場合，外資企業から内資企業に変更になる場合）はより税務調査が厳格になります。

③ 契約面　譲渡対価の確保

こちらも合弁企業の場合と同様です。

上記をまとめると次表のとおりとなります。

Ⅲ　現地法人の状況別に考える撤退，再編方法

図表2-15　三資企業の種類と譲渡相手先別にみる持分譲渡のポイントまとめ

種類	譲渡相手先	手続面	価格面
外商独資企業	中国企業等	①中国企業へ譲渡すると，内資企業若しくは合弁企業になる（優遇取消しの可能性）。 ②中国人個人に譲渡できるのは，100％譲渡して内資企業になる場合のみ。	①譲渡代金確保。 ②税務上の適正価格に対する注意（資産評価報告書の提出等）。 ③追加納税が発生した場合の負担。
	外国企業（日本企業等）	①カテゴリーは変化なし（中国企業への譲渡より手続的には簡便）。 ②中国側での手続に注意。	①税務上の適正価格に注意。 ②税務上の問題がでないよう双方で調整（資産評価報告書の提出等）。
合弁，合作企業	中国企業等	①中方現出資者の優先購入権。 ②カテゴリー変更の場合注意（優遇取消等）。	①譲渡代金確保。 ②税務上の適正価格に対する注意（資産評価報告書の提出等）。 ③追加納税が発生した場合の負担。
	外国企業（日本企業等）	①中方現出資者の優先購入権。 ②中国側での手続に留意。	①税務上の適正価格に注意。 ②税務上の問題がでないよう双方で調整（資産評価報告書の提出等）。

Column

1　全ての企業通じて，手続・税務上の価格に注意

　中国の税務上も「適正な税務上の時価」という論点はあります。特に，業績がよくない法人でも不動産の含み益が高額になっている場合がありますので，当事

者間で合意していたとしても税務上問題にならないかどうかは確認しておきたいものです。また，外資（日系）企業同士の譲渡の場合は，中国側の税務上の論点をあまり気にせず，当事者間の価格の都合のみで考えてしまう傾向がありますので注意が必要でしょう。

2　中国企業への譲渡の場合は，価格交渉，譲渡代金確保により留意

中国企業への譲渡は手続面もさることながら，条件交渉に非常に神経を使うこととなります。商習慣も日本と異なる相手ですので，価格交渉や譲渡代金の確保など留意しましょう。特に譲渡代金は手続上どうしても代金の支払より先に中国現地の名義は書き換わってしまうことになりますので，どのようにそこを担保していくか契約書の文面など留意が必要でしょう。

3　現地法人のカテゴリー変更を伴う場合（外資から合弁，内資，合弁から内資，外資）はより手続が煩雑になる

中国における外資企業は，外商独資，合弁，合作の3種類に区分されていますが，現在外資企業の所有している持分を中国企業へ譲渡する場合は，三資企業の種類自体の変更あるいは，内資企業へと変更となることとなります（合弁企業で，譲渡しても外資持分が25％を割らない場合を除く）。その場合は法律上の法人の種類（カテゴリー）が変更となることとなりますので，変更を伴わない譲渡に比べ手続が煩雑になります。特に内資企業になる場合は，管轄自体が変わりますので，変更にあたっての税務調査なども厳しい可能性があります。内資は商務部門管轄ではなく，税務局も外資は徴税ターゲットとして注視しています。

4　持分譲渡であっても従業員が反対する場合もある

持分譲渡は出資者が変更となるだけであり，法人自体には何の変更もありません。ところが，この場合でも従業員が反対して総経理が軟禁されるような事件もありました。これは，オーナーが変わることによるマネジメントの変化を懸念してのものですが（これは日本でも同様かと思います），特に中国ではとりあえずはコンプライアンス重視でやる外資系と，場合によってはルール無用で厳しい待遇を強いる企業もある内資系では現実的な従業員の待遇格差が激しい場合があるためです。ゆえに，事前に断片的な情報だけが漏れると従業員に混乱をもたらす場合がありますので，「清算を考えたが存続のために譲渡することとした。新出資者の経営方針はこうである」といった極力従業員を安心させるような説明をどのタイミングで行うか等を中国人幹部や専門家とともに検討しておくのが望ましいと考えます。

5 合弁企業の場合，持分譲渡は董事会の全会一致事項であり，優先購入権もあるため，出資者間の調整が必要

また，合弁企業の場合，持分譲渡は董事会の出席者の全会一致事項であり，譲渡の場合は現出資者に優先購入権があります。反対を表明されると手続以前に決議自体が不可能でまた中方に優先購入権もありますので，まずここの合意をどう取り付けるか，買取りを希望してきた場合どういう条件で譲渡するのかの検討が必要でしょう。

2 法人の事業内容－貿易・サービス・生産－

次は事業内容別に最適な処理手続を探るためのポイントを見ていきます。

1 清算の場合

1 貿易型企業の場合

貿易型企業の場合の清算に関しては，物を転売している企業であるため，生産型企業に比べれば簡便です。ただし，保税取引などを行っている場合は過去の取引等が問題になる可能性があります。清算の3大ハードル別に見ていきましょう。

① 手続面（不動産）

手続的にはオーソドックスな清算の手続になります。清算のハードルとなる不動産も倉庫などを自己所有している場合は少ないため，賃貸契約に基づいて処理を行っていくことになります。

② 人員面

貿易型企業の場合，従業員の数も多くなく，次の就職先が見つかりやすいという面もあり，人員削減の話をしても暴力沙汰などの過激な騒ぎになることはあまりありません。経済補償金などの金銭的な話が問題になる程度で，駐在員が危険にさらされるようなことは稀です。また，面倒見のよい日系企業の事例では人数も少ないため再就職先まであっせんして，非常によい形で終わるケースもあります。しかし，法律に非常に詳しい従業員もいるため，

揉める場合は，過去の会社のエラーを密告するなどして脅迫まがいの交渉を行ってくることもあります。

> Column　**現地スタッフとの別れ－人員削減の辛さ－**
>
> 　人員削減というのは，どの国でも非常に辛いものだと思いますが，中国も同様ですし，異国ならではの事情もあります。慣れない中国で日本人駐在員に様々手を貸してくれた中国人スタッフに，心ならずも会社を去ってもらわなければならないのは心情的にも忍び難いものがあります。
>
> **1　人員削減あれこれ**
> 　人数が多いほど大変になりますので，工場などは弁護士やガードマン立会いのもと説明会を行ったりする場合もあります。治安の悪い地域などでは，日本人駐在員が寝る時に用心のため枕元に金属バットを置いて寝ていたという話も本当にあります。
>
> **2　ストライキ等**
> 　中国のお国柄というか，日本では最近ほとんどみられなくなったストライキや労働争議に発展してしまうこともあります。
>
> **3　再就職の面倒も**
> 　人数が限られて入れば再就職の面倒を見ることも可能です。また，日本語の話せる社員は本社で引き取るという場合もあります。

③　税務調査面

　税務調査面では，生産企業に比べれば論点は少ないといえますが，商品の取引を行っているため，関連会社との移転価格などは問題になる可能性があるでしょう。また，保税取引がある場合は手冊の消込など関税で問題がでる可能性もあります。また，簿外取引，発票の不発行取引などが問題になる可能性はありますが，なかなか通常の調査では発見されにくいようです。そのほか，駐在外国人の個人所得税などはどのタイプの企業でも外資企業の場合税務局が注目してくる論点です。

2　サービス型企業の場合

　サービス型企業の場合は，貿易型よりもいっそうシンプルになります。通常は，工場もモノもなく，人がいるだけという状態です。我々のようなコン

サルティング企業もこのタイプの企業になります。
① 手続面（不動産等）
　手続的には貿易企業よりもシンプルな清算の手続になります。不動産も商品もないという状態ですので，もっともシンプルな清算手続を行っていくこととなります。
② 人員面
　こちらも貿易型と同様，人数が少なく，ホワイトカラーの社員であるため，暴力沙汰などの心配はそれほどありません。ただ，一点注意したいのがより法律や実務に詳しい社員が多い場合が多く（我々のようなコンサルティング企業はその典型になります），もめて敵にまわすと向こうもプロですので，とんでもない事態になってしまう場合があることです。具体的には，法律知識が非常に豊富なスタッフがいた場合，通常の経営時は心強い味方となってくれます。しかし，そのスタッフに退職してもらおうとすると，その知識を活かして会社に対抗してくるわけです。また，会社のウィークポイント等を熟知しており，密告等を交渉材料にしてくる可能性も考えられます。ゆえに基本的には，敵にまわさないよう円満退職にもっていく方がサービス型企業の場合望ましいと考えます。
③ 税務調査面
　税務調査面では，商品もありませんのでより論点は少なくなります。メインは日本人駐在員の個人所得税になりますが，サービス型企業なので，出張者などが多い場合は注意が必要です。税務調査の際に，出張者，駐在員含めて歴代の過去の日本人全員のパスポートコピーの提出などを求められた場合もあります。

3　生産型企業の場合は難易度最高！

　最後は生産型企業です。最も難易度が高いタイプとなり，よく言われる「中国における撤退は進出より大変」という言葉や，「清算しようとしたら従業員につるし上げられた。軟禁された」などという話も生産型企業の撤退を念頭においたものと思われます。

① 手続面（不動産等）

　手続的には最も複雑な清算の手続になります。不動産はある，製品も材料もある，従業員は工員が多数いる，許認可も数多いというフルコースの清算手続を行っていくこととなります。各種手続の順序が生産オペレーションの停止，従業員整理にも関係しますので，各種専門家を交えて慎重な計画策定と実行が必要でしょう。理想的には法務，税務会計の二本立てのチーム編成となります。また，不動産関係書類や各種許認可も法律どおりのものが全てあるケースが少ないぐらいですので，何が不足しているが把握の上，対応を検討していく必要があるでしょう。

② 人員面

　人員面も工員が数多くいるのでもっとも大変になります。生産型企業ですと通常工会がありますので，工会との交渉や，リストラを行う場合は現地労働局への事前の申し入れなどもしておくべきでしょう。また，大変なのは実際の製造に携わっているのは工員であるため，実力行使をされると生産が滞ってしまい，統制がとれなくなると工場の設備や製品などに危害を加えられる可能性もあるという点です。この辺りも念頭に置きつつ，事前の在庫調整など行いながら人員整理を進めていく必要があります。ただ，清算を行う以上はある程度のトラブルは不可避という場合もあります。

③ 税務調査面

　税務調査面もフルコースです。保税，移転価格，外国人駐在員，ありとあらゆる論点が考えられるでしょう。事前の税務デューデリジェンス調査でリスク把握と対応検討を行い，税務調査に臨んでいくこととなります。

　上記をまとめると以下のとおりとなります。

Ⅲ 現地法人の状況別に考える撤退，再編方法

figure 2-16 法人の事業内容別に見る清算のポイントまとめ

種類	手続面	人員面	税務調査面
貿易型	オーソドックス	従業員数が少ないため比較的対処しやすい。密告等に注意。	外国人，保税取引，移転価格に注意。
サービス型	最も簡単	従業員数が少ないため比較的対処しやすい。密告等に注意。	外国人，出張者等に注意。
生産型	最も煩雑。不動産，各種許認可，従業員。	人数が多く，統制がとれなくなると実業に影響するため，綿密な計画と臨機応変な対応が必要。工会，現地労働局への事前ネゴ等も必要。	外国人，保税，移転価格等フルコース。事前の税務デューデリジェンス調査による準備が望ましい。

【生産型企業の清算が圧倒的に難しい】

> ①人員，②不動産，③税務調査の三大ハードルがフルコースで出てくる（いわゆる一般的な「中国のおける撤退は進出より大変」のイメージの元になっている）。
> →検討段階から専門家を投入及び長期戦の覚悟が必要
> ② サービス，貿易業の場合，手続どおり行えば大きなトラブルもなく清算できる場合も。
> 上記3大ハードルのうち，実質的には税務調査のみがハードルの場合もある。
> さらに，適正に過去の税務申告などを行っていれば大きな問題もなく清算できる場合も。

2 持分譲渡の場合

　持分譲渡に関しては法人の事業内容は通常はそれほど影響しないでしょう。ただし，土地使用権を保有する場合は持分譲渡であっても稀に土地増値税の課税が問題になる場合があります。また，特殊業種などで出資者に要件がある場

合は，持分譲渡にも制限が入ることになります。

■1 貿易型企業の場合

通常は特に問題はありません。規制業種や保税取引がある場合は出資者に制限がないか念のため確認しましょう。

■2 サービス企業の場合

こちらも通常はありません。医業や介護など規制業種に該当する場合のみ出資者や持分譲渡に制限がかかることとなります。

■3 生産型企業の場合

土地使用権をもっている場合，土地増値税が課される場合があります。土地増値税は土地使用権の譲渡に対して課税される税金です。土地使用権の所有者は法人で変化がないため，課税されないはずですが，規定上は明確になっていないため税務局によっては稀に課税を受ける場合があります。また，生産型企業は外資特有の優遇を受けていた可能性があるため，その場合は優遇の取消しを求められる場合があります。

図表2-17　法人の事業内容別に見る持分譲渡のポイントまとめ

種類	手続面	税務面等	ポイント
貿易型	規制業種に注意	保税取引がある場合。	譲渡後も商流の維持ができるか。
サービス型	規制業種に注意	通常は特になし。	法人自体に資産はない。法務に精通等特殊な従業員がいる場合注意。
生産型	規制業種に注意	持分譲渡であっても土地増値税が課税される可能性あり。	土地使用権等，資産を数多くもち，従業員も多いため評価額に注意。

3　従業員数と従業員との関係

これは大きく関係します。法人の事業内容の項でも触れましたが，従業員が

多ければ多いほど手間が増え，難易度が上がるといってよいでしょう。

1 清算の場合

　まずは清算の場合です。日本も同様ですが，勤めている会社が清算してしまうわけですので当然ながら，従業員は動揺もしますし，会社に対して文句もいうでしょう。これは日本でも同様かと思います。さらに，労働者の権利意識が強く，中国では外資系企業に該当する日系企業では，労働争議に発展してしまう場合もあります。

　従業員の人数が少なければ退職後の就職の面倒まで見るといった対応もできますが，人数が多いとそういったことも難しくなります。また，解雇される従業員にとっても，他社に再就職ができるのか，難しいのかによっても会社に対する要求は変わってくるでしょう。中国でも地方都市の場合，清算しようとしている日系企業が地域では一大雇用の受け皿になっているという場合もありますので，その場合は地域の労働局や地方政府とも交渉が必要になってきます。

　また，会社を清算するといっても，手続に入るまでは経営は行いつつ，徐々にオペレーションを縮小していくことにはなり，また，清算手続開始後も手続自体に最低半年以上要します。つまり，人員を整理しなければならない一方で，会社を最低限運営していくスタッフは必要になります。ゆえに，清算計画との兼ね合いを考えながら従業員とある程度の段階まで残ってもらう従業員も考えていく必要があります。

　清算手続もある程度の段階まで差し掛かるとオフィスも解約し，従業員も全員解雇するわけですが，清算手続の最後の方に税務登記抹消手続があり，そこで通常は税務局から税務調査が入ります。この際，当局からすると最後の徴税機会ということで最も厳格なレベルの税務調査が入りますが，この際場合によっては設立から現在までの帳簿を調査する場合もあり，その際に税務局担当者からの質問に対し回答をしなければならないため，過去の経緯を知る財務担当者や幹部は非常に重要になります。この段階になると会計事務所や法律事務所が対応を会社が行う手続部分も代行するケースも多いですが，やはり過去の経緯などは会社の社員でなければ対応が難しい場合もあります。一方で，正社

員として雇い続けるほど仕事もなくなっていると思いますので、実務的には他社へ転職しても、何かあった際は協力を得られるよう話をし、税務調査の時のみ立ち会ってもらう等の対応を行う場合もあります。

また、こういった対応にはオペレーション上、税務調査に対応してもらうことの他、別の効果もあります。それは、会社幹部や財務担当者に「日本親会社と同じ方向を向いてもらう。清算を成功させる方向にモチベーションを持ってもらう」という点です。現地法人を成長させようとしているときは、日本親会社や駐在員と、現地中国人幹部や財務担当者は利害が一致して同じ方向を向きやすいのですが、こと清算となると、「なんとか早く中国から撤退したい日本親会社、駐在員」と、「その会社との雇用関係がなくなってしまう中国人社員」では、なかなか同じ方向は向きにくいものです。むしろ、感情的に対立してしまう場合もあるでしょう。その場合に現地法人の中枢にいた人物がネガティブな行動をすると、様々な困難が生じることとなります。そうした事態の防止のためにも、ある種戦略的であっても、重要人物が日本親会社と同じ方向を向くようインセンティブ等を含めたなんらかの対策をとっていくのも一案です。

図表2-18　清算スケジュールと従業員整理の関係

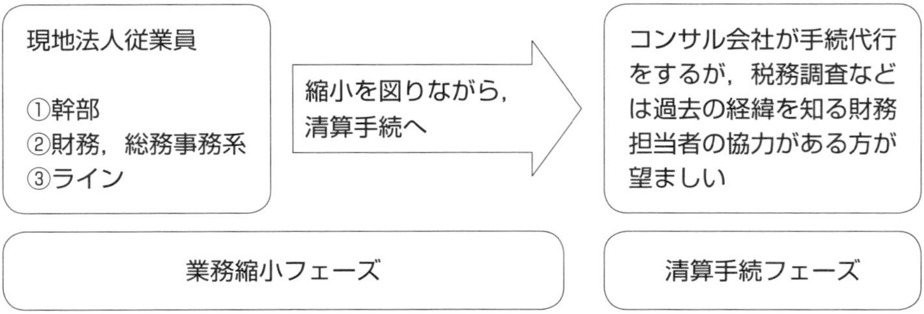

現地法人従業員
① 幹部
② 財務、総務事務系
③ ライン

縮小を図りながら、清算手続へ

コンサル会社が手続代行をするが、税務調査などは過去の経緯を知る従財務担当者の協力がある方が望ましい

業務縮小フェーズ　　　清算手続フェーズ

✓ Point

従業員を整理していくが、幹部や財務担当者などの協力が税務調査等の清算手続の重要局面で必要な場合も想定される。
退職後も協力してもらえる関係を構築しておくのが望ましい。

1　従業員が少ない場合

　幸い解雇する従業員が少ない場合です。法人の事業内容の項のとおり，貿易型企業やサービス型企業などが該当します。これは，人数が少ないがゆえに，人物別の交渉や細かい対応をすることも可能ですので，誠意を尽くせば大きなトラブルもなく終わるケースも多いです。とはいえ譲歩ばかりするという意味ではありません。法律上の要件に従い労働関係の清算を行いつつ，不要な感情的対立を招かないよう誠意ある対応をするというのが望ましい対応ではないでしょうか。

2　従業員，工員等が多い場合

　人数が多くなれば多くなるほど当然大変になります。個別の就職の面倒なども現実的に不可能ですので，ある程度法律論でビジネスライクに処理せざるを得ない場合もでるでしょう。その場合，労働関係に強い中国弁護士などと計画を練り，説明会などにも彼らに同席してもらうべきでしょう。

①　工会への説明

　中国は従業員が25名以上いる場合，工会（日本の訳語は労働組合。ただし，概念は日本の労働組合とは異なります）の設置が義務とされていますので，従業員数が多い場合，工会があります。工会へ清算や人員整理の予定をあらかじめ説明し，できる限り軋轢が少なくなるよう根回しをする場合が多いです。

②　現地労働局，地方政府への説明

　リストラを行う場合，現地労働局の許可が入りますし，リストラでなく清算として人員整理を行う場合でも，現地労働局へは事前に説明を行った方がよいでしょう。なお，一般的に労働局としても人員整理は歓迎すべき行為ではありませんので，法律どおり行っていたとしても積極的な介入はあまりしてくれません。むしろ，騒動は極力起こさないでくれという姿勢です。ゆえに，当局の援助を期待するというより，「自助努力で整理を行い，やむを得ず清算をすることになったが，このように取り組んでいくのでご理解を」という筋を通しておくといったところが実質的な意味になります。こうしておかないと労働争議が発生した場合に当局に突き放されてしまう可能性も考えられます。また，現地法人や地域の状況によっては労働局とともに地方政府に

3 様々な整理手段

実際に従業員に退職してもらうにしても様々な形が考えられます。労働契約の終了ということで問題なく終止できる場合もあります。

① ノーリスクでの契約終了

試用期間の満了や，第一回の労働契約終了などです。ゆえに，労働契約書等で現状の従業員の契約形態や勤続年数を把握しておき，整理計画を検討していくこととなります。ただし，会社側の提案による労働契約の終了に該当しますので，法定の経済補償金の支払は必要となります。

② 交渉が必要な契約終了

上記以外は，合意による労働契約終止や労働局認可によるリストラ，清算による労働契約終了解雇などが考えられますが，この辺りは状況や法人の予算やポリシーに応じて多様な計画を練っていく必要があります。

4 法律事務所，コンサルティング事務所への相談とオペレーションへの起用

上記のような計画は非常に複雑かつ法律を熟知している必要がありますので，法律事務所やコンサルティング事務所とともに計画全体を考えていくのが望ましいでしょう。人の退職ですので，当然ながら実業のオペレーションにも影響します。実業との兼ね合いも考慮しながら整理計画を考えていく必要があります。

図表2-19 法人の従業員数別に見る清算のポイントまとめ

種類	手続面	手法	ポイント
少ない場合	工会もなく，手続というより個別交渉になる。	各人別の対応	各人の事情を鑑みた個別対応
多い場合	工会，労働局，リストラ	弁護士をチームに入れ，説明会等，組織的，計画的対応を行う。	各人の労働契約，勤続年数，実業を考慮した計画的対応

2　持分譲渡の場合

　持分譲渡の場合は，法人自体の内容には何ら変化がなく，法人と従業員の雇用関係には関係はありません。しかし，外資と内資の実質的なマネジメント対応の差，コンプライアンス意識の相違からくる従業員の待遇悪化を懸念して持分譲渡に反対運動が起こるケースもあります。

1　従業員が少ない場合

　少ない場合は，持分譲渡で騒ぎになるケースはそれほどないでしょう。持分譲渡を行う旨を説明し，意見がある社員は文句を言うか，退職していく程度になると思われます。

2　従業員，工員等が多い場合

　情報が漏れるとデマのように広がり，「日本親会社は会社を他に売り飛ばすつもりらしい」といったようにとられ，ストライキや軟禁騒ぎなどが発生したケースが実際にありました。出資者が持分を譲渡するだけで，形式的には法人に何の変更もないといえども，トラブルなく手続を行うため，従業員のなかのキーマンの説得や，極力納得してもらえる方法を専門家と考えるなど，ケアも必要です。また，地域によっては当局に雇用継続の意向書などを提出する必要がある場合もあります。

図表2-20　法人の従業員数別に見る持分譲渡のポイントまとめ

種類	手続面	ポイント
少ない場合	個別説明等。	通常あまり問題は生じない。
多い場合	説明会の実施等，混乱しないよう検討。地域によっては雇用継続の意向書の提出を求められる場合もある。	混乱が生じる可能性もあるため，雇用，労働条件の維持の意向や，説明会の実施等，対策を考える必要がある場合あり。

4　不動産の所有状況

　不動産の処分は中国では大きなテーマとなってきます。持分譲渡は法人と不

動産の関係には変化がありませんので、ほぼ問題はありませんが、清算の場合は大仕事です。

1 清算の場合

清算の場合、法人が消滅することになりますので、不動産は当然必要ありません。賃貸なら解約、自己所有なら売却することになりますが、中国特有の制度がありますのでその特徴を踏まえた処理が必要です。

1 賃貸

賃貸の場合はそれ程難しくはありません。基本的に賃貸契約書に基づいて処理していくこととなります。

清算の際に疑問に思うのが、清算する際「賃貸オフィスがいつまで必要か？」という点です。縮小フェーズではまだオペレーションもありますし、実業もあるのでスペースとしては必要ですが、清算手続に入り、ほとんどの従業員が退職してしまった段階で果たしてオフィスがいるのか？ という疑問が生じます。ただ、オペレーション上必要なくても、清算するまでは会社の登記住所としては必要になりますので、手続的には税務登記抹消までは住所を確保するようお勧めしています。ただし、オペレーションがない以上、広い面積のオフィスや工場などは家賃がもったいないという場合も多いので、同じ管轄の税務局の異なる住所に引っ越すこともあります（管轄の異なる地域へ移転すると、移転の手続自体がまた面倒になります）。

契約条件に基づいて処理していくこととなりますが、一年契約で未経過分も容赦なく返してくれないというのも契約に基づけば通常ですので、契約を確認して更新時に戦略的に契約変更か月決めに変更するなどの準備が必要でしょう。

なお、駐在員事務所に関してはどこでも登記できるわけではなく、登記できる場所は限定されています（ゆえに、主要都市には日系の駐在員事務所が集中的に入居しているビルがあります）。

2 自己所有

自己所有の場合は大仕事となります。土地使用権証などで権利関係を確認

し，土地使用権の売却を検討していくこととなりますが，制度は複雑です。

土地使用権の処分については，まず，土地使用権が，①払下国有土地使用権と，②割当国有土地使用権の2種類があり，②の場合，譲渡については事前の認可が必要となっています。

さらに，国有土地については用途が政府により定められていますので，土地使用権証書に記載された土地用途（工業用地等）と合致する使用しかできないこととなっています。現状は，既に所有していますので，用途に合致した土地使用を行っているはずですが，清算にあたり譲渡をする場合は，買取企業が用途に合致した土地使用を行わなければならないことになります。「譲渡した後のことなど知らないよ」という考え方もあるかとは思いますが，用途に合致していない場合，「違法な土地使用である」として契約自体無効といったトラブルに巻き込まれる可能性もありますので，譲渡後の用途も留意する事をお勧めします。

図表2-21　土地使用権の種類別ポイント

形態	譲渡に関する要件	用途	産業類型
払下国有土地使用権	法定要件を充足する限り，事前認可不要（自由）	土地使用権証書記載の用途に限定	用途のほか，産業類型を限定している場合もあり
割当国有土地使用権	土地管理部門の事前認可必須	同上	同上

また，どのように処分するのかについてですが，相対取引で探すのが基本になります。なんとなく日本人的発想ですと，「土地使用権が国のものだから，誰も買ってくれないのなら国が引き取ってくれないのか？」と考えてしまいますが，残念ながら政府土地部門が土地使用権を買い戻すことはあまり一般的ではありません。希望者がいない場合は，競売機構に委託して土地使用権の競売を実施することができることになっていますが，かなり煩雑になるようです。

また，中国では土地使用権を譲渡する場合は建物と一体で譲渡しなければならないとされています。これは「土地ころがし」的投機行為を防止するためと言われています。

図表2-22　不動産の形態別に見る清算のポイントまとめ

種類	ポイント	解約時期
賃貸	契約期間，解約条件	オペレーション上の必要時期と登記住所を考慮
自己所有	土地使用権証書の有無，処分できるか	経営が終了すれば，賃貸物件への移転も検討

2　持分譲渡の場合

持分譲渡の場合は，法人と不動産の関係について変化は有りませんので通常，影響は有りません。ただし，土地使用権の使用に要件がある場合は抵触する可能性はありますので，確認が必要です。

1　賃貸

通常はありませんが，外資企業に限定している等の条件が入っていないか程度は見ておきましょう。

2　自己所有

持分譲渡により土地使用権の用途に抵触しないか程度は確認しましょう。また，税務の項でも述べますが土地増値税が課税されないかは確認しておくとよいでしょう。

図表2-23　不動産の形態別に見る持分譲渡のポイントまとめ

種類	ポイント
賃貸	通常は特になし
自己所有	土地の使用用途に合致しているか，土地増値税の課税に注意

5 設立年数，地域性，過去の優遇の有無

設立年数，地域性，過去の優遇による清算，持分譲渡に及ぼす特徴を見ていきましょう。

1 清算の場合

1 設立年数－一般的に歴史が古いほどいろいろな問題がでてきやすい－

歴史が古いほどやはり清算は大変になります。過去は中国当局も各種手続き，許認可にそれほどうるさくなく，地元のコネクションや地方政府によるバックアップなどがあれば本来は行うべき手続や書類を省略しても，認められていた場合があるためです。また，税務上も過去は課税当局側も納税者側も外資企業や外国人の課税についてそれ程習熟しておらず，現在では明らかに間違った処理であっても特に問題にならなかったケースも結構あります。しかし，清算時にはそういった点が問題視され，清算の税務調査等で修正を求められる可能性があります（Column参照）。さらに，歴史が古い場合は過去に優遇税制や補助金等を受けている場合も多く，その場合も条件によっては優遇の一部返還などを求められる可能性があります。ゆえに，歴史が古いほど清算の難易度は高まるといってよいでしょう。

清算の難易度のイメージは，我々のもつ一般論ですが設立年代別に大まかに以下のような特徴があるととらえています。

① 1990年代設立－経営期間満了を迎える場合－

　もっとも難しいパターン

② 2000年代から2008年までの設立－ＷＴＯ加盟と設立ブーム－

　進出ブーム期の進出，製造業，貿易業ともに多い。

③ 2008年以降－外資内資の企業所得税統一後（適正に処理されている場合が多い）－

　法制，税制がある程度整っていることを前提とした進出。ゆえに，会社側の書類等も整備されており，スムーズに清算できることも多い。

Column　日本人駐在員，出張者の課税の歴史

1　会計事務所への質問の3割が外国人の個人所得税絡み!?

日系企業の現地法人ですので，当然ながら駐在員や出張者が赴任しているケースが多いです。しかし，駐在員や出張者に対する個人所得税の課税は複雑であることから，外国人の処理に慣れていない場合，誤った計算方法をしている場合も少なくありません。

2　規定と実務のかい離

上記の「みんなよくわかっていない」という事態が発生する理由の一つに，「規定と実務がかい離している」という点があると考えています。規定は外国人の課税について事細かに定められていますが，実際それほど厳格に運用されていないものも少なくありません。日中租税条約の短期滞在者免税などは中国人会計師に聞いてもピンとこない場合も多く，大げさにいうと「注目しているのは日本側の財務担当者だけ」といった印象すらあります。

3　自己申告

また，現実的な当局の課税技術上の問題もあり，規定を厳格に運用できていないという面もあります（ただ，これは中国税務に限ったものではなく，日本でも同じ部分はあると感じています。国際課税はやはりエビデンスからの確認が難しいという点があるのでしょうか）。ゆえに，自己申告が重要となりますが，「こちらから言わなければわからない」という部分もあり，それはそれで悩むこととなります。

4　コンプライアンス，社会保険加入問題

上記の事情で規定はあるものの，割と企業によってまちまちの対応となっていた日本人駐在員や出張者の個人所得税の申告ですが，日系企業への正しい知識の普及やコンプライアンスの重視，当局の課税技術の向上などにより「一般的な申告の形」というものが整ってきたようにも感じます。過去計算や申告を誤っていた企業なども修正するケースが増えてきました。

しかし，一方で引き続き悩ましいのは現在でも運用に大きな地域差がある規定がある点です。例えば，外国人に対する中国の社会保険料徴収などは，国家規定では明確に徴収が決められているにも関わらず，都市ごとに対応が異なっています。主要都市では上海，大連が徴収していません。

こういった地域差のある点に関しては，日本企業にとっては同じグループの中国駐在員であっても都市により異なる対応を日本本社は考えていく必要がありますので，引き続き中国特有の対応が必要となることとなります。

2 地域性

　地域性も清算，持分譲渡の難易度に大きく関わってきます。大きく，日系企業や外資企業の進出の多い先進都市（上海，蘇州，広州，深圳，大連等）では，進出外資企業も多い分，撤退する企業も相当数あり，正当な手続を踏めば当局もある程度法令どおり処理を進めてくれます。逆に外資企業の少ない内陸の地方都市などでは，当該現地法人が現地では数少ない外資企業で雇用や政策の目玉的存在となっている場合もあり，また，当局の担当者自体もそういった手続に不慣れであることから，先進地域とは異なる配慮が必要になります。特に，通常は取得しにくい許認可を地方政府が外資誘致政策として強力なバックアップで認可取得に協力してくれた場合もありますので，そういった企業を清算することになると，「あれだけ地方政府としても協力したのに，君たちは清算してしまうのか！」と，地方政府の不興を買ってしまい，清算手続に非協力的になる可能性もあるので，十分な状況説明と根回しが必要になる場合もあるでしょう。

図表2-24　中国における先進発展都市と地方都市

上海等の先進発展都市 外資慣れしており， 清算，再編なども慣れている	外資の少ない地方都市 外資の再編事例自体が少ない

都市→地方

☑ Point

地方にいけばいくほど，
① 外資慣れしていない
② ローカルルールがある（中央法規が実務まで浸透していない）
ことから，先進都市の経験則が通じず，独特の対応となる傾向がある

① 外資企業が多い先進都市である場合

　上海等の外資企業の進出も撤退も多い地域では，当局も数多くの事例をこなしており，またコネクションなどによる影響も少ないことから，その地域で経験が豊富である専門家と過去事例を踏まえて計画を練っていくのがよいでしょう。現在の中国では上海のような先進都市では，専門家と相談して進めていけば，あまり理解しにくい理由により清算の行政手続が滞るようなことはないようです。

　ただし，対従業員など，民間の話は別です。上海など先進都市ほど従業員も権利意識が強く，入れ知恵をする専門家もいたりして，会社に対する要求は厳しい傾向にあります。その地域での清算の場合の退職の流れや，交渉する場合の割り増し経済補償金の相場観なども現地経験豊富な専門家に相談した方がよいでしょう。

② 外資企業の少ない地方都市の場合

　外資企業の再編，清算事例等が少ないため，当局も悪気なく，法律と異なる指示を出す可能性がありますし，ローカルルールがある可能性もあります。現地に精通した専門家や従業員を通じて，当該地域行政手続のしっかりとした確認が必須となります。

Column　これぞ中国？　ローカルルール

　ローカルルールで手を焼いたことのない中国専門家はいないのではと考えています。

　世界的に展開しているファームや，名の通った事務所もメインの対応エリアは上海，北京といった主要都市です。ゆえに，そういった主要都市のコンサルタントが地方の都市の実務を行うと思わぬ運用差に当惑したりすることがあります。

　ローカルルールがあることを前提として事前確認や必要に応じて地元の専門家の起用を検討すべきでしょう。大手法律事務所がプロジェクトを統括する場合でも，地域では地元実務には地元の専門家を起用する場合もあります。

　　A　地方政府への打診，通知

　　これは法人の当該地方都市でのプレゼンスや，コミットの仕方によりま

すが，現地では一大産業である場合は，地方政府や関係部門への打診は必要でしょう。いくら，「法律どおりやっているだけです。清算させてください」といっても，当然スムーズにいくよう配慮は必要です。また，許認可などで地方政府の多大な協力を得た場合は，即時の清算は見合わせるような要請が地方政府から出る場合もあります。

　B　労働局へも根回しも

　労働局へも上記と同様の理由から根回しをしておくべきでしょう。現地で大量の雇用を支えているような場合は，現地の雇用へ及ぼす影響も大きいためです。労働争議などが発生した場合に，協力とはいかないまでも，事前に話をしているのとしていないのでは当局の扱いも異なりますので，根回しをしておくのが望ましいでしょう。

③　過去の優遇等

　過去に優遇を受けていた場合，当然優遇政策は地域経済への好影響などを期待して政府が優遇を付与するわけですので，清算してしまうとなると，「返してくれ」という話が出る場合があります。基本的には優遇付与時の契約等にそういったところが謳われていますので，まずは確認が必要です。また，当初の契約等に謳われていなくても確認はとった方が望ましいかと思います。返還義務の有無については優遇がどういった種類かにより，異なってきます。

　個別の条件によりケースバイケースですが，補助金は返還を求められる場合もあります。なお，個人に対する補助金もありますが，その場合の返還まで求められることはないようです。

　また，税金に関しては以下のとおりです。

　A　二免三半減

　　二免三半減は企業所得税の免税，減税措置ですが，10年以上経営することが条件で優遇適用がされていますので，10年以内に清算すると免税が取り消されることとなります。ただし，二免三半減などの優遇は2007年末までで終了（2013年までは経過措置あり）しているのが大半ですので，現在ではこういった論点がでる企業は以前より少なくなっています。

B　保税貨物

保税設備等については，保税監督期間内に清算した場合，保税措置が取り消されることとなります。

C　その他の税金－ＢＰＯ免税等－

その他，地方の税制優遇などがありますが，それらは各地域の制度，当局の指示に従うこととなります。大連市等ではＢＰＯ企業に対する営業税，増値税の免税措置がありましたが，清算にあたり当該免税税金の返金が求められることはありませんでした。

図表2-25　設立年数・地域性・過去の優遇別に見る清算のポイントまとめ

種類	ポイント
設立年数	設立年数が古いほど清算に手間がかかる傾向にある。 法人の基本資料などがあるかなど確認。
地域性	地方にいくほどローカルルールが多く，外資の処理になれていない。
過去の優遇	補助金等の返還を求められる可能性がある

2　持分譲渡の場合

設立年数，地域性，優遇などは持分譲渡の場合，それほど影響はありません。ただし，地方都市では持分譲渡の事例が少なく，手続が通常と異なる流れになる場合や，内資への譲渡により優遇の取消しがある場合等が注意点としてあります。

◆1　設立年数

設立年数は持分譲渡にはほぼ関係ありません。本来の手続がされていれば可能です。ただし，設立年数が古い場合各種手続に不備があったり，2006年の会社法が反映されていなかったりはしますので，その辺りが持分譲渡の手続の際に当局から指摘されたりといったことがあるようですが，持分譲渡の手続自体の障害になるようなことはあまりないようです。

◆2　地域性

地方都市では持分譲渡の事例自体が少なく，都市部と異なる手続を要求さ

れる場合があります。譲渡益に対する課税も，課税事例自体が少ないので本来の計算と異なる計算を行うよう指導される事例があります。その場合はこちらから当局の機嫌を損ねない程度に正しい計算に誘導してあげるとよいでしょう。

また，親会社の合併などによる持分譲渡などは先進都市でもうまく理解してもらえない場合もありますので，地方都市ではなおさらです。辛抱強い説明が必要でしょう。いい加減にやってしまうと，後が面倒なことになりますので，当局が最初理解してくれなくても丁寧に説明を行い正しい処理をしてもらうのが望ましいと考えます。当局の指示とはいえ，誤った処理で手続を完了させてしまうとその時はよくても後々問題になる可能性があります。

3 過去の優遇等

過去の優遇が持分譲渡に影響することはほとんどありませんが，外資限定の優遇の場合は，内資に変わった場合は取り消される可能性があります。

図表2-26 設立年数・地域性・過去の優遇別に見る持分譲渡のポイントまとめ

種類	ポイント
設立年数	設立年数が古い場合，基本資料などが最新法規にアップデートされていない場合あり。
地域性	地方では外資の持分譲渡が一般的でない場合もある。
過去の優遇	内資転換することで優遇取消となる可能性がある。

6 過去の財務・税務の状況・保税

過去の帳簿状況などについても重要になってきます。過去，適正に納税をしていれば清算の際の三大難関の一つである税務調査でもそれほど大きな問題は生じませんが，大きな納税漏れがある場合などは事前の修正納付等も含めた対策が必要となる場合があります。設立が比較的新しく，帳簿の記帳状況，レベルなども把握できている場合はある程度安心できますが，設立が古く，「過去どのようにやっていたか，中国人担当者にまかせっきりだったのでわかりませ

ん。」というケースも多いものです。

そういった場合には，税務，財務ＤＤ調査を実施し，税務リスクを把握する必要があり，我々も清算経営判断の前にそういった調査の依頼を受けることが多くあります。

1　清算の場合

清算の場合は税務登記抹消前に，今までで最も厳しいレベルの税務調査が入りますので会社の税務リスクを把握することは非常に重要となります。

1　過去の財務の状況　財産整理にも影響

財務も混乱していると，現在の財産と帳簿との突合ができず，どさくさでもって行われてもわからないといった事態も生じます。資産の処分整理にも混乱をきたしますので，過去の帳簿が不明瞭である場合は事前に調査をしておくのが望ましいでしょう。

図表2-27　帳簿と実物の関係

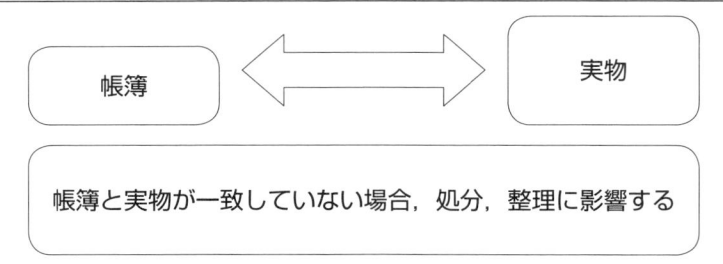

```
  ┌──────┐        ┌──────┐
  │ 帳簿 │ ⇔      │ 実物 │
  └──────┘        └──────┘

  ┌────────────────────────────────┐
  │帳簿と実物が一致していない場合，処分，整理に影響する│
  └────────────────────────────────┘
```

2　税務申告の状況

税務申告を適正に行っているかどうかは，清算の三大ハードルの一つをクリアできるかどうかの重要なポイントとなります。過去の申告状況が疑わしい場合は，事前に過去の申告状況と現在の税務リスクについて税務デューデリジェンス調査を実施するのが望ましいでしょう。また，税務デューデリジェンス調査で発見された税務リスクについてどうするのかというのが検討点になります。当時の処理についての適正性を説明する準備をするか，修正申告を行うかなどケースバイケースで考えていく必要があるでしょう。

図表2-28　過去の財務・税務の状況別に見る清算のポイントまとめ

種類	ポイント	対策
財務，会計	実態と帳簿の整合性，清算で整理する資産，負債の実在性確認。	財務ＤＤの実施，実態の把握と実態に合わせる会計処理の検討。
税務	過去の申告，納税状況。	税務ＤＤの実施及び税務リスクがある場合対策の検討。

2　持分譲渡の場合

　持分譲渡の場合も買い手側は全面的に法人の税務リスクを承継することになりますので，税務リスクの把握は重要ですし，そこを買い手が把握してリスク部分を価格に織り込むよう要求してくるでしょう。また，外資から内資へ変更になる場合は清算レベルの税務調査が実施される場合もありますので，手続上も税務リスクが問題になる可能性があります。

1　過去の財務の状況

　こちらは持分譲渡の価格に影響してきます。資産，負債の帳簿内容が実態と一致しているか確認が必要でしょう。また，国有資産などを有している場合は特殊な手続が必要になりますので，確認しておきましょう。そのほか，従業員の経済補償金や有給休暇に関しては通常は負債に引当金計上をしていませんが，日本の会計の感覚でいうと実質的には退職給与引当金に相当し，持分価格の算定上考慮するのが通常となります。

2　税務申告の状況

　こちらは，税務リスクとして譲渡価格に反映されるべきところとなります。また，譲渡条件によっては，過去に対応する分の納付については譲渡側負担などとなる場合もあります。

図表2-29　過去の財務，税務の状況別に見る持分譲渡のポイントまとめ

種類	ポイント	留意点
財務・会計	実在性，国有資産の有無。	経済補償金は通常会計上引当計上されていないが，持分譲渡の価格上は考慮するのが通常。 資産に国有資産を含む場合認可が必要となる。
税務	過去の申告，納税状況。	事前に把握できている税務リスクがある場合，持分譲渡価格で考慮。 持分譲渡前の納税の負担について，持分譲渡契約に盛り込む場合あり。

7　内部管理・不正の可能性・従業員との関係

　法人の内部管理体制が清算，持分譲渡にどのように影響するかみていきましょう。

1　清算の場合

1　内部管理体制

　内部の管理，統制がどの程度きいているかが，清算手続の前の事業縮小がスムーズにいくかに影響してきます。人員の整理，資産，負債の整理と現地法人に非常に負荷のかかる作業を行っていきますので，当然，統制もとりにくくなります。人員整理に反対運動が起きるかもしれませんし，資産を処分する過程で盗難などが発生する可能性もあります。現在の統制状況（管理者の意向がどの程度反映されるか等）や現地スタッフとのやりとりをみて，管理が十分でないと感じたのであれば，清算にあたっては重厚な支援体制を敷く必要もあるでしょう。

2　不正の可能性

　不正が行われている場合，清算すると資産，負債を実態に合わせて整理していきますので，清算の過程で不正が判明する場合もあります。特に，資産勘定に計上されていたものが，全く実態がなかったものなどが判明してくる

場合も多くあります。また，不正を行っている者にとっては清算されてしまうと，自分の旨味がなくなってしまうということで，清算を妨害してくるような場合もあり得ます。不正の兆候がある場合，事前調査を実施し，関係者を排除してから清算に着手するのも一案でしょう。

3 従業員との関係，訴訟，密告リスク

従業員との関係も重要です。従業員との関係が良くない場合，当然人員整理は難航しますし（「どうせ辞めさせられるのだから，とれるだけとってやれ！」となります），自分にメリットのないことであっても，会社のエラーを密告するなどリスクも増します。関係が悪い場合は要注意人物をマークするなど，対策を考える必要がありますし，そもそも普段から従業員との関係は極力良くするよう努力すべきでしょう。

図表2-30　内部管理・不正の可能性・従業員との関係別にみる清算のポイントまとめ

項目	ポイント
内部管理体制	良好でない場合，事業縮小が難航。支援体制の充実の検討も。
不正の可能性	資産，負債整理の過程で判明の場合も。清算妨害の可能性もあるため，異常な状況であれば事前調査も一案。
従業員との関係	悪い場合，人員整理の難航，密告等のリスクあり。極力良好な関係を保つよう努力する。

2　持分譲渡の場合

1 内部管理体制

持分譲渡の場合は管理状態が悪いからどうこうというのはありませんが，当然企業価値のマイナス要因として持分譲渡価額に影響してしまいますし，買取側の調査の過程で資料の提出状況など悪いと話自体が頓挫してしまう可能性があります。

2 不正の可能性

不正が発生している場合，外資から内資へ譲渡されると，「内資なら今後不正の旨味がない」と考えるのか，不正をやっていたと思われる従業員が退職

してしまうような場合もありました。また，過去の不正による会社の損害などは持分譲渡の契約によっては，過去の出資者が賠償することになる可能性もあるでしょう。

3 従業員との関係，訴訟，密告リスク

こちらも譲渡後に損害が発生し，その事由が譲渡前の者による場合，譲渡側が損害を負担しなければならない可能性があります。

4 持分譲渡契約での表明保証違反となるリスク

上記のような財務資料上反映されていないリスクが顕在化した場合，持分譲渡契約の表明保証違反として賠償を求められる可能性があります。

図表2-31　内部管理・不正の可能性・従業員との関係別に見る持分譲渡のポイントまとめ

項目	ポイント
内部管理体制	評価上マイナスポイント。事前交渉の段でも悪印象。
不正の可能性	過去の不正に起因する損害賠償の問題。
従業員との関係	過去の訴訟に起因する損害賠償の問題。

8　現地法人の現状別に考える最終処理方法まとめ

以上が現状分析の各項目別にみた最終処理方法別の特徴です。実際の各現地法人の状況別に見ていくと，「現状のままだと，こういった問題が起こる可能性がある」といった点がある程度イメージできるようになったのではないでしょうか。最終処理にいたるまでには，そういった状態をクリアしながら，手続を完了させていく必要がありますので，「いきなり手続を開始してもどう考えてもうまくいかない。若しくは必要以上のロスが生じる」という場合もあることも理解してもらえるものと思います。

各項目を見ていくと清算にせよ，持分譲渡にせよ，比較的手続を行いやすい法人と行いにくい法人とがあるのがわかると思います。例えば，三資企業のなかでは，合弁企業がやはり意見調整が煩雑になり，事業内容では生産型企業の難易度が高くなります。

Ⅲ 現地法人の状況別に考える撤退，再編方法

　このように現状のままでは，直ちには手続を開始しにくい法人もあります。こういった法人については，最終手続に入る前に様々な調整を行い「難しい状態」から「比較的手続をしやすい状態」に変えていく必要があります。これらの問題点を取り除くための解決手法例を各項目別に一覧にすると以下のとおりです。

図表2-32　項目別解決手法

項目	問題点	考えられる調整，対策
合弁企業等	出資者間の意見調整が難しい。	事前交渉，持分譲渡，買取り，経営期間満了による解散を狙う等。
生産型企業等	不動産，従業員，過去の優遇。	法務情報は，現状の把握による適正な状態への修正，過去の優遇は条件確認と資金手当。
不動産を所有	許認可，権利取得が不十分である場合，売却の問題。	現状の把握と適正な状態への修正，売却の事前調査，検討。
従業員の多い法人	人員整理の資金，難航の問題。	弁護士等専門チームを編成しての対応，段階的な縮小。
歴史が古い法人	本来あるべき書類がない，経緯が不明。	現状の把握と適正な状態への修正，現実的対応の模索（当局への相談等）。
税務上のリスクがある法人	過去の申告，納税エラー。	税務DD及び修正納税等の検討。
現地法人の管理状態が悪く，訴訟リスク等もある法人	清算，持分譲渡時に問題顕在化の可能性。	専門家の投入などによる現地パワーの増強，事前調査によるリスク把握と最小化。

　こういった「最終法的処理手続（清算，持分譲渡）をしにくい状態」から「比較的手続しやすい状態」になるよう行っていく各種の調整，マイナーチェンジにはどういったものがあるか以下で詳しく解説していきます。

183

1　資金調達，資金回収

　まずは資金調達です。調整手続を行うにしても（出資者間調整，資産処分等）それ自体に中国では時間がかかります。そのため，途中で資金がなくなっては動きがとれなくなるため，業績の悪化しており，運転資金が不足している法人などはまずは資金を追加投入する必要がある場合も多くあります。

■1　とり得る資金調達手段－増資，親子ローン，ＤＥＳ－

　中国の現地法人がとり得る資金調達手段は日本に比べ限定されています。主な資金調達手段は以下となります。

図表2-33　資金調達イメージ

| 現状 | 調整や手続自体にかなりの時間がかかる場合も。 | 清算，持分譲渡等のゴール |

☑ **Point**

清算，持分譲渡などがすぐに実施できない場合，各種調整を含めて1年以上の長期プロジェクトになる場合も多い。
その場合，資金が足りない場合はまず資金投入が必要になる。

①　増資

　まずは，増資です。「整理を考えている子会社に資金投入をするとは何事か！」と日本親会社経営陣には受けが悪い場合も多い資金調達手段ですが，融資が現実的に難しい，外貨借入は限度額がある等の理由で，これしか手段がない場合も数多くあります。また，清算手続を実施するために，手続前に手続を完遂するのに足るだけの資金（運転資金，経済補償金相当額）を増資する例も数多くあります。

　中国現地側の感覚では，「増資しか方法がない」というのは当然のことなのですが，日本親会社側ではその辺りの事情や規制に関する知識がないため，困惑する場合も多くなっています。現地の法制度（投注差による外債登記限度額や，清算手続自体が長期間にわたる点）をよく説明し，日本親会社経営層と不要

III 現地法人の状況別に考える撤退，再編方法

や軋轢や不信感を抱かれないようにすることも重要でしょう。気の毒なケースでは，「現地駐在員が遊んでいる！」などという誤解を日本親会社から招いてしまう場合もありました。

② 親子ローン－外債－

次に外債です。こちらは親子ローンや，親会社からの担保提供を受けて日本の金融機関から借入れをするという方法が考えられますが，前述のとおり「投注差」という外貨借入金の限度額があります。業績が悪化している法人の場合，この限度額を使いきってしまっている場合も多いですので，その場合は追加の外貨借入はできず，増資とそれに伴い増えた外貨借入金可能額で資金投入するか，ＤＥＳか債務免除により外貨借入枠を増やすほかありません。

図表2－34 投資総額と資本金イメージ図

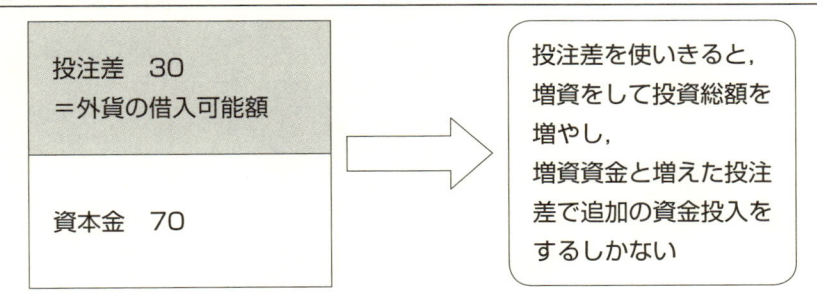

投注差 30 ＝外貨の借入可能額	→	投注差を使いきると，増資をして投資総額を増やし，増資資金と増えた投注差で追加の資金投入をするしかない
資本金 70		

③ ＤＥＳ－債務の資本化（費消した外債枠を回復）－

その他，債務の資本化（デット・エクイティ・スワップいわゆるＤＥＳ），債務免除も外債の借入枠を増やす手段としてはあり得ます。当該手続自体は資金を調達するものではありませんが，費消してしまった外債枠を回復させる効果はあります。

ただし，気を付けたいのは税務上の問題です。例えば本社からの借入れが額面金額100で，ＤＥＳを行った場合，100を資本に振り替えるケースが多いですが，これは本来，税務上特別税務処理という，日本の適格税務処理に該当するケースのみ認められる処理です（もちろん，債権の代わりに取得する資本の実質価値が100であれば，一般税務処理で行っても，資本に振り替える金額が100に

なるのですが，業績の悪い法人では理論的には100が資本の実質価値というのは本来は無理があると考えます）。

A　一般税務処理

債権の株式転換が行われる場合は，会計上正しくは，債務弁済と持分投資の二つの取引に区分し，債務弁済所得又は損失を認識します。

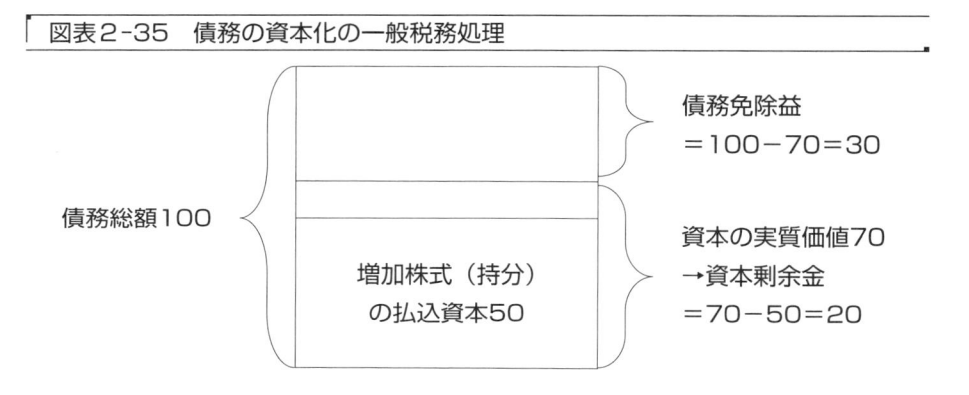

図表2-35　債務の資本化の一般税務処理

```
                          ┌ 債務免除益
                          │ ＝100－70＝30
債務総額100 ┤
            │ 増加株式（持分） ┐ 資本の実質価値70
            │ の払込資本50     │ →資本剰余金
                              └ ＝70－50＝20
```

要は額面100の債権でも，実質価値が70となった場合，債務免除益30を認識しなければならないというもので，原則はこの考え方で処理することとなっています。これを税法では，「一般税務処理」と呼んでいます。

B　特別税務処理

一方，特別税務処理という処理が税務上認められており，こちらは要件を満たしたもののみ，額面100の簿価をそのまま資本金に振り替える処理が認められています。

ただ，現状の実務は税務局も会計事務所もこの論点に慣れていないようで，特別税務処理の適用の可否を検討せず，必要な手続も行わずそのまま簿価100で資本金に振り替えてしまっている事例が多いようです。現状，税務局もあまり注意していないので問題になっていませんが，将来的に問題になる可能性がありますので，額面100での振替が正しいか検証しておくべきでしょう。

④　現地金融機関からの資金調達

そのほか，中国現地金融機関から人民元で資金調達するという方法もありますが，一般的に中国の地場銀行は大口の国有企業への融資をメインにしている場合が多く，日系企業への融資というのはそれほど多くはありません。また，日系の金融機関については，日本親会社に担保保証などをしてもらい，人民元で現地法人が借り入れるという方法もあります。日系であっても現地金融機関からの人民元借入れであれば投注差の制限は受けないという点はメリットといえるでしょう。

⑤　緊急避難措置

その他，制度としては規定されていませんが，現実的にとられている資金調達方法として以下があります。

A　貿易代金等の前受

これは日本親会社と，通常の貿易等の取引がある場合，その代金を調整することにより一時的に現地へ資金の融通を図るものです。買掛金等や前受金に関しては投注差による外債登記の対象外ですので，一時的にはこれで凌ぐことも実務的にはできてしまいます。しかし，当然ながら貿易上の取引としての入金ですので，当局への合理的な説明の準備をしておく必要があります。また，あくまで一時的で「苦肉の策」的緊急避難措置であるため，どのように解消していくかの時期と方法が確保できていない場合は，用いるべきではない方法にはなります。

B　人民元現金による貸付け

これは中小企業などでよく見られる方法ですが，外債借入可能枠を使いきってしまっている場合や，外債の借入れが間に合わない場合などは，ハンドキャリーで日本円を持ち込んで個人で両替して人民元で現地法人に貸し付けるという手段もあり，実行されている企業も多いです。ただ，当然外貨管理上は違法であり，現地法人の財務資料上も日本親会社からの借入れとは記帳できません。ゆえに総経理からの個人借入金などと記帳するケースが多くなっています。外貨管理上も好ましくない方法であり，また，記帳も実態と異なる記帳をせざるを得ないことから，こちらもあくまで緊

急避難措置であり，必ず早期に返済してしまうべきでしょう。実際，我々の経験上も財務ＤＤなどで調査すると，負債のなかの「その他未払金」が個人の借入金が計上されており，実態は日本親会社からの借入れであっても，名義が個人になっているため，債権者が誰かでトラブルになるケースがあります。

図表２-36　資金調達手段のポイントまとめ

項目	内容	ポイント
ＤＥＳ	親会社の債務を資本に振り替える。	純粋な資金調達手段ではなく，投注差の費消枠が回復する効果がある。特殊税務処理（簿価振替）が可能かの検証は要。
外債（親子ローン等）	親会社等からの資金借入。	投注差の範囲内で可能。
現地人民元融資	現地銀行からの借入れ。	投注差の制限を受けないが，一般的ではない。
貿易代金前受	貿易代金を前受で受ける。	投注差の制限を受けないが，あくまで貿易代金の前受。緊急避難措置。
ハンドキャリー現金	個人から人民元を借り入れる。	中国側では個人からの人民元現金借入という認識。高額は現実的ではなく，外貨管理上の問題もあり。

２　現地法人からの資金移動

次は逆のパターン，「現地法人から日本親会社に資金を移動する」パターンを考えてみましょう。

① 減資

減資は事例としては外資企業には少なくなっています。これは，減資が，会社法上，原則禁止で「一定」の場合のみ認められるとなっており，判断は当局に裁量があるためです。実際のところは当局としても，減資は投資が一部引き上げることになるため，歓迎すべき事態ではないため，非常に認可が下りにくくなっています。ただ，日系企業で認められている事例も，少ない

ですが事例はありますので当地で可能かどうか専門家を交えて検討してみるのは一つかと思います。

② 子親ローン

これは最近解禁された中国現地法人から日本親会社に貸し付けるという,従来の親子ローンと逆パターンのものです。減資は困難ですが,こちらは手続を踏めば可能ですので,中国現地法人に資金を投入しすぎた場合等は検討に値するでしょう。ただし,当然ながら最終的に返済をする必要がありますので,出口戦略が必要となります。

③ 配当

配当であれば問題なく送金が可能です。配当は課税済み利益の分配ですので,最も確実な資金の回収方法ということができます。ただし,当然ながら利益がなければ配当できません。まれに,中国からは利益配当すらも難しいとの誤解が見受けられますが,25％の企業所得税を支払い,さらにそこから源泉企業所得税を10％納付しますので,資料が揃い,正当な手続がなされていれば基本的には問題なく送金できます。

④ ロイヤリティ等

また,現地法人からの資金回収の手段としては,通常の商品代金の貿易取引や,配当のほかに,サービス取引による対価回収があります。しかし,通関書類がある貿易代金の支払や,課税済み利益の分配である配当に比べ,税務上も外貨管理上の難易度は高くなっています。サービス取引は大きく役務提供と使用料に分かれます。ゆえに,サービス取引による回収の動機としては,経済的な効果というよりも,日本の法人税法上の『本来親会社が収受すべき対価の回収』といった点が大きいようです。また,苦労して送金しても回収できる対価には限度があるという面もありますので,グループ全体として労力に見合うベネフィットがあるかは考えてもよいところかとは思います。

⑤ 中国現地法人の日本子会社の設立

これは特殊な形式ですが,子親ローンが難しかった時代に苦肉の策で中国現地法人の子会社を日本に作る（日本親会社からみると孫会社です）という方法も検討されました。もちろん資金の回収というより,有効活用という側面が

強く，実業として必要性があるかという点がまず前提になります。グループの管理，資本関係としては複雑になりますので，日本親会社からの出資よりメリットが本当にあるのか，グループとしての検証が必要でしょう。

⑥ 日本親会社との取引価格，駐在員給与負担の調整等

　A　親会社との取引価格の調整

　　これは正確にいうと資金回収手段ではないのですが，実質的には資金回収と同様の効果があるというもので，日本親会社との取引がある場合は，その価格を調整してしまうという手段です（手間という点では実は一番簡単にできてしまいます）。ただし，当然ながら税務上適正価格であるのかという論点があります。関連会社取引ですので特に注目されるところですので，価格の妥当性，合理性の確保には細心の注意を払う必要があります。

　B　駐在員給与負担の調整

　　これは筆者が日本への送金に関する相談をいただいた場合に必ず確認する論点ですが，「中国現地法人の資金をなんとかして日本に移したい」という悩みをもちつつ，日本人駐在員の給与を日本親会社が負担しているような場合があります。これは，税務的には本来は中国現地法人が負担すべき給与を，日本親会社が負担しているため，日本側で法人税法上の子会社寄附金のリスクがある状態であり，かつ，資金的にも日本親会社のキャッシュが減る状態です。

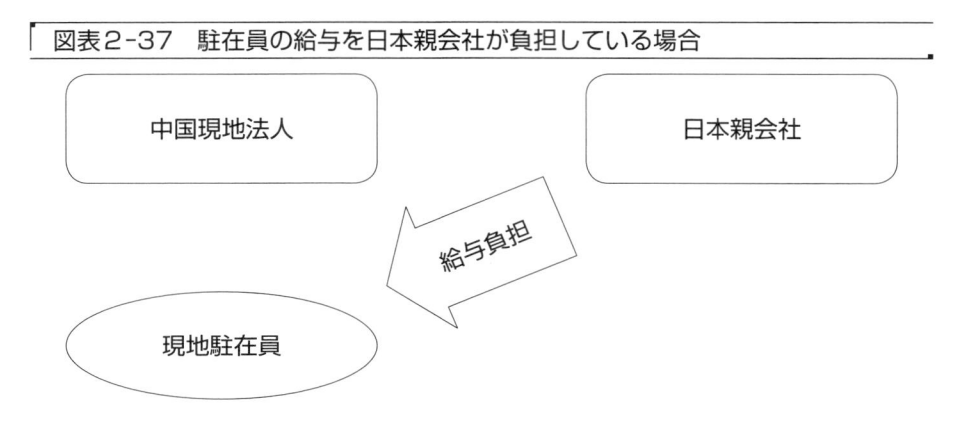

図表2-37　駐在員の給与を日本親会社が負担している場合

```
┌──────────────┐              ┌──────────────┐
│  中国現地法人  │              │   日本親会社   │
└──────────────┘              └──────────────┘
                         ⬐ 給与負担
    ⬚
  ╱         ╲
 │ 現地駐在員 │
  ╲         ╱
    ⬚
```

190

こういった場合は，駐在員の給与を日本の法人税法も求める原則どおり，中国現地法人側負担に変更することをお勧めしています。こうすると，従来に比べると資金が実質的に中国現地法人から日本親会社に移転することになり，かつ，日本親会社での法人税法上の寄附金リスクも減ることとなります。なお，社会保険が加入できなくなると悩まれる方がいますが，こちらも工夫により加入を続ける方法もあります。ゆえに，日本親会社が給与負担をしている場合は，ロイヤリティなどより先に検討すべき方法であると考えます。

▶　中国現地法人のために働いている現地駐在員の給与は，中国現地法人が負担すべきというのが，日本の法人税の考え方。

▶　日本親会社が負担している場合，子会社寄附金とされるリスクがある（較差補填金の救済はあり）。また，資金的にも日本親会社のキャッシュが減る状態にある。

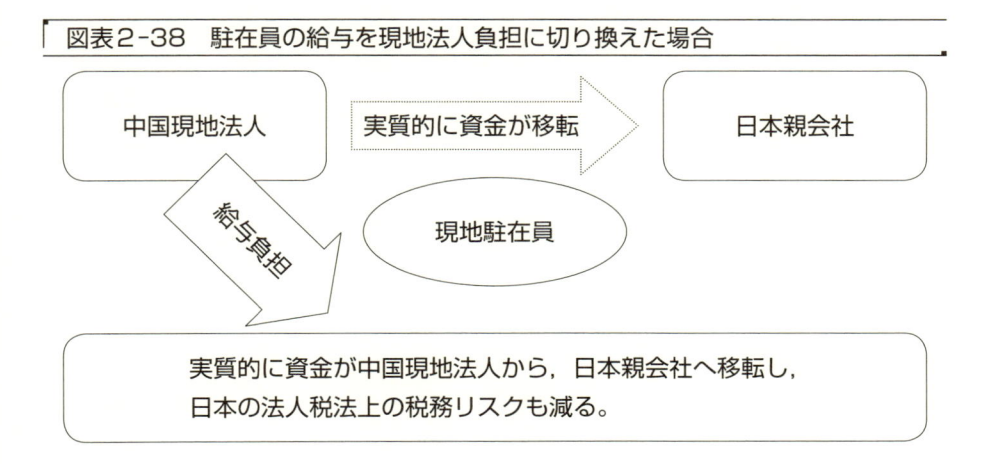

図表2-38　駐在員の給与を現地法人負担に切り換えた場合

中国現地法人 →（実質的に資金が移転）→ 日本親会社

中国現地法人 →（給与負担）→ 現地駐在員

実質的に資金が中国現地法人から，日本親会社へ移転し，日本の法人税法上の税務リスクも減る。

図表2-39　現地法人からの資金移動ポイントまとめ

方法	内容	ポイント
減資	資本金の払戻し。	実務的な難易度は高い（認可が得にくい）。
子親ローン	日本親会社への貸付け。	返済原資，スケジュール。
配当	日本親会社への配当。	利益が出ていれば問題なく可能。
ロイヤリティ	日本親会社へのロイヤリティ等の支払。	中国側で源泉徴収納税要，否認の可能性あり。
日本子会社の設立	日本子会社の設立。	実業上の必要性。
取引価格・給与負担の調整	取引価格を調整，給与負担を変更することにより実質的回収を図る。	取引価格の調整は税務リスクあり，給与負担の変更は八方良しの可能性。

2　出資者間調整，持分整理

1　出資者間の意見統一

　合弁企業等では全会一致の董事会決議が必要となりますので，意見調整が必要となります。どういう条件での清算，持分譲渡なら同意を得られるか？意見調整を図っていくべきでしょう。ただ，そもそも意見の一致を見ていない状態で，調整を行ってもなかなか日方の思いどおりにはならず，交渉が決裂，デッドロック状態となることも多いといえます。この場合は，以下の持分の整理に手段が移ることとなります。

2　出資持分整理

　現状の出資者，董事の体制では日方の望む最終結論への意見統一が難しい場合，「持分を買い取る」あるいは，「買い取ってくれ」という交渉をし，現地法人を日方支配にする，あるいは日方が出資者から抜けることにより撤退を図るという形になります。

① 持分譲渡

　まずは，持分を譲渡してしまうパターンです。優先購入権も中方出資者にありますし，まずは，中方出資者が買い手候補になります。中方出資者が買

取りを行わない場合に，他の者への買取りを探ることになります。

　最も気になるのは価格の問題でしょう。これも譲りたくない価格があるのであれば，資産評価報告書を準備したりであるとか，価格の妥当性を示す根拠の準備などが必要です。ただ，「撤退できればなんでもよい」という状態である場合もあると思われます。また，対価の支払については，持分譲渡手続が完了してから，外貨管理局で支払が認められますので，対価を確実に取得できるよう契約書など工夫していく必要があります。

　手続的には，中方が買い取る場合，現在の合弁企業から内資企業に変わることになります。この辺りの手続は中方出資者が買い取ってくれる場合は中方出資者がやってくれる場合が多いものと思われますが，その辺りも念を押しておくとよいでしょう。

② 持分買い取り

　今度は逆に持分を買い取るパターンです。他の出資者が次のステップに同意してくれず，デッドロック状態になる場合，「それなら持分をうちで買い取ります」という状態が想定されます。

3　価格の問題　当初の出資価額で要求等も

　後は逆に買い取る立場です。業績が悪く欠損状態の法人でも，「当初の出資額で買い取ってくれ」という要求をしてきたりしますので，これもポリシーや根拠準備が必要です。ただ，相手あってのものですので，「それなら売りません」と粘られてしまうと取引自体が成立せず，やはりデッドロックになってしまうのが厳しいところです。

　手続的には中方の持分を買い取る場合は，合弁企業か外資企業に変更することになります。また，譲渡益に関する税金は，譲渡側である中方が負担することになりますので，その辺りも当たり前ですが，念を押しておき，契約書にも盛り込んでおく方が良いでしょう。

第2章　各方法の特徴と経営判断のポイント

図表2-40　出資者間調整，持分整理まとめ

方法	内容	ポイント
意見統一	出資者間で意見統一が図れるよう，調整，交渉を行う。	持分を異動する必要はないが，そもそも同意してもらえなければ手の打ちようがない。
持分譲渡	日本親会社が有する出資持分を，相手方出資者へ譲渡する。	譲渡価格の問題，譲渡すればそのまま撤退できることになるため手続は簡便。
持分買取	清算に同意しない相手方の持分を買い取る。	譲渡価格の問題，買取後，自社で清算の必要あり。

3　事業縮小－経営のダウンサイジング・資産処分・従業員削減・駐在員事務所化－

　事業を直ちに終了するのではないが，不要事業の縮小など経営のダウンサイジングを行い，損失を最小化するというのも調整手段の一つです。経営のダウンサイジングには，以下のようなものが考えられます。

1　移転

　今，法人がある場所にいる必要性がさしてない，清算規模縮小により当初の契約程の面積を必要としない，もっと家賃の安い場所に引っ越したいなどの理由で，移転も調整手続の一つとして考えられます。

　住所移転は単なる住所の移転，平たく言えば引っ越しであり，法人の実質には住所以外変更はありませんが，実はこれが大変な場合があります。なぜなら税務局の管轄区をまたいで別の区へ移転する場合，従前の区からすれば税収減になるということで，税務登記の移転が難航するというわけです。これは区の移転，市の移転，省の移転とカテゴリーが大きくなるにつれ難易度が増します。旧区の税務登記抹消の際は，会社清算と同程度の税務調査がある場合もあり，地域によっては「区をまたぐ住所移転は清算より難しい」などと言うコンサルタントもいるほどです。また，移転できても旧区と新区の引き継ぎのタイミングがスムーズに合わず，税務上の発票発行や通関に空白期間が生じ，企業の実業に影響してしまう場合もあります。ゆえに，移転の

場合は十分な事前調査と丁寧な手続が必要ですし，できれば同じ管轄区内の移転の方が格段に楽です。

2 従業員整理

清算による従業員整理ではなく，事業縮小による従業員整理も当然手段としてあり得ます。この場合，清算と異なるの点は，清算は「清算による労働契約終了」というのは，法律的にも認められていますが，単なる事業縮小だと法的な終了根拠はないため，「合意解除」を行わなければならないという点です。わかりやすくいうと，日本の企業でやる「早期退職募集」のようなものですが，中国ではこういった概念は一般的ではありませんので，弁護士等を交えて計画を考えていく必要がります。

3 資産整理

事業に不要な資産を整理していくのも一案です。中国の場合，土地使用権などの含み益が膨大になっている可能性もありますので，事業は不調でも不動産の含み益があるという場合もあります。また，棚卸資産などは前述のとおり，在庫の過大計上などが生じている場合も多いですので，在庫処分というより，実態と帳簿を合わせる会計上の損失処理が必要な場合もあります。

4 一部拠点の清算

多拠点展開をしている場合には，分公司等の一部拠点を清算したりして，整理していくのも調整の一つです。ただし，地方ごとに税収が区分されている中国では支店である分公司の清算でもその地域では最後の徴税の機会であるとして厳しい税務調査が実施される傾向があります。

5 駐在員事務所化？

現地法人に収入がなく，実質駐在員事務所化している場合などは，アイデアとしてはあり得ます。ただし，実際に実行した事例は少ないようです。駐在員事務所化すれば，経費が日本親会社で損金算入できるようになるというメリットはあります。ただ，そこまでして中国に拠点が必要かどうかの検討は必要でしょう。なお，法的には現地法人を清算して新たに駐在員事務所を設立するという手続になります。現地法人が駐在員事務所に変身するということはできません。

図表2-41　事業縮小ポイントまとめ

方法	内容	ポイント
移転	住所を移転する。	管轄区をまたぐ移転は煩雑。
従業員整理	リストラを行う。	経済補償金等必要，難航する場合も多い。
資産整理	不要資産の売却。	売却時の処理。
一部拠点清算	支店等一部拠点を廃止，統合する。	分公司の清算も税務調査等は厳しい。
駐在員事務所化	現地法人を清算し，新たに駐在員事務所を設立する。	駐在員事務所は営業行為を行えないため，実施事例は多くない。

4　事業転換－経営範囲変更，合併等－

1　経営範囲変更

　経営範囲の拡大や変更なども以前よりはかなり柔軟になっています。事業モデルの転換を図る場合，経営範囲変更を行うのも一つです。中国の場合経営範囲と税務上の発票がリンクしていますので，新しいビジネスが現在の事業と異なる発票で管理されている場合には，経営範囲変更を行う必要があります。

2　再編（合併，分割）

　合併，分割などの再編も制度としてはあります。ただ，日本の適格税務処理に相当する特別税務処理の適用難易度が中国では高く，また，拠点が工商局，税務局などの管轄地域をまたぐ場合には，調整に非常に手間がかかりますので，理論的にはあり得ても，実務的に可能かどうかは現地の事前確認が必須となります。

5　実質休眠

　最後は，「問題があるのはわかるが，今は再編に着手する余力もない。とりあえず現行のままで」というパターンです。中国には休眠手続はありませんが，個別の事情から清算できず，コストを最小化して実質的に休眠状態にするとい

う形をとる日系企業も少なからずあります。問題の先送りともいえますが，方針が固まるまでは一つの方法ではあるでしょう。

9　駐在員事務所の経営判断のポイント

　最後は駐在員事務所の経営判断のポイントです。駐在員事務所は営業活動が行えない拠点ということで，現地法人の設立が難しかった時代には多数の駐在員事務所がありましたが，現在では少なくなりました。役割を終えた駐在員事務所もあると思いますので，必要かどうか見極めていきましょう。

1　実質的意味はあるか？　現地法人化？

　まず，ビジネス上の意味はあるのかという点です。営業活動が行えない拠点を中国にもつ意味は何か？　文字どおり駐在員を駐在させるためか？　情報収集活動のためか？　検証してみましょう。また，現地法人を設立し，清算するという選択肢もありますが，現地法人で駐在員事務所のように経費だけ計上すると税務上問題になる可能性が高くなります。逆に駐在員事務所ですと，経費を日本親会社の損金にできますので，安易に現地法人化は考えず，現地法人にして収入が立ち行くかよく検討するようにしましょう。

2　過去リスク－経費課税の有無と駐在員－

　駐在員事務所の清算は，現地法人に比べるとはるかに容易ですが，税務調査自体は通常実施されます。過去の経費課税の適用の経緯や首席代表，一般代表に登録された日本人の個人所得税の納税状況について検証し，税務リスクを把握しましょう。首席代表，一般代表については，理論的には，ＰＥ関連者として駐在していかなくても出張時の滞在日数分については納税義務がありますので注意が必要です。

3　間接雇用であるが実質的には直接雇用とほぼ同じ

　また，従業員について，駐在員事務所は直接雇用をできず，ＦＥＳＣＯなど

の公認の人材紹介会社から派遣された社員を間接的に雇用しなければならないこととなっています。しかし，派遣社員といっても経済補償金を派遣会社が支払ってくれるわけでは通常ありません。派遣先が支払う契約に通常はなっていますので，通常どおり労働契約終了の場合は経済補償金が発生することに留意しましょう。

Ⅳ 日本親会社の視点からの検討

最後は日本親会社の視点から検討してみた場合です。中国現地法人は子会社ですので、連結決算書への反映と単体財務資料では子会社株式として資産に計上されています。

1 日本親会社の決算書への影響

当該現地法人の清算や持分譲渡などを検討する際、方法別に以下のようなポイントがあります。

1 清算の場合－いつ損失計上できるかわからない－

清算の場合は、清算が完了すれば当然子会社出資金について損失計上することができるわけですが、親会社の財務、税務を考える上で、大きな問題になるのは中国の清算手続上、「いつ手続が完了するかがわからず、損失計上できるタイミングが読めない」という点です。ここが日本親会社のタックスプランニング上、難しい点です。実質的には価値がない等として清算手続完了前に損失計上していくか等も検討ポイントになるでしょう。

2 持分譲渡の場合

持分譲渡の場合は、上記と異なり、手続完了のタイミングが読みやすいですので、コントロールしやすいという面があります。

3 債権放棄

また、清算にせよ持分譲渡にせよ、中国現地法人に対する債権放棄（中国現地法人からみた場合、債務免除）を行う必要がある場合があります。この場合は日本親会社で法人税法上、子会社寄附金とみなされないよう、債権放棄の合理性を

説明できるようにしておくことが必要でしょう。

第3章

撤退，再編手法の理論と実務 アクションプラン

I 撤退，再編手法の理論と実務 アクションプラン概要

　これまで，第1章では現地法人の的確な現状把握の手法とポイントを，第2章では，現状に即した最適な再編方法の検討とそれに伴う調整手法・経営判断のポイントを見てきました。第3章ではいよいよ，実際の清算や持分譲渡の手続実務を解説していきます。本書では，実際の当局への手続実務のほか，事前の検討段階，縮小段階のアクションプランなどもあわせて実務手続の一部として解説していきます。

1　清算－人員整理，不動産の処分，税務調査を乗り越える－

1　清算の概要

　現地法人の現状を分析し，最適な再編方法を探った結果，ビジネス上も清算がベストだとの判断に至れば，いよいよ清算の実務について検討していくこととなります。ただし，こちらもいきなりコンサルティング事務所に「それでは清算の手続をお願いします」といって持ち込むのは得策ではありません。一般的には経営を徐々に縮小し，人や資産も整理して，最終段階で当局への手続に入ります。それは手続だけではなく，会社内部での各種整理や取引先企業，当局への交渉，通知なども必要になります。これは，実行自体は会社で行っていくものですが，法律上の知識や，ノウハウなども必要となるため，できればそういった部分から専門家にも関与させて，極力効率的な方法で清算手続にもっていくべきでしょう。清算の難易度に応じ清算プロジェクトチームを編成し，そのチームで事前の縮小段階から計画を練っていくのが理想的です。

図表3-1 フェーズ別検討イメージ図

検討フェーズ　全体計画の検討　→　縮小フェーズ　実業の停止，資産，負債整理　→　手続フェーズ　清算手続の実施

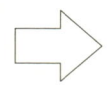

2　清算プロジェクトチームの編成

　清算プロジェクトチームに関しては，日本親会社，日本人駐在員，現地法人幹部のほか（この段階になると現地中国人スタッフにもある程度の情報を共有する必要がありますが，そこも戦略的にやるべきでしょう），企業の規模や，予算，難易度に応じて弁護士，会計士などを参画させてチームを作るのが理想的です。もちろん，小規模なサービス企業や貿易企業で大きな問題がないという場合は，現地法人幹部と代行会社で十分対応可能という場合もありますが，従業員が多数いる，許認可や不動産が煩雑，税務処理の難易度が高い等ある程度の規模の法人の場合は，法律事務所，会計事務所両方をチームに参画させる場合が多くなっています。また，結果的にはその方が，ロスが少なくて済む場合が大半です。

図表3-2　プロジェクトチーム例

項目	内容	人員例
会社系	全体の統括，管理，ビジネス系	日本親会社管理部，現地日本人総経理等
税務会計系	税務会計系立案，実行	現地会計事務所等
法務系	法務系，人員整理系立案，フォロー	現地法律事務所等

会社系	税務会計系	法律系
日本親会社	会計事務所	法律事務所
現地法人幹部	税務，財務を検討	法務，労務を検討

各専門家の検証を経て，穴のない実施案を策定する。
縮小段階，手続段階の役割分担も明確にする。
縮小段階では実業の調整も重要であるため会社側の参画も必須。

　各専門家がそれぞれの専門分野について検証して全体で計画を立案し，スケジュールを立てていきます。特に，手続に入る前の事業縮小（従業員，資産負債整理など）の段階は実業に影響しますので，タイミング等をしっかり考えていく必要があります。なお，チーム全体のプロジェクトマネージャーは決めておいた方がよいでしょう。

3　フェーズごとの検討

　実際の清算も手続自体が1年位程度要しますが，その他にも事前検討，業務縮小フェーズがありますので，フェーズごとに検討し，状況をみながら柔軟に計画を調整していくのが望ましいでしょう。フェーズごとの検討例は以下のとおりです。

図表3-3　フェーズごとの内容と実行者

フェーズ	内容	実行者
①事前検討フェーズ	清算手続のチーム編成，全体的なスケジュールを検討，立案する。	会社が専門家チームを選定し，全体で検討していく。
②業務縮小フェーズ	清算に向けて，スケジュールを踏まえつつ，実業の縮小や出資者の調整，各種資産の整理や従業員整理などを行っていく。	スケジュールに応じて主に当事者である会社が行っていく。専門家は各種フォローを行う。
③手続フェーズ	商務部に申請をし，清算手続を実行していく。	専門家が主体となって行う。現地会社側は最小限のスタッフとする場合が多い。

　清算手続は全て専門家がやれるかというと，③の手続については専門家で代行は可能です。ただし，③のフェーズまで進めば会社側は最小限のスタッフを残して引き上げるのような対応も可能ですが，当然ながら会社の意思決定などや当事者である会社でしかできない事項などは全フェーズ通して会社が関与していく必要があります。また，②の縮小フェーズでは特に会計事務所や法律事務所はフォロー役であり，主として会社が主体となって業務縮小を実行していく必要があります。特に現地側の駐在員にとっては従業員を減らしたり，取引先に供給停止の交渉をしたり，現地当局と交渉したりとかなり精神的にも負担になる作業ですので，日本親会社でもその辺りを慮った対応と支援を行うのが望ましいのではないでしょうか。

☑ Point

縮小フェーズは会社が主体となって取り組まなければならない事項が多いが，(人員整理，資産処分，取引先との交渉等) 負担も大きい。
必要に応じて専門家のバックアップを受ける。

2　清算を検討する場合の中国労務関係の留意点

　ここで清算を検討する場合の中国の労務関係の留意点について解説します。前述のとおり，人員整理は清算の三大ハードルの一つであり，税金や，手続的な話が中心の税務調査，不動産と比較すると人との交渉という面では，最大のハードルということができます。なにせ，会社を退職させられることとなる従業員にとっては，職がなくなるわけですので，場合によっては労働争議や，現地幹部が危険な目に合う恐れすらあります。そういった極めて重要な清算時の労務関係の留意点の理解には，中国の労働法の理解が必須です。中国の労働法は日本の労働法と異なる部分も多く，詳細を解説すると一冊の本になるレベルですので，本書では，主に清算等を考える上で押さえておきたい制度の概要について解説していきます。

1　中国の労務制度概要
■1　雇用形態（直接雇用と間接雇用）

　まず，中国には従業員の雇用形態として直接雇用と間接雇用があります。間接雇用は中国政府の認可を得ている派遣会社から労務契約として法人に派遣契約で従業員を派遣してもらう形態です。駐在員事務所は間接雇用しかできないことになっています。

　ただし，間接雇用といえども，経済補償金などの責務は派遣先企業が負担するような契約になっているので，「間接雇用だから義務を免れる」というわけではありません。ただ，派遣会社との契約内容は念のため確認しておいた方がよいでしょう。

Ⅰ 撤退，再編手法の理論と実務　アクションプラン概要

図表3-4　間接雇用イメージ図

現地法人，駐在員事務所 ← 労働者を派遣 ― 派遣元企業 → 労働契約 → 労働者

☑ Point

雇用契約を結んでいるのは，派遣元企業と労働者だが，経済補償金などの法的義務は，派遣先企業である現地法人，駐在員事務所が負う契約に通常なっている。
ゆえに，間接雇用だからといって経済補償金の支払を免れるわけではない。

2　経済補償金

　中国では，従業員が退職する際，一定の要件に該当すると会社が経済補償金という退職金のようなものを支払うことと法律で定められています。これは法律で支払が義務付けられているものであり，日本の退職金のように任意ではありません。支払わなければならない経済補償金の額は，大まかにいうと「勤続年数×給与1月分」ですが（細かい例外等いろいろありますが，大まかな目安としては「年数×1カ月」です），労働契約終了に至った事由によって，その支払の要否が異なります。まず，大きく，労働契約が終了か解除かに分けられ，さらにそれが会社側からの提案か従業員側からかにより要否が異なってきます。

図表3-5　経済補償金の支払要否例

区分	内容	経済補償金
契約期間終了	従業員による更新不同意	不要
	会社による更新不同意	要
契約解除	従業員提案による合意解除	不要
	会社提案による合意解除	要
	リストラ	要

※他のパターンもありますが，一般的に多い代表的なパターンを解説しています。

上記をみて、「契約解除の事由が全て合意だが、合意できない場合はどうなるのか？」という疑問をもたれるかもしれません。合意できない場合は労働契約が解除できないという状態であり、その状態で会社側が契約を打ち切ると違法解雇ということになります。違法解雇の場合、経済補償金の基準額の２倍を支払うことなどが定められています（労働契約法87条）。

ゆえに、清算の際の人員整理で最も大きな問題になってくるのは、経済補償金です。人数が多ければ多いほど、また、勤続年数の長い従業員が多ければ多いほど経済補償金の額は大きくなります。

また、これは清算するから支払うというものではなく、通常経営をしていても常にこの支払義務というのは潜在的に抱えていますので、日本の会計的には退職給与引当金等を計上し、負債として認識してもよい性質のものですが、中国の会計慣行上通常は経済補償金は引当計上を行いません。ゆえに、清算を検討し始めた段階で、急にこの支払義務が生じたような感覚になり、「中国の清算は大変だ」、「お金がかかる」といった印象を与えている面もあります。しかし、もともと通常経営をしていても、支払義務があった性質のものなのです。

「では、上記の基準どおりの経済補償金を払えばよいのでしょう？」とお考えになるかもしれませんが、清算の場合の問題はそうシンプルではありません。上記の「１年＝１月」の計算は、「合意解除」の場合の計算です。従業員が同意してくれなければ、違法解雇になってしまいますので、合意解除してもらうために交渉が必要となります。その際に「法定の経済補償金にプラスアルファするから、合意してもらえませんか？」といった交渉が行われ、法定プラスアルファを支払わざるを得ないケースも見られます。この辺りは地域や交渉するコンサルタントによっても異なりますが、法定の経済補償金はミニマムの支払額だという点は理解しておく必要があります。

3　有給休暇

次は有給休暇です。日本的感覚だと、「退職の際は有給休暇が残っている場合もありますよね。休んでもらえばいいのではないでしょうか？」と考えてしまいますが、中国では未消化の有給休暇は給与の300％で買取義務がある

こととなっています。ただ，会社が有給を手配した場合には，従業員は取得する義務がありますので，買い取らなくてよいよう退職までに消化してもらうよう手配する方が良いでしょう。なお，ここで法定義務以上に有給休暇を与えている企業（法定の有給休暇とは別の休暇として与えている場合は異なります）は，プラスアルファの部分まで法定の有給休暇として買取義務が生じ，苦労することになります。

4 残業手当

また，残業手当についても法律で定められており，運用上の支給が法律と異なっていた場合，契約解除時に従業員と揉めた場合には，過去に不払の残業分があるとして，遡っての支給を従業員から求められる場合もあります。特に，人員整理の段階で揉めた場合は，こういった過去の残業代の支払を従業員が求めてくる場合が少なくありません。支払当時は何も言わなくても，本人はしっかり法律違反だということを認識していて，何かあった場合には要求しようと備えているわけです。

5 社会保険，住宅積立金

社会保険，住宅積立金も労務問題が発生した場合に揉めるポイントです。中国の社会保険，住宅積立金は料率が高く，個人負担分も多いことから内資企業などでは従業員も同意の上で，わざと低い料率や基数での徴収を行っている場合があります（当然法律違反です）。これを，揉めた際に，「会社が法律どおり社会保険を払ってくれなかった」として訴えてくるわけです。この場合，遡っての社会保険支払などは現実的に難しいので，会社側が賠償金を従業員に払うことにより解決することになってしまいます。社会保険の実際支払状況なども確認しておきましょう。

以上が，清算を考える場合の労働制度の概要になります。

それでは以下で詳細を見ていきましょう。

2 労働契約法ポイント解説

中国では労働法のほか，2008年に労働契約法が定められており，非常に重要な法律となっています。趣旨としては，労働者保護の観点から労働契約がない

状況で労働をさせられることを防止するものとなっています。内容は労働契約の締結義務や，休暇，経済補償金の支払要件などが規定されています。人員の整理を行う場合には，当該法規をよく理解した上で，法律を順守しながら実施していくことが非常に重要です。ここでは労働契約法のポイントを解説します。

1　労働契約法の構成と位置付け

　中国での労働法令のなかの位置付けでは，基本法として労働法があり，それを補充する実体法として労働契約法があるということになっています。労務関係の事項において実態法である労働契約法に記載がない場合は，基本法である労働法に基づき判断することとなります。

2　清算の際の押えておきたい労働契約法

　労働契約法のうち，清算の際に重要になってくる箇所は以下のです。
　① 　書面による労働契約書締結の義務
　② 　労働契約書の記載事項
　③ 　試用期間の取扱い
　④ 　経済補償金の支払要件と金額
　⑤ 　残業手当の義務と金額

①　労働契約の書面化－労働契約書締結の義務－

　労働契約法の重要ポイントの一つは，書面による労働契約書の締結を義務としていることです。これは，従業員を雇用して給与を支給しており，特に他に労働法の違反がなかったとしても書面による労働契約の締結がなかった場合には，２倍の給与の支払義務があるという大変厳しい法律となっています。ゆえに，人員整理の前には必ず労働契約が締結されているか確認しておく必要があります。

　雇用して口頭では労働契約が確立していても，書面による労働契約書を締結していない場合は，雇用の日から１カ月以内に書面による労働契約を締結する必要があるとされています（労働契約法10条）。もし，１カ月を超えて締結しない場合は，毎月２倍の給与支払義務が発生します（労働契約法82条）。

　さらに，１年を超えて締結しない場合は，無固定期限労働契約とみなされます（労働契約法14条）。ゆえに，万一現在雇用している従業員の労働契約書

Ⅰ　撤退，再編手法の理論と実務　アクションプラン概要

がない場合，無期限労働契約を要求され，さらに，これまでの給与について2倍の支払を要求されるという，大きなトラブルになる可能性がありますので，必ず書面の労働契約書を締結して大切に保管しておく必要があります。人員整理を検討する場合は労働契約書の締結状況とともに，契約書が保管されているかも確認しましょう。

　なお，労働者が故意に書面契約締結を引き延ばす悪質な行為については，入社日から1カ月以内であれば，使用者から労働契約を終止できることとなっています。この場合，使用者は書面で労働者に労働関係の終止通知を出す必要があり，経済補償金は不要です（労働契約法実施条例5条）。

　しかし，入社日から1カ月を超え，1年未満において，使用者が労働者と書面による労働契約を締結していない場合は，労働契約法82条（書面労働契約締結の義務違反）の規定に従い，労働者に2倍の賃金を毎月支払い，かつ労働者と入社日に遡った書面による労働契約を締結しなければなりません（労働契約法実施条例6条）。その場合，労働者が，使用者と書面による労働契約を締結しない場合には，使用者は労働者に書面で労働関係の終止を通知することができます。しかしこの場合，経済補償金の支払は必要になります。

図表3-6　イメージ図

| 1カ月以内に書面による労働契約 | 1カ月を超えた場合給与の2倍の賃金を支払う義務の発生 | 1年超えて書面で締結していない場合，既に期間の定めがない労働契約を締結したとみなす→無固定期限労働契約 |

▲雇用開始日　　▲1カ月　　▲1年

故意に労働者が書面の締結をしない場合は，書面で労働関係の終止を通知（1カ月以内のみ経済補償金不要）

☑ Point
書面による労働契約書を締結していない場合，2倍の給与の支払義務がある！

② 労働契約書の記載事項
労働契約書には，以下の内容を記載するように定められています。
① 使用者の名称，住所及び法定代表者又は主たる責任者
② 労働契約者の氏名，住所及び住所身分証明書その他有効な身分証書の番号
③ 労働契約期間
④ 業務内容及ぶ勤務地
⑤ 勤務時間並びに休憩，休日及ぶ休暇
⑥ 労働報酬
⑦ 社会保険
⑧ 労働保護，労働条件及び職業性の危害の防護
⑨ 法律，行政法規に規定する労働契約に記載すべきその他の事項（労働契約法17条）

なお，上記が法定の記載事項ですが，上記以外の手当等についても具体的に記載しすぎている場合，それが全て会社側の義務となり，人員整理上難しい問題を生む可能性もありますので注意が必要です。

③ 試用期間
次は試用期間です。中国では有期労働契約の2回目の更新から無固定労働契約を労働者は求めることができ，かつ解雇も非常に煩雑であることから，契約解除のリスクの少ない試用期間は有効に活用するべきでしょう。人員整理を考える際も，経済補償金や法的リスクの面を考えると，試用期間中の社員は退職候補としては優先順位の高い社員となります。

A 試用期間と契約期間
労働契約において，試用期間も約定する（労働契約に記載する）ことができ，その期間の条件は契約期間によって定められています（労働契約法19条）。

要は，労働契約の期間が長ければ試用期間も長めに設定することが可能となっています。労働契約期間と試用期間の関係は，以下のとおりです。

図表3-7　試用期間と契約期間

労働契約期間	試用期間
契約期間3カ月以上1年未満	1カ月
契約期間1年以上3年未満	2カ月
契約期間が3年以上	6カ月

　ただし，試用期間については，同一労働者に対する試用期間は一回のみとされており（当たり前ですが），「プロジェクト単位の雇用」又は「期間が3カ月未満の場合」（プロジェクト単位の契約と期間が3カ月未満の固定契約）は，試用期間は設定できないこととされています。要は期限を区切って同一の者に2回以上試用期間を設定することはできないということです。

　また，試用期間も，労働契約期間に含まれますので，社会保険も試用期間から加入する必要があります。経済補償金にも影響がありますので注意が必要です。

　そのほか，試用期間の賃金は，労働契約に約定する賃金の80％，かつ最低賃金を下回ることはできないこととされています（労働契約法20条）。

B　試用期間中の労働契約解除

　試用期間においての労働契約解除は，労働契約法39条（使用者による予告を要しない解除），40条1項，2項（使用者による予告を要する解除）に規定する事由がある場合を除いて解除できません。

　労働契約を解除する場合，労働者に対して解除理由の説明が必要です。

　労働者は，試用期間内において，3日前までに使用者に通知した場合，労働契約を解除することができます（労働契約法37条）。

④　経済補償金の支払義務

　次が最も重要な経済補償金です。労働契約法上は，労働契約を解除する場合，解除の事由に応じて経済補償金の支払わなければならないとされていま

す。経済補償金の支払義務が発生するケースとしては，会社側の違法行為などにより労働者が労働契約を解除する場合（労働契約法38条），使用者と労働者が合意の上解除（労働契約法36条），会社都合による解除（労働契約法40条），リストラによる解除（労働契約法41条1項），期間満了（労働契約法44条1項），使用者が破産宣告，営業許可の取消しなどで契約を解除（労働契約法44条4，5）する場合などが定められています。

例えば，期間満了の場合，使用者が更新しない，あるいは元の労働契約条件を下回る条件で更新を提示し労働者がそれを拒否した場合には，経済補償金を支給する必要があることとなります。

こうした経済補償金の支払義務の有無の判定は，大きな考え方としては使用者側と労働者側のどちら側が先に契約停止の意向を示したか，どちら側に過失があるかにより定められています。

なお，清算における人員整理の際の考え方としては，「いかに経済補償金を支払わずに解雇するか？」ではなく，「いかに法定どおりの経済補償金で労働契約を合意解除するか」というものになります。これは基本的に清算による人員整理が当然ながら労働者側の希望ではなく，会社側の希望によるものであるため，労働契約の解除事由で従業員都合になる可能性がほとんどないことと，契約解除に合意しない場合，不当解雇として労働仲裁に入る可能性があるためです。ゆえに，36条の「合意による解除」を目指していくこととなります。

労働契約の合意解除ができる場合は，以下のような書面で本人のサインももらってその旨を明らかにし，記録を残しておくのが望ましいです。逆にこの書類がもらえない場合，いくら口頭で言ってもその後覆される場合があります。合意解除とは証明書をもらって成立と考えるべきでしょう。

図表3-8　労働契約解除証明書サンプル例

労働契約解除証明書

会社と従業員（氏名）＿＿＿＿＿＿＿＿＿は，従前会社と従業員で締結した労働契約を＿＿＿年＿＿＿月＿＿＿日　付けで，下記事由をもって解除することに合意した。

◆従業員　氏名＿＿＿＿＿＿＿＿＿＿＿

労働契約 解除・終止　事由	

本証明書は一式二部とし，一部を従業員に渡し一部を会社が保管するものとする。

有限公司（印）
年　　　月　　　日

サイン：＿＿＿＿＿＿＿＿＿＿＿

　　経済補償金の算出基準（労働契約法47条）は，以下のとおりとなっており，下記の総支給額から算出した月額給与に，勤続年数から算出した月数を乗じて計算します。

第3章　撤退，再編手法の理論と実務アクションプラン

図表3-9　経済補償金の支払基準額

月額給与	労働契約解除前12カ月間の平均給与 経済補償金の月額→「労働者の給与」に基づいて計算します。 「労働者の給与」とは， 労働契約終止前12カ月の月額給与（時間給，出来高給） ＋賞与＋手当てを指します。 （実施条例27条） ※基本給だけでなく，基本的には手当など含んだ支給総額である点に注意が必要です。
月数（勤続年数より）算定の際の注意点	1．勤務年数満1年につき賃金1カ月 2．勤務年数6カ月以上1年未満＝1年 3．勤務年数6カ月未満＝賃金の半分として計算します。
上限／下限	上限 「給与高額者」に該当する場合のみ12カ月。 他の者は上限はありません。 ※「給与高額者」は，月額給与が当地区平均給与の3倍を上回る場合を指します。この場合の労働者に対する経済補償金の月額給与は，従業員月間平均賃金の3倍に相当する額で計算します。 下限 給与が現地の最低基準月給より低い場合，最低月給で計算します。
違法解雇の法律責任 （労働契約法第87条）	賠償金 経済補償金基準の2倍を支払わなければならないとされています。

　注意したいのは，経済補償金の算出の基礎となる月額給与は，実質的に年間の総支給給与を12で割って算出するという点です。よくある誤解は基本給×月数で考えてしまうというものですが，これは誤りです。また，労働契約書には基本給しか書いていないからということで，基本給のみの計算でよいのではないかと考えている方もいますが，上記のとおり給与支給総額からの

216

算出と謳われていますので，契約書の記載に関係なく実際支給額から計算する必要があります。

⑤ 残業

中国での労働時間は，労働者の1日の労働時間が8時間（労働法36条），1週間の平均労働時間が40時間（国務院の従業員の労働時間に関する規定の徹底に関する実施原則3条）と定められています。労働法41条では，生産経営の必要により，労働時間の延長を認めており，その場合は，通常の残業は1時間，最高で1日3時間を超えない範囲で労働時間を延長することができますが，1カ月36時間は超えることができないとされています。また，休日は最低毎週1日を保証する必要があると定められています。

注意しなければならないのは，この月36時間という基準は，超過した分について残業手当を支払っていたとしても厳守の必要があり，超過しているとペナルティがあるという点です。労働契約法31条では，この労働基準を遵守すること，残業強制あるいは別の形での残業の強要禁止を定めています。また，残業に関しては，残業代を支払う必要があります。日系現地法人でよくある残業関係の法令違反事項は，残業手当は支払っていたとしても月36時間の限度時間を超過してしまっているというものです。

図表3-10 労働時間と割増賃金

労働時間 労働法 第36条 第41条 第38条	通常勤務	1日あたり8時間以内，週40時間以内
	残業時間	1日あたり1時間以内，最高1日3時間以内，月36時間以内
	休日	最低週1日
残業代 労働法 第44条	残業時間に対する割増	賃金の150％以上
	休日労働に対する割増	賃金の200％以上
	法定休日労働に対する割増	賃金の300％以上

なお，日本人になじみがないのが，休日労働や法定休日労働に対する200％や300％の割り増し賃金です。これも法律に定められているものสの

で，遵守する必要があります。春節，国慶節などの法定休日はよほど特殊な事業でない限りは休ませる方がよいと考えます。実際，日系企業でも上記の法定休暇は1年中営業する必要のある一部の企業を除いて，大半の企業が休んでいます。

⑥ 就業規則の改定等

労働関係の規則（労働報酬，勤務時間，休憩，休日及び休暇，労働安全衛生，保険，福利従業員の訓練，労働規律並びに労働ノルマの管理など）の制定，改訂をする場合は，工会若しくは従業員代表と協議，確定しなければならないこととされています。

工会を設立していない企業は，従業員の推薦する代表が企業と締結することとなります（労働契約法4条，労働法33条）。

ゆえに，就業規則の改定時は工会，従業員代表，従業員全員のサインをもらっておくのが望ましいでしょう。また，新入社員入社の際は就業規則を読ませて了承のサインをもらっておくべきしょう。ここが最もサインをもらいやすいタイミングでもあります。

⑦ 経済補償金の会計上の引当計上の可否

経済的実質を考えると日本的には引当金計上したくなります。しかし，中国的には自己都合の場合には経済補償金を支払う必要がないケースもあることから，リストラなどの特殊なケースを除いては，引当計上は通常行わないようです。また，仮に引当金計上をした場合も企業所得税法上は損金不算入となります。

3　中国における有給休暇制度の解説

次は中国の有給休暇について解説していきます。中国では従業員の退職の際，買取義務がありますので，こちらの理解も必要になります。

中国の法定有給休暇に関する法令としては，従業員有給休暇実施条例，従業員年次有給休暇実施弁法という法律があり，有給休暇について詳細に定められています。

有給休暇の1年あたりの付与日数（有給休暇実施条例3条）は以下のとおりと

なっています。

図表3-11　1年あたりの有給休暇付与数

勤続期間	有給休暇日数
勤続1年以上10年未満	5日
勤続10年以上20年未満	10日
勤続20年以上	15日

　日本に比べると少ないという印象ですが，上記の勤続期間は日本と異なり前職等も含むトータルの累積勤続期間を指していますので，注意が必要です。また，よくやってしまう誤りが日本の制度と同じ有給制度にしてしまい（年間20日），退職の際，買取りに苦しむという例です。日本と同様の有給休暇を付与したい場合は，法定の休暇と区別して，買取義務のない休暇として付与するなど工夫が必要になってきます。

1　有給休暇日数の計算

　有給休暇日数の計算については，暦年（1月1日～12月31日まで）で計算することとされています（従業員年次有給休暇弁法5条）。

　なお，入社年度の有給休暇計算方法は，以下のとおりとされています。

$$\frac{当年の当該使用者の下における残りの暦日数}{365日} \times 従業員が1年間に享受すべき年次休暇の日数$$

　この場合，計算後1日に満たない部分（端数）は，有給休暇を付与しないこととされています。

2　会社都合による有給未消化の買取り

　会社都合による有給休暇の未消化は300％で買い取る（従業員年次有給休暇弁法10条）こととなります。

　なお，300％とは，現給与の3倍であり，現給与に3倍を上乗せするという意味ではありません。ここも人員整理の際は，注意すべきポイントとなります。

　なお，会社が有給休暇を取得するよう手配したにもかかわらず，従業員本

人の都合で有給休暇を取得しなかった場合は，通常の賃金収入（つまり100％）を支払えばよいこととなっています。

ゆえに，人員整理を行う場合は，なるべく有給休暇は取得してもらうよう手配した方がよいこととなります。なお，上記の有給休暇の取得勧奨を行う場合は必ず，「書面」での同意が必要です。有給休暇未消化分は，全て300％で買い取るということではなく，会社が有給休暇を取得するよう手配したけれども，本人の意思によって「有給休暇は取得しなかった」という「書面」があれば，300％で買取りの必要はないということになります。

3 書面化の必要性

上記のとおり有給休暇未消化分の買取りについては，使用者が有給休暇取得を促したにもかかわらず，取得しない場合は必ず，「書面」での同意が必要となります。さらに，有給休暇の使用を使用者が促した際にも書面で会社側と本人との間で合意をとり，保管しておくのが望ましいでしょう。使用者側は有給取得を促していたという認識でも，本人がそれを理解していなかったということになると，意味がありませんので，会社が有給取得を勧奨したという事実を客観的に明らかにするために書面化をするわけです。

このように中国では，有給休暇の未消化分の取扱いに限らず，本人との合意が必要なものについては，全て書面で同意をとり，双方で保管していくということが労務関係の基本的対応姿勢になります。

4 有給休暇買取の計算式

有給休暇を買い取る場合の日額給与の計算方法は以下のとおりと明記されています。

> 直前12カ月の時間外労働を除いた平均月給÷21.75

上記のとおり有給休暇買取りの場合の平均月給には，出来高給，歩合給，業績評価給は含まれますが，残業代等の時間外労働は含まれません。経済補償金の計算とは異なりますので注意しましょう。

5 退職時の有給休暇日数の計算

退職時の有給休暇日数の計算方法は以下のとおりとされています（従業員年

次有給休暇弁法12条)。

$$\frac{当年の当該使用者の下における残りの暦日数}{365} \times 従業員が1年間に享受すべき年次休暇の日数 - (既に取得した)年次休暇の日数$$

6 企業が法定有給休暇を超える有給休暇を定めている場合

　日系企業では法定有給休暇より多い有給休暇を企業が定めている場合があります。この場合，従業員年次有給休暇弁法13条では，企業の有給休暇規定日数が，従業員年次有給休暇実施弁法の基準になると定められています。つまり，「社内規定」に定められた法定以外の有給休暇日数も，「買取りの対象」となってしまうということです。日系企業では，親会社の就業規則を，そのまま中国現地法人で使用している企業も少なくなく，その場合，法定より多く有給休暇を付与していることになりますが，それも買取対象となってしまいます。その対策として，法定有給休暇については，従業員年次有給休暇実施弁法を適用し，超過部分については別途，「福利休暇」などの名目で，買取りの対象にならない休暇であると就業規則等で定めて付与する対応を行っている日系企業もあります。

7 罰則

　従業員年次有給休暇弁法「違反」の罰則については，15条で明記されています。

　この内容は，従業員に有給休暇を取得させなかった場合，若しくは，「条例」と弁法の規定どおりに，未使用有給休暇に対する賃金報酬を支払わなかった場合は，県レベル以上の地方人民政府労働行政部門が所見により一定期間中の改善を命じ，期限を過ぎても改善しなかった場合は，未使用有給休暇に対する賃金報酬とさらに未取得年次に対する賃金報酬の額に対する賠償金を支払うこととされています。つまり有給休暇の買取金額に，さらに賠償金が上乗せされてしまうと定められています。人員整理の際は，経済補償金に注目しがちですが，有給休暇でも買取りやペナルティが発生する可能性がありますので，ポイントの一つとして注意していくべきでしょう。

II フェーズ別解説1 −検討フェーズ−

　まずは，全体的な計画の事前検討を行います。どういった縮小を行っていくか，どの段階で誰に情報共有をすべきかを，清算の経験豊富な専門家を交えて各法人の事情を斟酌して，最もトラブルが少ない形での計画の概要を策定していくべきでしょう。この場合，計画のコツとしては，大まかな計画を作成し，細かい部分は状況をみつつ柔軟に変えていけるようなイメージで作成することです。なぜなら1日，1日を細かく区分したようなスケジュールを作成しても，中国では実際には様々な会社側でコントロールできない想定外の要素により変わってしまうことの方が多いためです。清算に限らず中国の行政手続全般において，会社側で事前に詳細に立てたスケジュールに拘泥して動きがとれなくなってしまうよりも，ある程度「あそび」の部分を残しておいて柔軟に対応していく方が上手くいくという傾向があります。

　なお，清算の大まかなスケジュールと役割分担をここで解説しておきたいと思います。事前検討，業務縮小，手続のフェーズ別の一般的な役割分担は以下のとおりです。

図表3-12 清算の大まかな流れと役割分担

フェーズ	会社	会計事務所	法律事務所	内容
①事前検討フェーズ	清算の主体者となり，意向，チーム編成，専門家の意見聴取，取りまとめを行う。	税務，財務面から清算のポイント分析，スケジュール策定を行う。必要に応じて税務DDを実施。	法務，労務面から清算のポイント分析，スケジュール策定を行う。必要に応じて法務DDを実施。	法人の規模，内容に応じて会社が清算チームを編成し，事前検討を行う。
②業務縮小フェーズ	事前検討した計画に基づき，縮小を実施。実業の縮小，資産，負債，従業員の整理を行うため，このフェーズは会社にかなりの負荷がかかる。	業務縮小フェーズでの資産，負債整理に伴う税務，財務，現地法人のキャッシュフローについてアドバイスを行う。	業務縮小フェーズでの従業員整理及び各種，資産，負債整理の法務に関するアドバイス，労務に関しては交渉等も行う。	清算手続に入るため，法人の試算，負債，人員，実業を整理していく。会社が主体となって行い，会計事務所，法律事務所がサポートする。
③手続フェーズ	実業がほぼ整理できれば，最低限の人員で清算手続について，当事者として関与していく（代行会社に委託して全員引き揚げる場合もある）。財務担当者など過去の経緯を知る社員は，協力してもらえる体制をとる。	清算監査報告書の作成及び手続中の税務調査で，税務局に対し適切な対応を行う。清算手続全般を会計事務所が行う場合もある。	手続中，法務面に関するアドバイスを行う。清算手続全般を法律事務所が行う場合もある。	手続を順次実施していく。手続の終盤で税務調査の実施があるため，会計事務所と財務担当者などが対応する。清算手続完了後に残余財産の分配として日本親会社への送金が可能。

　上記のとおり，①事前検討フェーズでは，会社が中心になり，必要に応じて会計事務所，法律事務所を清算プロジェクトチームに参画させ，各種事前検討

とスケジュールを練っていくことになります。当然，会社の特徴や内部人材などに応じて，会社単独で検討する場合や，会計事務所だけ，法律事務所だけという場合もあり得ます。ただし，ここの検討の後は，実際の実務実施に入りますのでここは非常に重要です。重要な観点で誤解や抜け落ち（できると思っていたことができない。生産停止のタイミングと資産整理のタイミングが合わない，優遇の返還を求められるなど）があると，実務実施段階で大きなロスが発生する可能性があります。

②業務縮小フェーズでは，①で立てたスケジュールに基づき，実業の縮小を図っていきます。実はここが最も現地法人に負荷がかかり，大変なところでもあります。各種資産負債を整理しながら，従業員も削減していき，取引先には頭を下げて回るという辛い仕事です。しかも，手続業務というわけでもありませんので，会計事務所や法律事務所が代行できる業務は一部です。むしろ彼らはアドバイス役であり，実行者は会社にならざるを得ないでしょう。このつらいフェーズについてしっかりとしたサポート，アドバイスを行ってくれる会計事務所，法律事務所がよいコンサルティング会社であると思います。実際，ここを乗り越えれば清算の山場は半分程度乗り切ったといえるでしょう。なにせ，清算の3大ハードルのうち，2大ハードルである労務と，不動産の問題はほぼこのフェーズで見通しがつきます。

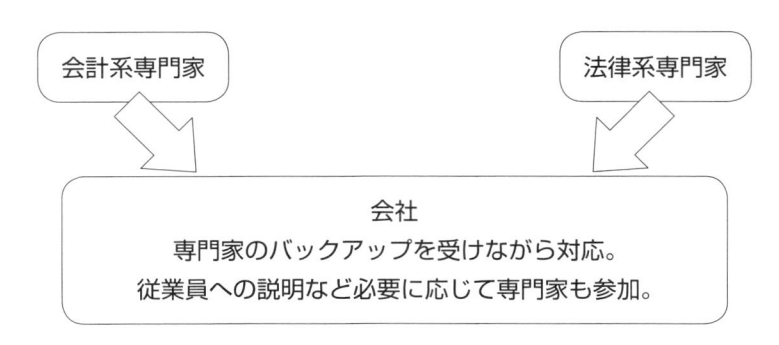

```
┌──────────────┐                    ┌──────────────┐
│ 会計系専門家 │                    │ 法律系専門家 │
└──────┬───────┘                    └──────┬───────┘
       ↓                                    ↓
┌────────────────────────────────────────────────────┐
│                      会社                          │
│      専門家のバックアップを受けながら対応。        │
│    従業員への説明など必要に応じて専門家も参加。    │
└────────────────────────────────────────────────────┘
```

②の業務縮小フェーズを終えれば，清算手続に入っていきます。この段階に至っては基本的には手続を粛々と実施していくのが本来の姿です。ただ，前述のとおり，この段階に入って様々な問題に気付くケースも少なくありませ

ん。そうすると清算どころかグループ全体の経営計画に大きく影響してしまいます。また，手続の終盤で清算の3大ハードルの最後である，税務調査が実施されます。これをクリアすれば，工商局はじめ各種行政当局の登記が抹消され，残余財産があれば日本親会社へ出資金の返金として送金できることとなります。

上記が大まかなスケジュールと役割分担であり，事前検討フェーズでは清算チームでこれらを詰めておくこととなります。実務が走り出せば後はそれに沿って実行していくだけになりますし，縮小フェーズの従業員整理や資産売却などは，実施してしまえば生産停止へ向かうほかなくなりますので，事前検討フェーズは非常に重要なものとなります。それでは，実際に，事前にどういったポイントを検討すべきかみていきましょう。

1 事前検討時に検討したい項目

1 出資者間での清算の意思統一

まずは，会社自体の意思統一です。当局の認可云々よりも先に，当然ながら会社自体が清算の方向で意思統一できている必要があります。これは大きく，外商独資企業と，合弁企業で異なってきますので，企業の類型別に解説していきます。また，この点は，清算チームのなかでは会社系，法律系が中心になって検討するポイントになります。

1 外商独資企業の場合

計画を策定していく上で，外商投資企業の場合は基本的に出資者間の意思統一は通常は合弁企業に比べ容易です。日系企業同士の交渉や，日本親会社内での社内的な手続が主なものとなるでしょう。

2 合弁，合作

合弁，合作企業の場合，全会一致の董事会決議が必要ですので，縮小や清算手続以前に意見統一から始めなければなりません。交渉や，第2章のとおり，同意を得られない場合は持分買取りなどを検討する必要があります。

合弁企業の場合の清算決議に関する法的根拠は以下のとおりとなります。

① 董事会の特別決議

清算実務の第一段階はまず董事会の特別決議を経なければなりません。有限責任会社では、3分の2以上の董事が出席した董事会において、その出席董事全員の同意による特別決議が必要となります（中外合弁企業法32条、33条）。よって、資本の論理で進めることができないことに注意し、事前に十分な交渉を行うことが重要です。

② 損害賠償の可能性

中外合弁企業法14条によれば、「契約違反によって損失が生じた場合、契約に違反した一方が経済的責任を負わなければならない」としており、合弁契約に違反して清算を強行するときには、中方より損害賠償を請求される恐れがあります。よって合弁や合作企業の場合は契約違反と訴えられないよう事前に充分な合弁契約書、定款の確認及び交渉をしておく必要があります。

3 外商投資企業清算弁法の廃止と指針

2008年より従前適用されていた「外商投資企業清算弁法」は廃止され、商務部より「外商投資企業の解散及び清算作業の法に基づく遂行に関する指導意見」が公布されました。

主な内容は、会社法よりも、中外合弁企業法、中外合作経営企業法、外資企業法に規定されている場合はこの特別法を優先するというものです。ゆえに、法律根拠としては会社法よりも、各三資企業法が優先適用される点に注意する必要があります。会社法と三資企業法に齟齬がある場合、三資企業法が優先されます。

契約不履行により、合弁又は合作企業の相手方が単独で解散申請を提出する時は、まず人民法院に届出を行い、人民法院の承認後認可機関に清算の申請を行うことになります。

出資持分比率が10％を超える出資者は、会社法の規定に基づいて解散申請を出すことも可能となっています（会社法182条）。

ですが、現実的にはこういった手続にでるのは相当な異常事態で、手続の手間や難易度を考えても非常に煩雑ですので、できる限り中方合意の上で清算にもって行けるよう方策を考えていくべきでしょう。

2　清算手続・手順の確認，当局への事前打診準備，縮小アクションプラン

1　清算手続・手順の確認

　次は清算手続手順(ここでいう手続は③の手続実施フェーズの手続を指します)です。大まかな手続手順は「フェーズ別解説3－手続フェーズ－」図表3-24一般的な清算手続スケジュール例のとおりですが，細かい手続の順序や書類は地域ごとに異なりますので事前に確認しておくのが望ましいでしょう。なお，この段階の確認では社名は出さず，一般的照会レベルに留めておくのが無難です。当局の照会といえども「清算を検討している」などと情報が広まる可能性があります。手続が確認できれば，次に手続に入るまでの資産負債，従業員整理等の以下の準備縮小フェーズを検討します。

2　当局への事前打診の検討

　まず，手続前の当局への事前打診の必要性についても検討します（この場合は基本的に法人の実名を出すこととなります）。これは法人の地域でのプレゼンスや状況にもよりますが，雇用などで地域への影響が大きく，地方政府に打診しておいた方がよい場合や，当局の協力が必要になる場合などは事前に打診しておいた方が，手続がスムーズに進む場合もあります。

　では，当局へ打診するのはどの行政部門になるのでしょうか？　一般的にはまず外資企業の元締めである商務部門や地方政府が考えられます。そのほか，従業員整理で問題が起きそうな場合は，労働局や地域の総工会，特殊認可を受けている場合はその管轄部門が考えられるでしょう。上記は，清算チーム全体で網羅的に検討し，抜けがないように検討しましょう。

第3章 撤退，再編手法の理論と実務アクションプラン

図表3-13 当局のどの部門へ打診すべきか？

部門	管轄	内容
商務部門	外資企業の設立，撤退等の認可を管轄。	清算の認可を出す部門であるため，どこかの段階で打診。
地方政府	地方の行政を統括。	必要，進出の経緯に応じて打診。
労働局	労働問題を管轄。	労働問題で問題が起きそうな場合打診。
総工会	会社の工会（労働組合）の上級組織。	会社に工会があり，労働問題が起きそうな場合打診。
各特殊認可部門	通常の認可のほか，特殊認可を管轄（建設，金融など）。	会社が特殊認可を得ている場合打診。

　どの部門へ打診すべきか，そもそも事前に話をすべきかなどはケースバイケースですので，清算チームで相談して決定していくべきでしょう。当然ながら法律上要請されているものではありません。手続前に撤退情報が外部に漏れるというデメリットもあります。あくまで清算手続をスムーズに進めていくための事前の根回しといった意味合いのものです。

3　資産，負債整理の方法，時期，実業との兼ね合い

　資産，負債の整理も行っていきますが，その方法，時期について検討を行います。簡単にいいますと法人を清算する際は，中国でも日本と同様貸借対照表を現預金しかない状態にする必要がありますので，資産，負債は現金化と処分，返済をしていく必要があります。

図表3-14 清算に伴う資産負債整理イメージ図

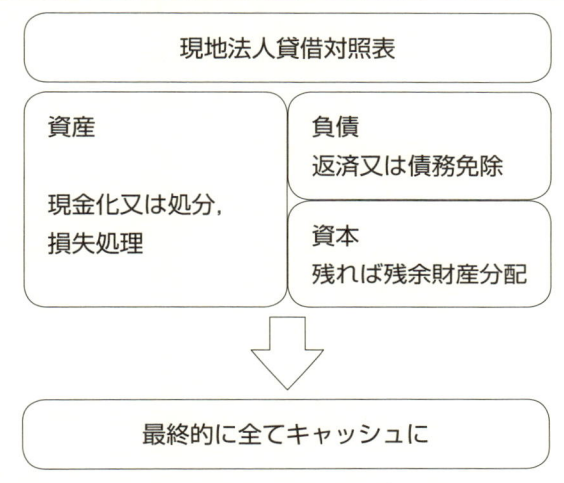

```
            ┌─────────────────────────┐
            │    現地法人貸借対照表    │
            └─────────────────────────┘
  ┌──────────────────┬──────────────────┐
  │ 資産             │ 負債             │
  │                  │ 返済又は債務免除 │
  │ 現金化又は処分，├──────────────────┤
  │ 損失処理         │ 資本             │
  │                  │ 残れば残余財産分配│
  └──────────────────┴──────────────────┘
                    ▽
            ┌─────────────────────────┐
            │   最終的に全てキャッシュに │
            └─────────────────────────┘
```

各資産，負債についての大きなポイントは以下になります。

1 保税資産（材料，設備等）

保税資産については，最終的に輸出せずに国内販売を行った場合には，関税，増値税を納付する必要が生じます。保税資産の内容は，大きく棚卸資産等の材料，商品，輸入設備（固定資産）に分けられます。設備については設備の種類ごとの保税監督期間を経過していれば課税されることはありませんので，当初の輸入保税監督期間を確認しましょう。

2 不動産－実業との兼ね合い－

不動産に関しては処理が煩雑です。権利関係を確認し，売却の段取りを整える必要があります。また，賃貸借の場合，どの段階まで物理的な場所が必要か確認し，賃貸借契約の解約時期，保証金の返金等を検討していく必要があります。

3 在庫及び生産設備

こちらも処分していくことになりますが，実業との兼ね合いを考える必要があります。生産停止の時期，在庫調整など取引先の要請なども考慮しながらスケジュールを考えていく必要があります。

4 負債の返済

通常清算ですので、債務は全て返済する必要があります。日本親会社については債務免除も選択肢としてはあり得ます。ただ、この債務免除も日本親会社側では日本の法人税法上の損金算入の時期の問題もありますので、この論点も鑑みながらグループ全体で最適な処理、時期を考えていくのが理想的でしょう。

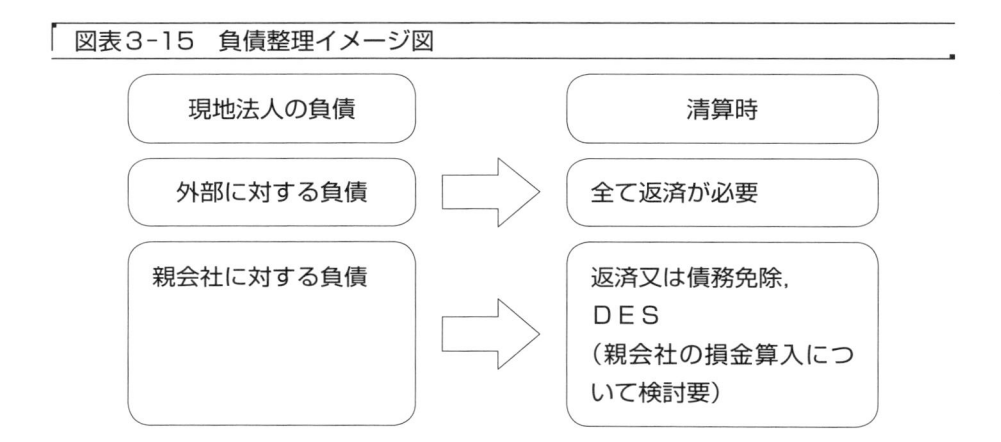

図表3-15　負債整理イメージ図

現地法人の負債	清算時
外部に対する負債	全て返済が必要
親会社に対する負債	返済又は債務免除、DES（親会社の損金算入について検討要）

4　従業員整理の方法、時期、実業との兼ね合い

また、生産計画に沿って従業員も整理していきます。ただし、全ての従業員に退職してもらうわけではなく、清算手続中もある程度の段階までは最小限のスタッフは必要になる場合がありますので（出納、財務担当者など）、その選定も必要となります。ただ、ここは必ず必要なわけではなく、会計事務所や法律事務所など清算手続代行会社に任せてしまう選択肢も考えられます。ただし、その場合も財務担当者など会社の過去の経緯を知る従業員は退職後も協力を得られる状態にしておくのが理想的でしょう。

さらに、従業員の整理も①試用期間到来の従業員、②．1回目の契約期限到来の従業員など労働契約の解除のしやすさに応じて整理していきますので、順序と人数を検討し、生産計画とリンクさせながら計画を策定していく必要があります。

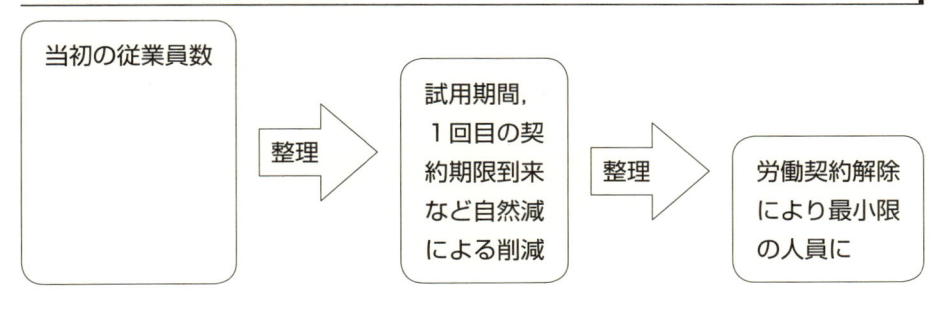

図表3-16 従業員整理のイメージ

当初の従業員数 → 整理 → 試用期間、1回目の契約期限到来など自然減による削減 → 整理 → 労働契約解除により最小限の人員に

契約形態、期間など考慮の上、自然減と交渉による契約解除を行いながら、従業員を整理していく。生産等、実業とリンクさせて考える必要がある。

　労務の論点は、清算チームのなかで法務系が中心となって検討、立案すべき事項になるでしょう。いったん従業員側で混乱しだすと大騒動になる可能性もありますので、ここは綿密な事前検討が非常に重要となります。

5　取引先への説明

　また、売上、仕入の各得意先へ事前説明を行う必要があります。現製品の供給期限、以後の代替製品の手当、アフターフォローなどを説明する必要があるでしょう。また、社外へ説明すると外部へ清算の情報が漏れることになりますので、これも全体の計画を鑑みてのタイミングを計ることになります。こちらは、会社系と契約書などを検討する関係で法律系が中心になって行う作業となるでしょう。

6　清算までに必要な資金

　また、清算終了まで必要な資金を試算する必要があります。資金が足りない場合、清算手続に入ると追加の資金投入は困難であるため、手続前に増資を行う必要がある場合もあります。ここは、会社と会計事務所が検討すべき点となるでしょう。一般的な試算例は以下となります。

図表3-17　清算必要資金

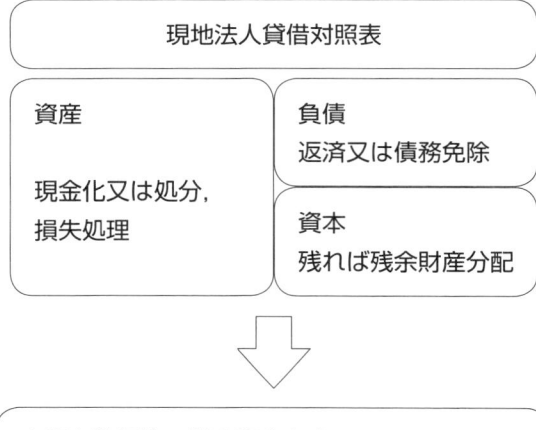

```
            現地法人貸借対照表
┌─────────────────┬─────────────────┐
│ 資産            │ 負債            │
│                 │ 返済又は債務免除 │
│ 現金化又は処分, ├─────────────────┤
│ 損失処理        │ 資本            │
│                 │ 残れば残余財産分配│
└─────────────────┴─────────────────┘
                  ↓
┌──────────────────────────────┐
│ 上記を整理後の残余資金から,  │
│ ①経済補償金                  │
│ ②税金                        │
│ ③清算結了までの必要経費を控除して, │
│ 必要資金を試算する。         │
└──────────────────────────────┘
```

7　上記を勘案しての各種手続の分担，準備，縮小フェーズアクションプランの作成

　最後に上記の検討項目を総合的に盛り込んで全体スケジュール，アクションプランを策定していきます。大きく，①実業，②従業員，③資産，負債整理の三つの要素がありますので，これらをリンクさせてスケジュール・アクションプラン策定を行っていく必要があります。行政手続のみ，資産負債整理のみなど，一つの視点で最適化したスケジュールが必ずしも全体にとって最適なスケジュールではありませんので，各分野の専門家の意見を斟酌して，会社が全体的な視点から最適なスケジュールを考案していくのが望ましいでしょう。以下に事前検討時の準備，縮小フェーズのアクションプラン例を記載します。

図表3-18　縮小フェーズアクションプラン例

項目	担当	相手先	内容
清算チーム編成	全体		全体スケジュールの決定
			会計事務所・法律事務所等の選定
			清算プロジェクトチーム結成
必要資金試算	会計事務所		清算までの運営コスト見積り
			税務リスクの検証，税金の試算
出資者間合意	会社	出資者	現時点の日本親会社，現地法人の登記（役員関係）の確認
			日本親会社取締役会決定，議事録整備
			董事会解散決議，議事録整備
取引先への説明	会社	得意先	生産停止の合意→生産停止の期日決定
			生産打ち切りまでの生産量の決定，生産移管準備
		仕入先	部品発注の説明，合意，支払完了
資産，負債整理	会社	在庫売却	購入済在庫の売却
		ローカル銀行	①操業停止に関する事前説明を行い，②返済期日の調整，交渉
資産，負債整理	会社	業者	設備の売却・撤去・廃棄 保税設備の確認
			加工貿易の無償貸与設備の返却
資産，負債整理	会社，法律事務所，賃貸物件	物件オーナー	現在の賃貸借契約の解約合意，契約巻き直し（月次延長，賃料減額）
			設備の撤去，原状回復工事実施
従業員整理	会社，法律事務所	社内PJ	ストライキ回避のため，説明の進め方，経済補償金等，プランニング
		幹部社員	説明会，清算手続への協力要請，退職時期の決定（一般従業員よりも後）
			工会への説明
		労務部門	事前説明（従業員告知の前）
			事後報告，申請手続

従業員整理	会社,法律事務所	一般従業員	①説明会の開催,労働契約の合意解約書面の取得,②労働契約の合意解約日の到来,③経済補償金の支払
資産,負債整理	会社,会計事務所	税務当局	未払税金の納付
			保税加工の原材料の確認・手冊との一致確認,税関との交渉
当局への事前打診	会社,法律事務所	当局(商務部門,地方政府)	撤退にあたっての当局との事前調整
			商務部門に解散認可の申立て,認可
		得意先,仕入先,銀行	取引先への解散決議の通知
		当局(登記関係)	会社清算手続開始(③の清算手続フェーズへ)

　上記が事前検討段階で策定する縮小フェーズのスケジュール例となります。(手続フェーズについては,手続フェーズにて解説します)実業,行政手続,人員面など様々なファクターを考慮しつつ,総合的に最適なスケジュールを策定していくことが必要です。なお,上記スケジュールの必要期間ですが,チーム編成から検証,スケジュール策定で1カ月以上はやはり要すると考えます。

　検討フェーズのポイントをまとめると以下のとおりとなります。

図表3-19　検討フェーズポイントまとめ

項目	ポイント
手続・スケジュール検討の前提	目安として策定し,実際の実務では状況に応じて柔軟に対処する。
清算チームの編成	現地法人の規模,内容に応じて,必要に応じて専門家を参画させる。
各項目の検討と準備,縮小,アクションプランの策定	実業,人員,税務,法務など各分野で検討し,総合的な観点から最適案を探っていく。

III フェーズ別解説2
－準備，縮小フェーズ－

　事前検討完了後に，実際の準備，縮小フェーズに移っていきます。以下で実際の縮小フェーズの実務について解説していきます。

　計画立案後，実際のオペレーションに着手していきます。といっても，通常営業をしている現地法人の場合，いきなり当局に清算の認可申請を出すことはありません。取引先もあるでしょうし，従業員もいます。社内外に必要な通知，交渉を行いながら業務を縮小し，営業をほぼ停止状態に持っていき，その後清算手続に入るのが通常です。縮小手続として主なものを順番に見ていきます。

1　人員整理

　全体の計画によりますが，当然ながらフル稼働の状態から徐々に縮小，清算手続に入るわけですので，フル稼働の状態と同様の人員は不要です。ゆえに，縮小，清算計画に沿って必要な人員以外は整理していくこととなります。ただ，難しいのは人員整理が悪い方に作用すると大きな混乱が生じ，清算計画や実業に大きな影響を及ぼしてしまうこととなる点です。人員整理方法としては，一例として以下のような手順がありますが，対応を誤ると大変なことになりますので，弁護士と相談の上，慎重に対応していくのが望ましいでしょう。退職者にとっては当然ながら生活も人生もかかっていますので，手間もエネルギーをかけて対応していくべきポイントとなります。

　事前検討フェーズでも述べたとおり，人員整理も段階を経て行っていくのが実業への影響を最小限に留める方法ですので，労働契約などを検討して段階的に契約解除を行っていくのが望ましい形となります。以下に，一般的に採用される整理手順例を紹介します。

1　自然減－試用期間，契約期間満了の者の終了，改定給与の調整－

　まずは，法律上問題のない自然減や試用期間，1回目の労働契約期間の満了の者を対象として，契約終了を行っていくようにします。なお，1回目の契約期間満了による労働契約終了の場合不当解雇にはなりませんが，「会社の意思による更新不同意」ということで経済補償金自体は支払義務があります。

　なお，日本の給与の感覚では想像しにくいですが，経済成長が鈍化したとはいえ，年々給与が上がっていく中国では年に一度の給与改定でもいくらかは給与のベースアップがあるのが通常です。しかし，当然ベースアップは義務ではありませんので，給与改定時に賃上げを行わないと，それを不満に思って従業員の方から退職してしまう場合もあります。逆に給与を下げるのはやはり難しい場合が多いです。

2　労働契約の解除

　次は，本格的な整理となる労働契約の合意解除です。これは場合によっては当局への交渉や事前通知が必要でしょう。できるだけ「双方合意による契約解除」となるよう交渉を行っていくことになります。なお，合意解除であってもこういった場合は，会社からの提案による合意解除になりますので経済補償金の支払が必要となります。

3　解雇

　上記1，2の手段でも合意による契約解除に至らない場合，最終手段として解雇を考えることとなります。しかし，裁判などになると勝敗はもとより，清算手続自体が遅延しますので，できるだけ避けるべき手段となります。

4　最終メンバーの選定と退職－その後のフォロー－

　また，整理の過程で一部の従業員にはある程度の段階まで残ってもらい，また，財務関係等の従業員に関しては退職後も税務調査の際は協力してもらう必要がありますので，その点も考えていく必要があります。

5　労働契約の終了，解除の場合の経済補償金

　会社側からの提案により労働契約を終了，解除するときには，経済補償金の支払義務が生じます（労働契約法46条）。経済補償金の支払額は，前述のとおり大まかにいうと勤務年数満1年につき賃金1カ月，勤務年数6カ月以上1年未満は1カ月，勤務年数6カ月未満は賃金の半月分として，賃金×対象月数（MAX＝12カ月），高額者の賃金は当地区平均給与の3倍を基準として経済補償金を算出することになります。

　なお，賃金は解除前12カ月の平均給与（残業代等含んだ総支給額）となります。また，経済補償金を法定どおり支払ったとしても，雇用の喪失として労働問題が発生する可能性がありますので，事前に会社の工会や管轄の労働局，弁護士へも相談し，対応を十分準備しておくのが望ましいでしょう。

2　生産計画の調整及び顧客，仕入先等への通知

　次は生産計画の調整及び顧客，仕入先への通知です。これも人員整理計画とリンクしてきますが，生産自体も徐々に縮小していくことになりますので，商業道徳として当然ながら社外の関連取引先への通知や今後の対応などの説明が必要になり，また，社内的には生産調整や在庫の整理などをしていかなければならないこととなります。以下は，大きく社外と社内に分けて説明します。

1　社外への通知－債権者への通知とは別－

　清算手続の中でも債権者へ通知を行う必要がありますが，それとは別に供給を停止するわけですからその説明を取引先へ行っていく必要があります。今後の供給案（関連会社からの納品，他企業の紹介等）の提示も行っていく必要があります。

2　社内の生産調整

　経営を終了しますので，スケジュールに応じて生産計画をたて，在庫調整を行っていきます。

また，ケースによってはストライキによる実業への妨害を抑制するため，本来の必要数以上に生産して在庫を溜めこみ，生産がしばらく停止しても供給に影響がでない状態を作る場合もあります。

3　資産，負債整理

事前に処分できる資産の処分及び負債の返済を行います。事前に処分できる資産は順次処分し，負債の返済も行っていくこととなります。

資産の処分時にも税金が発生します。通常は売却しない資産の処分も行っていきますので，税コストにも注意が必要です。

1　増値税－忘れがちな論点（固定資産売却時も増値税課税）－

材料や半製品，製品などの販売については，通常どおり原則17％で課税されます。中古品の販売に関しては，仕入増値税控除を行っている場合は17％，行っていない場合は，販売価格／1.03×2％又は販売価格／1.03×3％で課税されます（財税［2009］9号，財務［2014］51号，財税［2015］90号）。普段資産の売買を行わないサービス系の企業などは固定資産等の売却に際して，税務局で発票の代理発行の手続を行うこととなります。

図表3-20　固定資産売却に係る増値税イメージ図

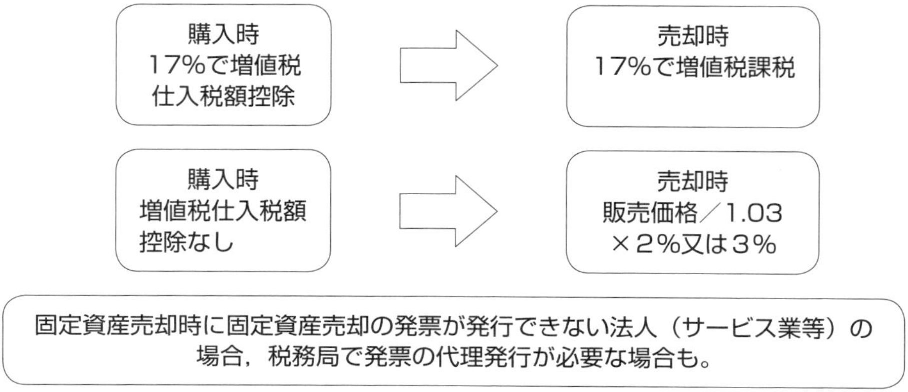

購入時 17％で増値税 仕入税額控除	⇒	売却時 17％で増値税課税
購入時 増値税仕入税額 控除なし	⇒	売却時 販売価格／1.03 ×2％又は3％

固定資産売却時に固定資産売却の発票が発行できない法人（サービス業等）の場合，税務局で発票の代理発行が必要な場合も。

また，仕入時に増値税の仕入れ税額控除を行った棚卸資産を売却せずに処分した場合，当該増値税控除部分は，本来控除すべきものではなかったとして追納する必要があります。

> **Column　過去の増値税仕入税額控除の否認と棚卸資産処分損失**
>
> 　上記の「仕入控除を行った増値税を追加納付」というのは，少しわかりにくい概念ですので解説します。これは棚卸資産については仕入時に増値税の控除を行い，納付する増値税から差し引いていますが（日本の消費税の仕入税額控除のメカニズムと同様です），これはあくまで「その商品を売り上げて売上増値税を払う前提で仕入れている」から控除を認めるというもので，結果的に売ることができず処分することとなった場合には，当初の仕入税額控除を認めず，取り返しますよという処理になります。ゆえに，この増値税の振り戻し部分も処分時の税コストとして考えておく必要があります。
>
> | 仕入時
売却する前提で仕入増値税控除が認められる | → | 処分時
売却しなかったので，仕入時に控除した増値税分が否認され，支払う必要がある |
> |---|---|---|

2　営業税

土地使用権，建築物の販売に関しては，販売価格×5％で営業税が課税されます。

3　土地増値税

「（譲渡価格－控除項目）／控除項目（譲渡原価＋販売費用など）」の比率に対して，30％〜60％の土地増値税が課されます。

4　印紙税

売買契約の契約書の場合は，売買価格×0.03％，土地使用権などの所有権移転の場合は，契約金額×0.05％で印紙税が課されます。

5　保税貨物処分時の関税，増値税の納税

　保税貨物の売却時には，関税及び増値税を納税しなければなりません。また，輸入機械設備免税対象資産は，5年を過ぎれば関税及輸入に係る増値税の納税はありませんが，5年未満であれば関税及び増値税の支払が生じます。なお，2009年以降に輸入した設備は増値税の免税適用はありません（一部適用のある資産を除く）ので，関税のみの納税となります。

6　資産，負債の貸借対照表科目別解説

　清算時の資産，負債の処分のポイントについて貸借対照表別に解説していきます。処分については，清算手続時に限らず，実業に影響のでないタイミングで準備段階から順次整理を行っていくのが通常です。

１　売掛金

　得意先より値引きなどの要請が入り，残高どおりの回収ができない可能性があります。実質的にどの金額まで回収できるか見極め，回収できないものは貸倒処理をせざるを得ないこととなります。ただし，中国における貸倒損失の計上は日本以上に税法上の要件が厳しいため，企業所得税法上損金算入できない可能性があります。ただ，清算する法人ですので課税所得がそもそもなくて，税務上損失が否認されたとしても実害はそれ程ない場合もあります。会計事務所と相談の上，回収不能部分については，損失処理の判断をしていきましょう。

２　その他未収入金

　売掛金と同様に，全額の回収が困難となるケースがあります。また，日本の感覚ですと未収入金に該当しないものが計上されている場合も多いですので，内容をよく見ておきましょう。オフィスの敷金，保証金などもここに計上されています。

３　棚卸資産

　材料は処分できても，半製品，仕掛品，製品は転売が困難で，親会社が引き取るか又はスクラップ処理せざるを得ない可能性があります。廃棄した場合には，企業所得税の損金算入が認められない場合や，仕入控除していた増

値税を振り戻して増値税追加納付が生じる場合があります。また保税品の国内売却を行った場合，免除されていた関税，増値税を納税する必要があります。

4　前払費用
契約書等に基づき，回収不能分は費用として処理することになります。

5　工場・事務所賃貸保証金
契約によりますが，最終家賃に充当される場合もあります。実業で必要となる時期を見極め，契約書に基づき解約なり契約変更などを行っていくこととなります。

6　機械装置
同業者等に売却できない場合は，スクラップ価格でしか換価できないことになります。なお，輸入機械設備の免税を受けている機械で5年未経過の固定資産は，免除されていた関税及び増値税（増値税に関しては通常は2008年輸入分まで）の納税が生じます。

7　土地使用権・建物
相対取引で売却することになります。実務では，産権証が手許になく所有権の確定から手続をしなければならないケースがありますので，事前に確認しておくことが必要です。資産の処分のなかで最も手間のかかるものとなります。清算の3大ハードルのうちの一つです。

8　什器備品
同業者等に売却できない場合は，スクラップ処理することとなります。

9　車両運搬具
中古マーケットで譲渡するか，相対取引で売却します。

10　賃借事務所の内装費
長期前払費用などに計上して償却をしていっていますので，残高は損失処理することになります。

11　特許権，商標権
同業者へ売却できなければ損失処理するか，親会社に譲渡することになります。

① 登録商標の譲渡－商標局への申請－

なお，登録商標を譲渡する場合，譲渡人と譲受人は登録商標譲渡協議書を締結し，共同で商標局に譲渡の申請をしなければならないこととなっています。商標局の認可後に証明書の交付と公告が行われ，譲受人は公告の日から公告の専有権を有することとされています。

② 特許権の譲渡－国務院特許行政部門への登録－

特許権を譲渡する場合には，譲渡人と譲受人が契約書を締結し，国務院特許行政部門に登録しなければならないこととされています。特許権の譲渡は登録日から効力が生じることとされています。

③ 特許権の外国企業（日本親会社等）への譲渡は技術輸出に該当

また，企業が外国企業に特許権の譲渡をする場合は技術の輸出に該当するとされ，技術輸出入管理条例の規制を受けます。技術輸出は禁止類，制限類，自由類に分類され，制限類は商務部門の許可，自由類は登録申請が必要とされています。これらの譲渡を行う場合は，関連当局への確認が必要となります。

12 買掛金

全ての支払を行います。親会社に対する債務は債務免除により処理するか検討することとなります。なお，買掛金のＤＥＳは実務的には認められにくいようです。

13 その他未払金

全ての債務を支払いますが，親会社に対する債務は，債務免除を受けるかどうか検討することとなります。なお，外債枠がなくなって，日本人総経理の名義で人民元借入を行っている場合がありますが，これは中国的には日本親会社とは関係ありませんので，中国側では名義に沿った処理（人民元で返済するか，個人名義で債務免除をしてもらうか）を行い，日本側の債務免除は会社の債務免除として認識するなどの処理をせざるを得ないこととなります。

14 未払税金

全額納税します。なお，清算手続中の税務調査で発生してくる追加納税はまた別のものになります。

Ⅲ　フェーズ別解説2－準備，縮小フェーズ－

15　従業員職工奨励基金

従業員に支払います。これは従業員の福利のために会社が積み立てたものですので，従業員に対して支払う必要があることとなります。

16　借入金

全額返済しますが，親会社の外債部分は債務免除を受けるかどうか検討します。

17　優遇税制

優遇税制（財政補助を含む）を受けており，経営期間10年以内で清算の場合は優遇された税金を全額返納する必要がある場合などがあります。また，補助金などの場合は個別に異なりますので，当初の要件や管轄当局に確認が必要となります。

4　現地法人の住所－不動産の処分・賃貸契約解約等－

不動産についても，賃貸なら契約満了と清算スケジュールを考慮した契約のまき直しや解約，不動産の場合は売却処分を行っていく必要があります。清算手続中は登記住所さえあれば良い形になりますので，実業の停止のスケジュールに合わせ整理していくのが良いでしょう。ただし，税務登記抹消のタイミング程度までは最低限の登記住所は必要になりますので，実業停止の後も登記住所をどうするかは考えておきましょう。

図表3-21　現地法人住所と清算手続イメージ図

| 通常経営時 工場等，通常業務を行うための場所が必要 | → 縮小 実業の停止 | 清算手続中の 税務登記抹消まで 登記住所は必要 |

工場などが必要なくなった場合には，賃貸等最低限のオペレーションや登記ができる場所へ移転するのも一案。

5　当局への打診，確認－正式申請の前の資料確認等－

　また，当局への最初の手続は商務部門への認可申請ですが，これより前に打診や必要資料，手続の流れを確認しておくのが望ましいです。法律上の義務ではありませんが，事後の流れがスムーズになる場合が多いです。なお，前述のとおり打診や確認時に実名を出す方がよいのかどうかはケースバイケースです。役所といえども実名で紹介をかければ情報がもれ，従業員もいずれ知るところになると考えた方が良いでしょう。

　打診する行政部門は下記のとおりです。

1　商務部門

　清算に関する認可を出し，外資企業の元締めをする部門となります。清算の認可申請をして却下されることはあまりないですが，まずはここが話をもっていくべき行政部門となります。

2　労働部門

　生産型企業などで従業員を大量に退職させることとなる場合はここにも通知をすべきでしょう。必ずしも清算に協力してくれるという訳ではないですが，会社で労務トラブルが発生する可能性もありますので，話をしておくべきです。

3　地方政府，特殊許認可管轄部門

　その他法人の状況に応じて関係する各部門にも話をしておくべきでしょう。地方都市期待の案件で，強力なバックアップを受けた場合には，やはり中国的にも「筋を通しなさい」という面はありますので，スムーズに進めるためにも清算をせざるを得なくなった事情を説明し，理解を得ておくべきでしょう。

6　清算必要資金の投入－増資，親子ローン借入－

　清算手続に入ると原則として増資等の資金追加ができませんので，手続に足

1　清算手続に足る資金投入の必要性

　清算手続に必要な資金は，清算中の会社の資金，労働債務含めた各種債務，税金等の資金です。なお，資金の弁済順位は，①清算費用②担保付債権③労務債権④税金その他債務の順となっています。当該必要資金を試算して，現状足らない場合は増資あるいは外債などで日本親会社から資金投入する必要があります。

2　必要資金の試算

　必要資金の試算が必要ですが，わかりやすくいうと「貸借対照表を現金だけの状態にする」というものです。貸借対照表の負債以外に以後発生する支出の目安として考えなければいけないものは以下となります。

1　経済補償金

　従業員に支払う経済補償金，未払の給与などです。

2　清算費用（運営費用含む）

　清算中の運営費用，コンサルティング会社への支払費用等です。

3　外部に対する負債の完済費用

　外部に対する負債は，基本的に免除などは受けられませんので，完済する必要があります。

4　税金等の追納金額

　税金の支払額です。税務調査による追納額などは調査が入るまでわかりませんが，事前に税務ＤＤ調査を実施し，会計事務所と相談して金額を見積もっておくこととなります。

3　清算手続中に足らなくなったらどうするか？

　なお，上記の手続途中で資金が足らなくなった場合はどうなるのでしょうか？　実際には，何らかの手段で送金が認められているようですが，イレギュラーな手続となり煩雑ですので，やはり事前に余裕のある金額を見積もって投

入しておき，残金がでれば清算配当で配当するというのが一般的です。

　なお，上記の準備，縮小フェーズは相当なエネルギーと時間を要し，清算手続の前半の山場といっても過言ではありません。従業員に退職してもらい，資産を処分し，債務を完済していくわけですのでかなり負担のかかるオペレーションにはなります。ゆえに，法人の規模にもよりますが，やはり通常は数か月，調整に時間がかかる場合は半年以上，縮小に時間を要するケースも多くあります。また，不動産や当初の許認可などが問題になった場合は清算手続に入る前の縮小段階で1年以上要してしまう場合もあります。

　縮小，準備フェーズのポイントをまとめると以下のとおりとなります。

図表3-22　準備，縮小フェーズのポイントまとめ

項目	ポイント
人員整理	法人の規模などに応じて段階的に削減。必要に応じて専門家の投入。
資産負債の整理	処分時の税金，親会社の損金算入時期などに留意。
清算資金の投入	清算時の必要資金を試算して必要があれば増資。

IV フェーズ別解説3
－手続フェーズ－

　上記での縮小により事業停止の目途も付き，清算に必要な障害もクリアでき，必要資金の投入も終わればいよいよ清算の手続に入ることになります。まずは，清算の法的位置付けを以下で解説します。

1　清算の種類－外資企業は通常清算－

　清算の種類には，前述のとおり①通常清算，②特別清算，③破産があります。①通常清算は企業が生産経営期間の満了や，今後の企業活動が当初の見込みどおりには動かず，かつ今後も回復する可能性がないために董事会又は株主会の判断で清算を決定する場合をいいます。②特別清算は企業に不正があったような場合に，政府の命令により強制的に清算が行われる場合です。③破産は企業が債務超過に陥り債務弁済が不能な場合に企業が破産申請を提出し認められた場合になります。ただし，実務的に外資企業に破産や特別清算が行われる例は稀です。債権者が日本親会社だけの場合等は認められた例があるようですが，非常に希少な事例です。ゆえに，本項では，会社が自主的に清算を行う通常清算を前提に説明します。

Column　外商独資企業の株主会と董事会決議

1　法律上の位置付け
　外商独資企業については，最高意思決定機関は董事会でなく，出資者の集まりである株主会が最高意思決定機関とされています。

2　会社法施行
　2006年の会社法により株主会の設置が義務付けられることとなりました。これにより，管轄当局によっては当局から指導が入り，定款を修正して株主会を設置するよう求められた場合もあります。また，こういった指摘は，董事の変更など行政手続を工商局に申請する場合についてに指導される場合が多くなっています。

> **3　出資者が1社のみの場合　株主会決議は？**
> 　なお，出資者が1社のみの場合は株主会を設けず，単なる株主とすることが認められています。この場合の株主会決議は，株主決定という書類で認められます。
> **4　実務上の董事会決議の提出要請**
> 　なお，実務上は株主会が最高決議機関であっても，管轄当局によっては董事会決議を求めてくる場合もあります。ゆえに，管轄地域の実務の事前確認を行っておくのが良いでしょう。

　なお，手続フェーズに入った際のオペレーションメンバーはどういった体制が良いのでしょうか？　この段階になると当然ながら実業の事業を行う訳ではありませんし，日本人駐在員も毎日何かやることがあるわけではありません。ゆえに，一般的には最低限の現地法人側の出納，財務などの実務担当者を残して（税務申告は税務登記抹消まで毎月申告を行う必要があります），後は代行会社などに任せてしまい，必要がある場合に日本から元駐在員の出張者を派遣するなどの対応をすることも多くなっています。

図表3-23　清算手続時のオペレーションメンバー例

担当	業務内容	代行会社への委託
代行会社 （法律，会計事務所等）	清算手続全般の代行を行う。	可能。
会社総務系 （出納，財務担当者）	各種費用の支払，月次税務申告を行う。	場合によっては可能。
会社意思決定系 （日本親会社，総経理）	会社印押印や，手続時の意思決定，税務調査対応を行う。	出張対応も可能。社印押印も場合によっては委託可。
会計事務所，財務担当者	税務登記抹消時の税務調査対応を担当。	調査時のみの委託対応も場合によっては可。

　上記のとおり，手続フェーズにおいては，代行会社さえ確保できればかなりの部分の委託が可能です。場合によっては会社関係者がほとんど引き揚げてし

まうような体制も可能でしょう。しかし、一点留意したいのが、出納なども委託すると会社の資金異動も外部に委託してしまうことになるため、信頼のおけるところに委託する必要があるという点です。また、日本的には想像しにくい例ですが、現地の代行会社にとっては清算が伸びれば伸びるほど、月次の税務申告などは続くことになるため、代行会社がわざと遅延行為を行っていたようなこともありました、ゆえにどういった代行会社に依頼するかは慎重に検討し、定期的にそのあたりの情報整理ができるレベルの方が出張するなどして、実際にどういう状態か把握しておく必要がある場合もあるようです。なお、本当に遅延している場合もよくありますので、そういった場合代行会社に文句を言っても仕方がありませんし、信頼関係を損ねてしまいます。代行会社から状況を適切に聞き取り、なにがボトルネックになっているかを冷静に確認する必要があります。

Column 清算手続が本当に当局の事情により遅れているのか？

1．現地コンサルタント会社による遅延行為？
なにが本当かを見極める力と信頼関係

上記の「代行会社がわざと遅延行為を行っていたような例」は実際にあった事例です。ある日本の企業より、「現地でローカルの代行会社に任せて清算手続を行っているが、1年以上経過し、税務調査も終わったというのに、なぜかまだ終わらない。まだまだ時間がかかると言われている。いったいどういう状態になっているのか確認してほしい」という依頼をいただきました。

そこで、清算の進捗状況を確認するため、各種手続資料などを送付してもらったところ、税務調査も結論書がでており、抹消登記なども完了している状況で、手続はほぼ完了している状態でした。ゆえに、我々の方から「通常この状態ならほぼ完了しており、あとひと月程度で終わります」とお伝えしたところ、あっという間に現地から清算手続完了の連絡が来ました。

我々も断片的にしか関与していないため、本件の詳細は不明ですが現地コンサル会社にまかせっきりにしていると、コンサル会社自体が遅延行為を行えばなかなか日本親会社からは確認しにくいだろうなと認識させられました。

さりとて、本当に当局の事情により遅延しているケースが圧倒的多数ですので、この辺の真偽を見極める力（信頼のおける別の専門家に確認するのも一つで

す）と代行会社との信頼関係がやはり重要になってくるのではと思います。

2．本当に清算できたのか日本親会社が知らない

　もう一つ面白い話が，ある企業から「以前，子会社の中国現地法人を清算したと連絡をもらったが，本当に清算できているのかわからない。のっとられている気もするから確認してくれ」という依頼をいただきました。それは工商局の登記情報閲覧システムで清算結了がなされていることが確認できたのですが，日本親会社も現地にまかせっきりにしていると，中国現地法人が決算書に表れているだけのバーチャルな存在になってしまう場合もあるのかもしれません。

2　通常清算のスケジュール

1　清算に関する董事会決議，株主会決議

　外商投資企業に深刻な損失が生じ，経営を継続できず，かつ今後も改善の目途が立たないような場合には，生産経営期間満了前であっても董事会又は株主会の決議により企業を清算することができます（中外合弁企業法実施条例90条，中外合作企業法実施細則48条，外資企業法実施細則72条）。

　この場合には，経営に重大な影響を与える決議になりますので，3分の2以上の董事が出席した董事会において，その出席董事全員の同意による特別決議が必要となります（中外合弁企業法実施条例33条，中外合作企業法実施細則29条，独資企業で董事会設置企業は定款に特別決議の必要が記載されている場合が多い）。

　なお，外商独資企業の場合は，最高権力機関は株主会ですので株主会決議が求められます。しかし，地方によっては当局から董事会決議を求められる場合もあります。外商独資企業にとっては，意見統一はできていますので，提出する分にはどちらでもよいという面があるかと思いますので，事前確認を行うか，場合によっては両方準備しておくのも一案かと思います。

　それでは以下に株主会決議後の一般的な手続スケジュールを記載します。

Ⅳ　フェーズ別解説３－手続フェーズ－

図表３-24　一般的な清算手続スケジュール例

アクション	所要日数	備考
商務局への清算開始申請	７営業日	必要書類：①申請書②董事会決議書③清算委員会名簿④批准証書⑤営業許可証。
清算開始日の確定		商務局より清算認可が下りた日。
清算組の設立	３営業日	３人以上で構成。商務局より，清算開始の認可が下りた後，工商局へ清算組成員を登録します。
関係行政機関への清算通知		必要に応じ，外貨管理局，工商局，地・国税局，財政局及び銀行等へ清算開始を通知し，以後の詳細なスケジュールを確認します。
清算時の財務状況の確認		税務局の指導に基づく，会計事務所による清算前監査の実施（必要のない場合もあります）。
新聞公告の掲載	45日間	清算組成立から60日以内に省級の新聞に清算公告を掲載。
債権者への通知		債権者への清算通知。
債権者からの返信		債権者は清算通知を受け取ってから30日以内or新聞公告掲載から45日以内に清算委員会へ債権内容を返信。
債務確定とその通知		清算組が債権者に債権確定額を通知。
債権者による異議申立て		債権者が債権額に異議がある場合は清算通知を受け取ってから15日以内に法廷に訴えることができる。
弁済順位の確定		弁済順位は，①清算費用②担保付債権③労務債権④税金その他債務の順。
清算財産の処分		弁済順位に基づいた財産の処分を行います。
清算監査の実施		会計事務所による監査を実施し，清算所得の申告を行います。
地税抹消申請（地税税務調査）	20－60営業日	地税局へ抹消申請を行い，地税局による税務調査が行われます。
国税抹消申請（国税税務調査）	20－60営業日	国税局へ抹消申請を行い，国税局による税務調査が行われます。

清算報告書の作成		必要記載事項①清算原因，期限，過程②債権債務の処理結果③清算財産の処理結果。
税関登記の抹消	10営業日	税関登記の有無に関わらず，税関での抹消証明が必要となります。
商務部門での批准証書抹消	5営業日	①申請書②董事会決議書③批准証書④営業許可証⑤清算報告書　その他必要な資料提出後，主管部門から清算終結の回答書を受け取ります。
残余財産の送金	1営業日	外貨管理局に，回答書，外貨登記証，納税完了証明等を提出し，残余財産を日本へ送金します。
外貨登記の抹消	3営業日	外貨管理局登記を抹消します。
銀行口座の閉鎖	5営業日	残っている銀行口座の全てを閉鎖します。
社会保障登記の抹消	5営業日	社会保険口座・住宅積立金口座を抹消します（税務調査の前に実施する事もあります）。
営業許可証の抹消	3営業日	清算報告書，及び税関，税務機関からの抹消登記証明を付け申請。営業許可証，印鑑を返還します。法人格は，この時点で完全に消滅します。
組織コード証・統計登記の抹消	1営業日	
公司終了の公告		新聞に清算完了の公告を掲載（必要のない場合もあります）。

　上記が一般的なスケジュールとなります。細かいスケジュールや順序，必要資料などは各管轄地域により異なります。期間的には上記のとおり，トータルで半年から1年かかるといことになりますが，実際に半年で終わるという例は稀です。しかも，実務手続フェーズだけでこの期間かかりますので，検討，縮小フェーズを含めるとやはり最低1年の長丁場となるのが一般的です。

　上記スケジュールを大まかな時系列イメージで示すと以下のとおりとなります。

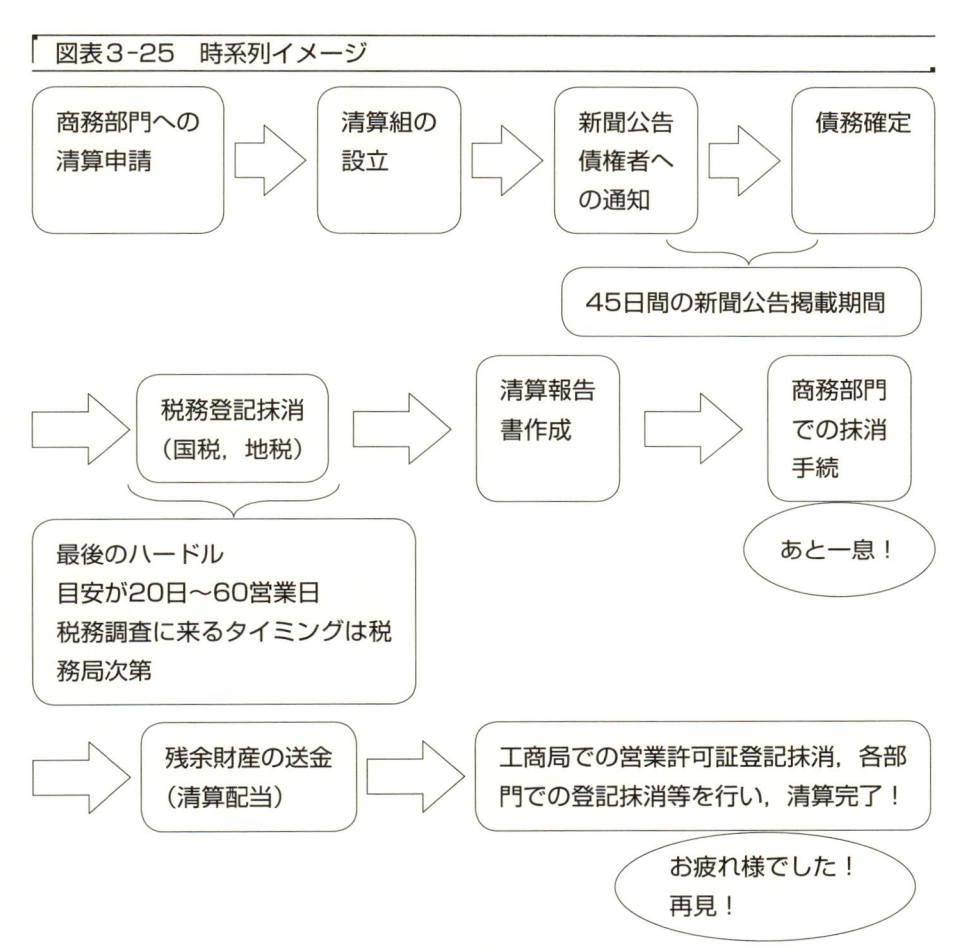

Ⅳ　フェーズ別解説3－手続フェーズ－

図表3-25　時系列イメージ

```
[商務部門への清算申請] ⇒ [清算組の設立] ⇒ [新聞公告債権者への通知] ⇒ [債務確定]
                                                    └─ 45日間の新聞公告掲載期間 ─┘

⇒ [税務登記抹消（国税，地税）] ⇒ [清算報告書作成] ⇒ [商務部門での抹消手続]
   （最後のハードル                                  （あと一息！）
    目安が20日～60営業日
    税務調査に来るタイミングは税務局次第）

⇒ [残余財産の送金（清算配当）] ⇒ [工商局での営業許可証登記抹消，各部門での登記抹消等を行い，清算完了！]
                                   （お疲れ様でした！再見！）
```

　上記のとおり，手続フェーズで最も時間がかかり，かつ税務局の随意のタイミングで調査が実施されるため不確定要素が大きいのが税務登記抹消となります。その他の手続については既に，検討フェーズや準備，縮小フェーズで適正な処理が実施されていれば，基本的には粛々と手続を実施していくだけとなります。それでは，各手続の詳細を見ていきましょう。

2　認可機関へ申請資料確認，準備

　中国の行政手続は，全てにおいてそうですが，清算申請に必要な資料の詳細

や細かい申請順序などは地域により異なります。そのため，事前に地域の管轄局に必要資料等の確認を行います。なお，認可申請時には，通常は最低限以下の資料が必要とされています。なお，上海では申請時に後述する清算組の名簿も提出することになっており，この場合，申請前に清算組のメンバーを確定する必要があることになります。

① 申請書
② 最高権力機関の決議書（株主会又は董事会決議）
③ 批准証書
④ 営業許可証コピー

※法令及び手続の大きな流れは全国共通であるが，資料詳細や細かい部分は地域により異なるため，必ず現地当局に事前確認を行う。

3　認可機関へ清算申請

清算に関する董事会の承認がされれば，商務部門に対して清算の申請を行い，確認を求めます。

外資系企業の清算手続について，通常は認可が必要ですが，以下の解散事由による解散の場合は認可が不要とされています。

① 経営期間が満了した場合
② 営業許可証が取り消され，会社の閉鎖又は取消が命じられた場合
③ 会社の経営管理に著しい困難が生じ，会社の継続により出資者の利益に重大な損害をもたらすおそれがあり，その他の解決方法もないために，10％以上の議決権を有する出資者が人民法院に解散を請求し，人民法院が解散を認める判決を下した場合
④ 定款，合弁契約，合作契約に定める解散事由が発生した場合
⑤ 重大な欠損が生じ経営の継続が困難な場合
⑥ 自然災害，戦争等の不可抗力により重大な損失を被り，経営の継続が困難な場合
⑦ 経営の目的を達成できないと同時に発展の見込みがない場合

ただ、①以外は日系企業では考えにくく、通常の認可を得ての清算以上に難易度が高いともいえますので、実質的には経営期間満了の時のみ、商務部門の認可が不要でその他は認可が必要と考えてよいでしょう。
　やはり認可を得ての清算が外資企業が実施できる一般的な方法になります。

> Column　**合弁企業における経営期間満了と延長**
>
> **1　経営期間満了の法的取扱い**
> 　経営期間満了は会社の解散事由に相当し、董事会の決定なく会社を清算することができ、また従業員との労働契約も解除することができる、まさに、会社の終了です。清算を考えていた企業にとっては良いタイミングでしょう。逆に、まだまだ延長したいという企業は延長の手続を行う必要があります。
>
> **2　準備の理想**
> 　法的な期限は180日前（中外合弁企業法実施細則47条）ですが、合弁企業の場合事前合意をとるため、3年前から準備を始めるのが望ましいというコンサルタントの方もいらっしゃいます。たしかに、会社を終わらせるわけですから、そのくらいから話をすべき場合もあるでしょう。
>
> **3　延長すべき経営期間は何年か？　何年の延長が認められるか？**
> 　なお、延長は何年すれば良いのでしょうか？　これは企業によりまちまちですが、我々が実務上確認できている最短事例は2年です。法律上の制限はないようですので、当局による妥当性の判断で認められた年数での延長ができることとなります。

　なお、商務部門による批准証書が廃止された自由貿易区で認可は必要なのでしょうか？　届出形式になっていますが、現在の実務では実質的には当局の認可が必要となっているようです。

4　認可機関の清算許可

　認可機関が承認した日が清算開始日となります（外資企業法実施細則72条）。認可機関が承認したあとは、通常の営業活動はできません。また、清算事由が生じた日から15日以内に清算組を設立する必要があります（会社法183条）。ただし、上海では商務部門への認可申請時に清算組の名簿を提出することとされて

おり，この場合は申請前に清算組メンバーを確定する必要があることとなります。

5 清算組（清算委員会）の設立と工商局への登録

1 清算組とは

では，清算組とはいったいなんでしょうか？　これは中国現地法人が清算手続を行う場合に，会社の資産，債務等の全面的調査を行って，清算案を確定し清算業務に従事するという法的に規定された組織です。

2 構成員は誰をいれればよいか？

字面だけ読むと，「それをやるのは代行会社ではないのか？」という気もしますが，これは法令で「有限責任公司の清算組は出資者により構成し」（会社法183条）と規定されていますので，出資者をメンバーとする必要があります。なお，地域により異なり実質的に誰でも良いという地域や，法律事務所や会計事務所のメンバーを入れてもよいという地域もあります。

清算組のメンバーは，通常董事のなかから選任しますが，不適格な董事がいる場合には，公認会計士や弁護士を招聘して担当させます（中外合弁企業法実施条例92条）。

清算組の任務は，財産・債権・債務について全面的に調査を行い，清算案を策定し，董事会承認後換価処分を実行することにあります（中外合弁企業法実施条例93条）。

3 実際の作業チームは？

なお，清算組自体は組織しますが，実際のオペレーションは法律事務所，会計事務所といった清算業務チームが行うということで問題ありません。形式上の清算委員会は上記要件を満たしたもので，登録し，実際のオペレーションは前述の清算オペレーションチームで実施するという形態をとる場合がほとんどです。

4 工商局への登録

上記を清算組設立から10日以内に工商局へ清算組メンバー，清算組責任者の名簿を届け出ることとなっています（登記抹消通知3条）。

6　監督諸官庁への通知

清算開始日から7日以内に，企業名称，住所，清算開始日，清算原因などを書面で以下の機関に通知します。

① 認可機関
② 税関
③ 外貨管理局
④ 工商行政管理
⑤ 税務局
⑥ 取引銀行など

これは抹消手続の前に手続確認等を行うためのもので，必ずしも義務ではありませんが，行っていた方がスムーズになります。

7　債権者・一般債権者への催告

■1　債権者への公告－日本と同様の債権者保護のための手続－

清算組成立の日から10日以内に債権者に通知し，かつ60日以内に，一般債権者に新聞公告を行う必要があるとされています（会社法185条）。これは日本の清算手続でも同様の債権者保護のための手続です。

■2　債権者への債権の申告を通知

清算組は成立の日から10日以内に債権者に債権を申告するよう通知し（期限までに債権を届け出るよう通知），債権者は通知を受領した日から30日以内に，通知を受領していない場合は新聞の公告日から45日以内に清算組に対し債権の届出をしなければならないと規定されています。

図表3-26　債権者，一般債権者への催告イメージ図

1．債権者が通知を受領した場合

清算組 →（成立から10日以内に通知）→ 債権者

清算組 ←（受領から30日以内に届出）← 債権者

2．債権者が通知を受領していない場合

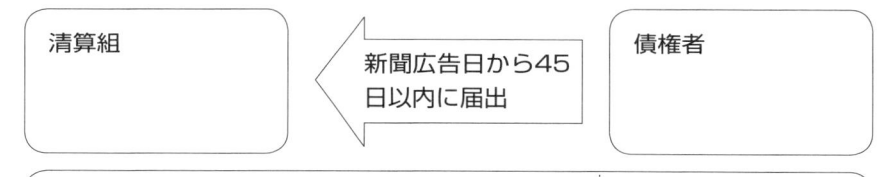

清算組 ←（新聞広告日から45日以内に届出）← 債権者

債権者保護のため，個別に債権者に通知を行い，
さらに，一定期間新聞公告も行うことが義務付けられている

3　新聞社への公告－60日以内の公告と45日以内の公告期間

　上記のとおり，清算組成立の日から60日以内に，一般債権者に新聞公告を行う必要があり，さらに債権者が通知を受領していない場合は45日以内に届出とされていますので，新聞公告から債務確定までの期間は最短でも45日間必要ということになります。なお，45日間新聞に毎日公告し続けるという意味ではなく，新聞公告から確定まで45日間待つ必要があるとの意味です。

　また，掲載新聞については「国又は省レベル以上発行」とする会社法司法解釈があり，また，地方によっては清算公告に掲載する新聞を指定しているところもありますので，事前に工商局に確認しておく方がよいでしょう。

8　清算開始日までの事業年度の会計監査－清算前監査－

　認可機関が承認した年度の1月1日から清算承認日までを一事業年度として，清算事業年度の会計監査を行うことになります。これが最後の通常の企業所得

税の申告（事業年度単位での所得計算としての）となります。清算開始日以降から清算終了の日までは清算期間として，期間所得計算というより，資産から負債を引いた残余財産課税的な清算所得の申告を行います。なお，企業所得税の申告は必ず必要ですが，会計監査が必要とされるかどうかは地域により異なるようです。

図表3-27　イメージ図

1月1日から清算承認日まで	清算開始日から終了日まで
1月1日〜清算承認日までを1事業年度として最後の事業年度単位の企業所得税申告を行う	残余財産課税のための企業所得税申告を行う（清算所得に対する申告）

9　換価処分・経済補償金の支払

　清算組は会社財産を整理し，貸借対照表及び財産リストを作成しなければならないことになっています。これは実務的には45日間の公告期間内に並行して作業をすることが可能となっています。ただ，実際には事前にどういうものを作成するのか検討，準備できている場合が通常です。

　なお，現実的にこの段階で判明することは通常はないのですが，法律上は資産で負債を返済きないことになった場合破産申請に移ることとなっています。

10　優先支払債務の順序

　清算における優先支払債務は，企業の清算財産を管理，処分，分配する際に必要な費用をまず支払い，次に公告，訴訟，仲裁費用，清算過程において支払が必要なその他の費用を支払い，次に給与，労働保険を支払い，その後国税を支払い，その他の債務を支払うことになります。

　準備フェーズから公告期間の終了までに，財産の換価処分，従業員の解雇及

び経済補償金の支払，債務の支払を済ませます。それ以外に残業代未払等があるとして，支払請求をされる場合は，労働仲裁，裁判等で労働契約の解除に時間を要する場合があります。

輸入機械設備免税の優遇を受けている場合，5年以内の場合は関税及び増値税の支払が必要となります。そして保税貨物を有している場合には税関当局のチェックを受けた後，免税手冊（手帳）の返却を行います。

実務では，保税貨物の帳簿有り高と実際有り高が合わず関税や増値税の追加納付の必要が生じることが多々あります。

11　清算報告書の作成

清算組が清算報告書を作成し，会社最高権力機関（株主会，又は董事会）の確認を受ける必要があります。

12　清算結了事業年度の会計監査

清算開始日から換価処分完了時までの会計監査を受け，最終の企業所得税などを確定します。企業所得税の計算は通常とは異なり，以下のとおりとなります。

13　清算所得に対する企業所得税の課税

■1　清算所得に対する課税の特殊性

企業が清算を行う場合には，清算開始日までを一納税年度，清算開始日から経営終了日までを清算期間として企業所得税を納付することとされています。具体的には，清算を開始した事業年度については，清算開始日から清算開始日までを一納税年度として，終了の日から60日以内に最後の通常の計算による企業所得税申告を行い，清算開始日から税務登記抹消の日までは清算期間として清算所得を申告（日本の清算所得に関する申告と同様のＢＳ課税に近いもの）をすることとされています。

■2　清算所得の計算方法

清算期間の清算所得に対する企業所得税は通常の企業所得税の申告と異な

る方法により課税所得が算出されます（税率は通常と同様25％です）。課税所得の計算方法は以下のどおりです。

① 全ての資産の正味実現可能価額あるいは取引価額
② 資産の簿価，清算費用，関連税金
③ ①－②＝清算課税所得

【税務上の欠損金】

税務上は5年間の繰越ができますが，6年を過ぎると切り捨てられます。会計上の欠損金があっても税務上の欠損金が少なく，債務免除を受けると課税所得が生じる場合等に注意が必要です。

14　税務登記の抹消

1　地税局と国税局

確定した最終企業所得税やその他税金を支払い，税務登記を抹消します。上海市以外の税務局では，地税と国税に分かれていますので，それぞれ順番に税務登記抹消を行う必要があります。なお，上海は国税と地税の区分がなく，同一の税務局で管理されています。その分上海は清算手続が若干早いということができます。

2　地税局，国税局の管轄税目

地税局，国税局は税目により管轄が分かれています。主要な税目でいうと，地税局が個人所得税，営業税で，国税局が企業所得税，増値税です。

Column　日本と中国の国税，地税

1　日本の財務担当者からの質問　中国に地方税はないのか？

日本，中国ともに国税，地方税がありますが，そのシステムは異なっています。日本では法人税や所得税の国税に付随して地方税がほぼ同じ計算方法で課税されますが，中国の場合全く別の税目が課税されます。ゆえに，よく，日本の財務担当者の方から，「企業所得税や，個人所得税について，地方税はないのですか？」と聞かれますが，「ありません」とお答えしています。日本の地方税は同じ法人地方税でも地域ごとに納付書など異なりますし，ある意味中国の方が合理化が進んでいる面があるといえるかもしれません。

2 中国の国税，地税の管轄税目と中央の姿勢

昨今の中国中央政府の姿勢を見ていると，とにかく腐敗や利権防止のため地方から権限を取り上げたいという姿勢をとっているようです。ゆえに，極力地方独自の優遇などは歓迎しない方向に動いているようです。また，従来営業税が課税されていたサービスの一部が増値税に移行しつつありますが，これも地方税から国税ですので，地方から国への税収移転となります。

3 日本の地方税務

逆に日本ではふるさと納税（これは地方税収の地方間での移転ですが）が法人にも適用になるなど従来なかった動きがでていいます。こと，税務においても国と地方の関係を日中比較してみると面白い点があります。

3 実際の税務調査のスケジュール　最大の難関

税務調査は清算手続中の最大の難関ですが，最も時間がかかるともいわれています。なぜ，時間がかかるかというと，まず，調査自体がこちらで時期をコントロールできるものではなく，税務局が随意のタイミングで実施するため，税務局が忙しい際，後回しにされる例が非常に多くあります。また，調査が実施された後も指摘事項や提出資料を課されるのが通常ですのでそれらを準備して提出し，その後税務局もそれを内部で審査して企業に通知し，最終的な結論がでれば終了という形になります。ゆえに，どうしても時間がかかり，一般的には清算手続中，最も時間を要するフェーズとなります。

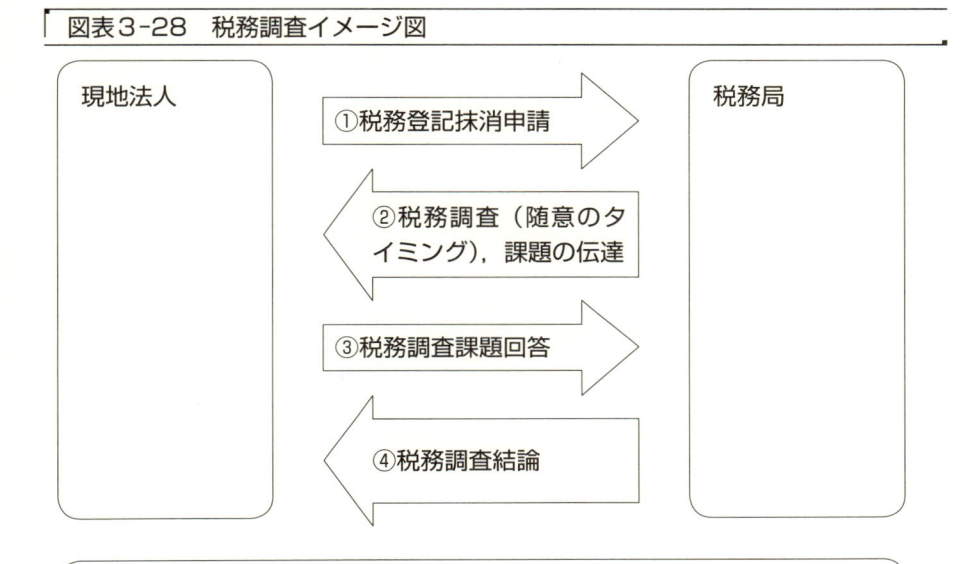

Ⅳ フェーズ別解説3－手続フェーズ－

図表3-28　税務調査イメージ図

```
現地法人                                            税務局
         ①税務登記抹消申請     →
         ←   ②税務調査（随意のタ
              イミング），課題の伝達
         ③税務調査課題回答      →
         ←   ④税務調査結論
```

国税，地税と2回この手続をやる必要がある。
間に春節，国慶節，税務局の繁忙期などを挟むと
かなり時間がかかる場合も多い。

　また，税務局のほか，税関についても登記抹消手続を行います。保税貿易を行っている場合は，保税手冊の抹消が論点となります。

15　商務部門及び諸官庁での登記抹消

　税務登記抹消後に，各監督諸官庁の登記の抹消を行います（税務登記の抹消後でないと，他の登記の抹消ができない制度になっていますので，よくできていますね）。まずは，商務部門で批准証書の抹消を行い，その後外貨管理局，工商局，社会保険部門等登記を行っていた各部門へ抹消手続をしていくこととなります。なお，外貨管理局の登記抹消については，下記の残余財産の送金を通常は先に行います。

16　送金と銀行口座の閉鎖

　残余資金があれば，出資者へ残余財産の送金を行い，銀行口座を閉鎖します。これがいわゆる清算配当となります。

■1　残余財産の送金

　清算の際は，残余資金が存在しても送金ができないのではという質問を受けることがありますが，そんな御無体なことはなく送金は可能です。以下の書類を外貨管理局に届け出，受理され送金許可を受ければ送金可能です。

　　【外貨送金手続に必要な書類例】
　　① 外貨送金申請書
　　② 外貨登記証
　　③ 認可機関の清算許可証
　　④ 清算決議書（組が作成）
　　⑤ 出資時の験資報告書（資本金払込証明書）
　　⑥ 注册会計師発行の清算監査報告書
　　⑦ 外貨預金口座開設通知書
　　⑧ 清算結了時の外貨預金口座明細
　　⑨ 税務登記抹消証明
　　⑩ その他外貨管理局が必要とする書類

■2　清算所得の分配を受けた出資者に対する企業所得税課税

　また，の企業所得税を支払い，残余財産の分配をした場合は出資者に対して以下の区分ごとに企業所得税の課税が行われます。

　　① 残余財産の分配のうち，被清算企業の未処分利益及び利益剰余金累計額については配当所得として課税
　　② 残余財産の分配のうち，上述の配当所得を控除した後の残額と投資原価（出資者の取得原価）との差額は譲渡損益として課税

　出資者が外国企業の場合は上記所得に対して源泉徴収企業所得税10％が課税されます。なお，上記については残余財産の払戻しとして日本では取得価額を上回る部分は配当として取り扱われ，受取配当の益金不算入の適用があります。

17　企業登記抹消

　認可機関，工商行政管理局へ批准証書，営業許可証を返却します。なお，税務登記抹消後10日以内に企業登記抹消の新聞公告を行います。地域により不要とされる場合もあります。なお，無事工商局の登記抹消が完了すれば，現在では工商局のホームページで抹消状況を確認することができます。

図表3-29　清算手続のポイントまとめ

項目	ポイント
清算オペレーションメンバー	代行会社へ委託して出張で対応することも可能。ただし，出納等委託する場合は信頼できる会社にすることと，定期的なモニタリングが必要。
スケジュール	検討，縮小フェーズで適切に準備ができていれば税務調査以外は粛々と実施していくのみ。
税務調査	当局の随意のタイミングで調査が入る。最後のハードル。
残余財産配当	適正に手続が完了しており，残余財産があれば送金可能。

V 持分譲渡の手続と実務−事業と雇用を維持しつつ、他の出資者に正当な対価で引き継ぐ

1 持分譲渡の概要

　次は持分譲渡の手続と実務を解説していきます。撤退を検討する日本親会社にとって，持分譲渡は買い手さえ見つかれば清算より望ましい撤退方法です。ゆえに，ノウハウの流出などの特別な事情がない場合はまずはこちらを検討する場合が多くなっています。しかし，最大のポイントは都合よく買い手が見つかるかという点です。撤退を検討する法人ですので当然業績は芳しくない場合が多く，なかなか都合よく買い手が見つからず，やむなく自分で清算をする場合が大半となっています。ただ，持分譲渡は清算に比べると圧倒的な手間の少なさや雇用の維持など，メリットも大きいですので譲渡対価の譲歩や，買い手側への条件付与などを考慮しても成立させるよう努力する意味はある場合もあります。

図表3-30　現出資者と買い手候補の思惑イメージ図

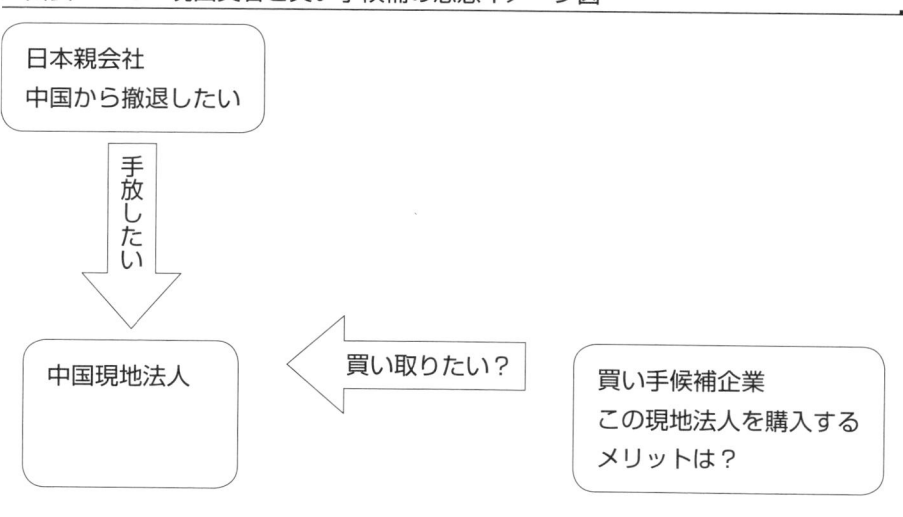

```
┌─────────────────┐
│ 日本親会社       │
│ 中国から撤退したい│
└─────────────────┘
         │
      手放したい
         ↓
┌─────────────┐      ┌─────────────┐    ┌───────────────────┐
│ 中国現地法人 │ ←──  │ 買い取りたい？│    │ 買い手候補企業     │
│             │      └─────────────┘    │ この現地法人を購入する│
└─────────────┘                         │ メリットは？       │
                                        └───────────────────┘
```

> ## ☑ Point
> 清算の手間，コストと持分譲渡の対価や条件を比較。
> 現地法人のコンディションによっては，ある程度条件を譲歩しても持分譲渡を成立させる意味がある場合も。

　持分譲渡は相手あってのものですし，相手や対象企業のステータスにより実務手続や，交渉上の注意点も異なってきますので，やはりフェーズ別の実施が効率的です。フェーズ別の実施例は以下のとおりです。

図表3-31　フェーズ別実施例

フェーズ	内容	実行者
①買い手探しフェーズ	買取希望条件，買い手企業イメージを社内で整理し，紹介可能な機構などに打診。	日本親会社，中国現地法人管理者が金融機関，コンサルタントに依頼。
②実務検討フェーズ	買い手候補企業が上って来たら，対象企業に売却する場合の実務的な問題点，交渉条件点等を整理，検討する。	中国専門家等に検討させた案を日本親会社，中国現地法人管理者で吟味。
③交渉フェーズ	②の案をもとに，買手候補企業と交渉。	日本親会社，中国現地法人管理者，必要に応じて専門家のサポート。
④手続実施フェーズ	譲渡契約に基づき実務手続を実施。現地法人の登記変更，代金の受領までを行う。	中国現地法人及び中国現地専門家等。

　なお，上記②の実務検討は場合によっては③の交渉の後になるケースもあるかと思いますが，買い手企業や譲渡する現地法人のステータスによっては，交渉に条件を付した方がよい場合もあるため（国有企業への譲渡や規制業種等），交渉前に実務検討を行い，懸念点などを先行して検討して，交渉に臨むのがやはり理想的です。

第3章　撤退，再編手法の理論と実務アクションプラン

Column　急増する持分譲渡関係の手続ミス

1　持分譲渡は日本だけで取引は完結

　最近，実務に携わっていると持分譲渡に関するトラブル，誤解が多発していると感じています。そのなかでも極端なものは，「日本企業から日本企業に中国現地法人の持分の譲渡を行った場合，契約から代金の決済まで全て日本企業同士で行われ，中国は関係しない。なぜ，中国が関係あるの？」といったものです。これは，確かに気持ちはわかりますし，当事者同士の取引自体は日本側のみで完結してしまうといえます。しかし，譲渡されたものはまさしく中国現地法人の持分であり，出資者が変わることになりますので，中国側で厳正な変更手続が必要（重要変更事項ですので，行政部門も各部門フルコースで変更手続申請をする必要があります）となることとなります。さらに，持分譲渡自体がそもそも許認可事項であり，また現地法人定款の制約も受けますので，日本側で勝手に？　同意したとしても中国側の許認可や規制でそもそも譲渡が認められない場合もあります。

2　譲渡価格に税務局から物言いが

　当事者間で合意しても税務上価格が適正でないとみなされる場合があります。税務局へも出資者変更の登記を必ず行いますので，税務局も持分譲渡を必ず把握します。ゆえに，その際に税務局に持分譲渡の価格が妥当でないと判断されると税務上の問題が発生することとなります。よくあるのは，税務局から資産評価事務所による評価報告書の提出を求められ，その価格によって課税されるケースです。税務局がどの程度求めてくるかは管轄地域により異なりますので事前にスタンスを確認しておくのが望ましいでしょう。

3　中国現地法人の親会社の譲渡は？

　上記状況ですので，「中国現地法人をもつ親会社自体を譲渡すれば，中国での手続が不要で楽なのでは？」という考えもあります。実際そのとおりなのですが，税務上は実質的に価値の移転があったとみなして課税されます。間接譲渡として税務上も明記されています（国家税務総局公告2015年7号）。

4　親会社自体の合併等が持分譲渡になる

　最近多いのがこのパターンで中国現地法人持分をもつ中国親会社が合併を行った場合も，中国現地法人の持分譲渡に該当しますが，中国側での申告を失念してしまうパターンです。

　それでは各フェーズを個別に解説していきます。

2 買い手探し（ファインディング）フェーズ

　持分譲渡に関しては清算と異なり，能動的に手続を進めるというより，まずは「相手あってのこと」ですので，実務検討フェーズの前に買い手探しのフェーズから解説します。なぜならそもそも買ってくれる相手がいないのであれば実務を検討する意味もないからです。持分譲渡や合弁企業の設立は結婚に例えられますが，相手が決まっていないのに結婚式の段取りで悩むのも気の早い話です。まずは相手を探すことになります。

　では，どのように買取り候補企業を探すのでしょう？　一般的な日系企業では現地の付き合いが同じ日系企業しかない場合も多く，中国現地法人の買い手探しはなかなか難しいものです。普段から買ってくれそうな企業と都合が良く接触のあるような企業は少ないでしょうから，なんらかのツテをたどって探していくこととなります。では，一般的にどういったルートで探していくか，いくつかの例を御紹介します。

1　金融機関に依頼する

　まず，王道は金融機関に依頼するパターンです。中国現地に進出している日系金融機関であれば，条件によりますが本社の専門部署や証券会社などを紹介してくれます。金融機関経由でＭＡが成立する場合もあるようです。こちらは多くの場合日系への譲渡になります。なお，案件成立の場合，費用が掛かるのが一般的です。

2　コンサルティング会社に依頼する

　次に，コンサルティング会社に依頼するパターンです。実際の事例でもたまたまクライアント企業に購入側と譲渡側両方の希望者がいたため，相思相愛で無事成立したケースがありました。この辺りは各社各様で専門のＭＡ部門を持っている会社もあれば，特にそれ専門のサービス部隊はもっていないが，たまたま成立する場合もあり，縁次第という面があります。こちらも案件成立の場合費用が掛かるのが一般的です。

3　従業員等に依頼する（MBO）

　これは従業員に現在の出資者が撤退することがわかってしまうので，従業員に知られて良い手段階まで方向性や計画が固まった段階での打診にはなりますが，従業員に聞いてみるという方法もあります。実際には，「不本意ながら清算せざるを得ない状況だが，清算するよりは君たちが買い取ってやらないか？」というものです。この場合，従業員が持分買い取りに名乗りを上げるほか，本人たちに資力はなくても，知り合いの企業などを紹介してくれるケースもありました。ただ，従業員の知るところとなり混乱する場合もありますので，対象者や時期などは慎重に検討すべきでしょう。

図表3-32　買い手探し（ファインディング）フェーズまとめ

項目	ポイント
買い手探し	相手が都合良く見つかる例はまれ。何はともあれ相手探しから。
紹介依頼先	金融機関，コンサルティング会社，MBO等。

3　実務検討フェーズ

　無事買取り相手が見つかった場合は，契約から手続まで実務の検討に移ることになります。検討フェーズでは，①持分譲渡の対価や条件を詰めるのと，②①を実行に移すための手続，③どのような手順で実施していくかといった点から考えていくこととなります。

1　持分譲渡の条件，対価の交渉

1　対価の交渉

　持分譲渡の価格決定等を交渉の準備をします。当然ながら買手は安ければ安いほど有り難いというスタンスですので，売り手側としての希望対価，その根拠などを準備しておくべきでしょう。また，買い手側から財務DD調査を受けることも当然想定されますし，買い手としては当然実施する権利があるということになります。

Ⅴ 持分譲渡の手続と実務－事業と雇用を維持しつつ，他の出資者に正当な対価で引き継ぐ

2 契約書案の検討　支払対価の確保のための方策

　対価が確定すれば契約書案を練っていくことになります。契約条件で最も重要になってくるのは，特に相手方が中国企業の場合は，「いかに譲渡対価を確実に払ってもらえるようにするか？」でしょう。これは，以下の２点の問題が大きく影響しています。

　① 契約上の譲渡のタイミングと，登記書き換えのタイミングが異なる。
　② 中国企業への譲渡の場合，日本企業対応と異なる商習慣を持つ取引相手Ａの譲渡になる。

　モノの取引であれば，モノと引き換えに代金を支払うということになりますが，持分譲渡で，外資企業から中国企業に譲渡する場合は，外貨管理の手続上，工商局の書き換え後に譲渡代金を支払うことにならざるを得ません。いかにここを確実に払ってもらえるよう担保する条項を契約書に盛り込むこととなります。

図表３-33　外国企業（日本企業等）間での譲渡の場合

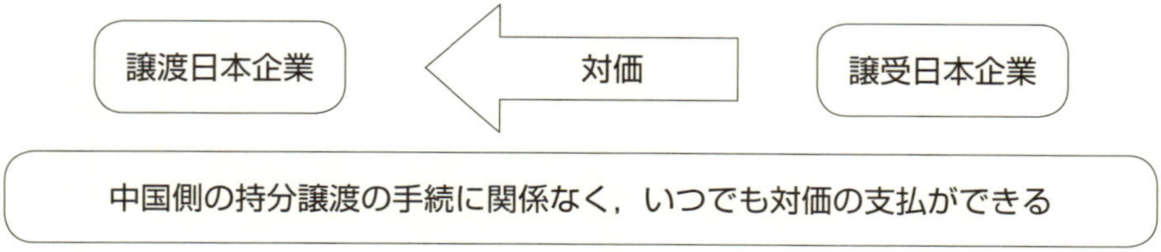

譲渡日本企業　←　対価　　譲受日本企業

中国側の持分譲渡の手続に関係なく，いつでも対価の支払ができる

図表３-34　日本企業から中国企業への譲渡の場合

譲渡日本企業　←　対価（外貨送金）　　譲受中国企業

中国企業は外貨管理の手続上，営業許可証の書き換えを行ってからでしか送金ができない場合がある

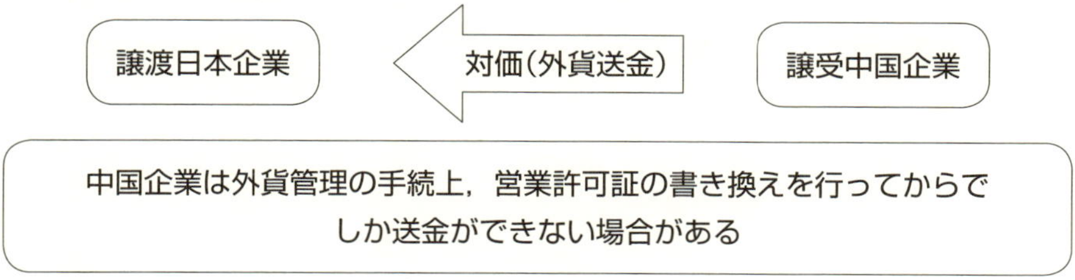

　上記のとおり，中国から外国へ持分譲渡対価を支払う場合は時期に制約が

ある場合がある状況ですので，それを念頭において契約書作成など行っていく必要があります。一般的な対応方法としては，担保の提供や，人民元で保証金を支払ってもらうこと，共同管理口座（日本のエスクロー口座に似たもの）を開設する方法などがあります。

2　税務上の論点の検証－妥当性のある譲渡価格と一般・特殊税務処理－

1　税務上妥当性のある価格

税務上の論点の一点目は，譲渡価格が税務上適正と認められるかという点です。持分譲渡の譲渡価格について当事者間では合意するのはもちろんですが，譲渡価格が税務上適正でないと判断された場合税務上適正な時価に調整され，その価格に基づいて課税をされる可能性があります。実務上は，税務局から譲渡対価について疑義が呈される場合，一般的には資産評価事務所による評価報告書の提出を求められ，その価格による税務申告を要求されます。ゆえに，譲渡価格が税務上も合理性のあるものかどうか，管轄地域では税務局が持分譲渡に対してどういった対応をとっているかなど事前に検証し，対応方法を考えておくべきでしょう。

最悪のケースでは，当事者間での価格は合意価格によりなされ，譲渡益に対する課税のみ税務局が求める価格で課税され，実際には取得していない対価に基づく納税だけ要求されるという場合もあり得ます。

図表3-35　譲渡価格が税務上認められなかった場合

実際の譲渡対価　／　税務局が認める譲渡対価　←　実際取得した対価以上の価格で譲渡益が計算され，納税が要求される

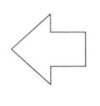

2　一般税務処理と特殊税務処理

また，日系企業の持分譲渡では適用されるケースは少ないですが，持分譲渡にも通常の一般税務処理のほかに，一定の要件を満たした場合には簿価で譲渡できる特殊税務処理の規定が設けられています。これは日本の適格再編

V 持分譲渡の手続と実務－事業と雇用を維持しつつ，他の出資者に正当な対価で引き継ぐ

税制と同様，グループ企業の再編等を円滑に行うため企業の経営実態に大きな変動がないなど要件を満たした場合には簿価による移転を認めるという税法上の制度です。

ここで，再編の重要概念である一般税務処理と特殊税務処理について解説しておきます。

これは日本の適格税務処理に相当するもので，中国でも企業の再編などに関して，原則は時価取引であるものの，一定の要件を満たした企業再編には簿価での処理を認めると税法上定められています。

なお，日本では，原則の時価処理を非適格税制という言い方をしますが，中国は時価処理を一般税務処理といいます。逆に要件を満たした場合のみ適用できる簿価処理を日本では適格税務処理と呼び，中国では特殊税務処理と呼んでいます。

figure 図表3-36　日中特殊税務処理イメージ図

原則＝時価
日本　非適格税制
中国　一般税務処理

例外＝簿価
日本　適格税制
中国　特殊税務処理

企業の円滑な再編を図るため，一定の要件を満たした再編取引については簿価移転を認める。

中国における一般税務処理と特殊税務処理の法令根拠

2009年4月に公布された「企業再編取引の企業所得税の処理に関する若干の問題に関する通知」及び2010年7月に公布された「企業再編取引に係る企業所得税管理弁法」（2010年国家税務総局公告第4号）は，組織再編を規範化した規定で，かつ，日本の法人税法における適格税務処理（組織再編による移転を時価で行わず，簿価で行うことを認めるもの。再編による含み益課税が発生しないため，税コストを抑えることができる）に相当する特殊税務処理が規定されることとなりました。

273

上記の特殊税務処理は，債務再編（ＤＥＳ等），持分譲渡，合併，分割について規定が設けられています。外国企業の持分譲渡に関する特別税務処理は，対価が一定割合以上株式であることが要件とされていますので，日本でいう株式交換のような場合のみ適用があります。ゆえに，現在のところ外資企業の持分譲渡に関しては，それほど適用事例は多くはありません。

　なお，2009年に導入された特殊税務処理ですが，適用事例はあるものの，実務上は要件を充足していても税務局があまり歓迎しないような地域もあり，それほどスムーズに適用できるものではありません。特に，合併など二つの税務局が関与するものでは，調整が非常に煩雑になる場合もあるようです。ゆえに，管轄地域の特殊税務処理の実務上の浸透度がどの程度か事前に把握しておく方が良いでしょう。

　それでは中国側の課税関係に戻りましょう。まずは，本来の処理である一般税務処理を解説していきます。外国企業の持分譲渡の場合，ほとんどが一般税務処理による課税になります。

❸　一般税務処理（外国企業による持分譲渡の大半）

　財税［2009］59号及び企業再編業務企業所得税管理弁法（国家税務総局公告［2010］4号）の企業再編関連規定における企業持分買収の一般税務処理については，以下のとおり規定されています。

　①　被買収者は，持分の譲渡所得又は損失を認識しなければならない。
　②　買収者の持分の税務上の取得価額は公正価値を基礎として確定する。
　③　被買収企業の企業所得税関連事項は原則として変化せず，従前の状況を維持する（財税［2009］59号4条(3)）。

① 譲渡所得に対し10％の源泉所得税

　一般税務処理の場合，時価で譲渡益が認識されますので，出資者が居住者企業（中国現地法人）の場合は利益に加算され，出資者が非居住者企業（日本親会社）の場合は10％の企業所得税の源泉徴収納付が必要となります。また，この源泉徴収納税相当額は譲渡対価から控除され，譲受企業が源泉徴収して支払うことになりますので，交渉時もそこを確認しておくようにしましょう。なお，譲受企業が外国企業の場合は，譲渡される現地法人を介しての納税に

なる場合もあります。

② 人民元での計算になるため為替損益も譲渡損益に含まれる

なお，計算に関しては通常出資金は外貨で出資されていますので，為替差損益も譲渡損益に含まれることとなります。計算例は以下のとおりとなります。

国税函［2009］698号4条で，持分譲渡所得を計算する時に，非居住者企業が持分譲渡対象の中国居住者企業に出資した時又は元の出資者から当該持分を購入した時の通貨で持分譲渡価額，持分原価を計算することとなっています。

③ 計算例
　① 出資持分　1,000万円
　② 出資時レート　1万円＝550元
　③ 譲渡対価　1,200万円（対象持分1,000万円）
　④ ③譲渡時レート1万円＝600元

の場合，

　⑤ 譲渡益は，

1,200万円（譲渡対価）－1,000万円＝200万円

200万円×0.06（譲渡時レート）＝12万人民元となります。

つまり

　1200万円×0.06（譲渡時レート）－1,000万円×0.06（譲渡時レート）＝200×0.06＝12万元

となります。要は外貨で譲渡益を算出し，そこに譲渡時レートをかけたものを譲渡益として認識します。

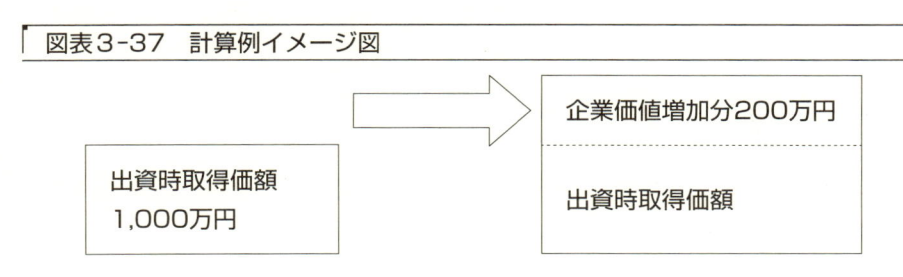

図表3-37　計算例イメージ図

出資時取得価額 1,000万円	→	企業価値増加分200万円
		出資時取得価額

④　必要資料

　持分譲渡後は，税務調査に備え，次の関連書類を保存することとされています（企業再編取引企業所得税管理弁法12条）。

　①　当事者全てで締結した持分譲渡の協議書又は契約書
　②　関連する持分の公正価値についての合法的証拠資料

【資産評価報告書の提出を求められる場合】

　管轄税務局によっては上記規定を根拠として，持分譲渡の際は必ず資産評価報告書の提出を求められる場合があります。その場合，資産評価事務所を手配しなければなりませんし，場合によっては譲渡対価を変更する必要があるかもしれませんので，管轄税務局の運用を確認しておきましょう。

4　特殊税務処理（外国企業の譲渡では適用は少ない）

　次は外国企業の持分譲渡では要件を満たす場合は少ないですが，特殊税務処理による持分譲渡を見ていきます。要件は，持分譲渡による譲渡持分が全持分の50％以上であり，かつ持分譲渡対価に占める持分支払額が85％以上である場合（つまり通常の金銭を対価とする持分譲渡の場合は適用がありません）とされています（企業再編税制6条2項）。

① 内容

　特殊税務処理規定の要件に合致する場合は選択で特殊税務処理を適用することができ，以下の税務処理を行うことができるとされいています。

　①　被買収企業の株主が取得した買収企業持分の税務上の取得価額は，被買収持分の元の税務上の簿価で確定する。要するに被買収企業株主は持分譲渡の所得又は損失を認識しないこととなります。
　②　買収企業が取得した被買収企業持分の取得価額は，被買収持分の元の税務上の簿価で確定する。要するに従前の被買収企業純資産額の簿価で出資金を評価することとなります。
　③　買収企業，被買収企業の元の各資産と負債の税務上の簿価やその他の所得税関連事項は変化せず従前の状況を維持する。

　結論として重要なのは①と②で，特殊税務処理の要件を満たせば簿価で移転できることとなります。

② 必要書類

特殊税務処理の適用の際に必要な書類は次のとおりとされています（企業再編取引企業所得税管理弁法23条）。

① 当事者の持分譲渡の事業目的を含む全体状況の説明
② 双方が締結した持分譲渡の契約書又は協議書
③ 中国の公認資産評価機構が発行した，譲渡した又は支払った持分の公正価値に関する資料（資産評価報告書）
④ 再編が特殊税務処理の条件に適合することを証明する，持分割合・対価支払状況等の資料，及び12カ月内に再編資産に関する従来の実質経営活動を変更しないこと，及び元の主要株主が再編後の連続12カ月内に取得した持分を譲渡しないことの承諾書等
⑤ 工商等関連部門が批准した関連の企業持分変更事項を証明する資料税務機関が提供を要請するその他の資料

③ 非居住者企業による譲渡の場合の要件

さらに外資企業による持分譲渡の場合は上記に加えて以下の要件も満たさなければ特殊税務処理の適用を受けることはできません。非居住者企業による持分譲渡，資産買収の要件（財税［2009］59号7条）と日本出資者側の要件として以下の3形態と要件が定められています。

A 非居住者企業間の持分譲渡

非居住者企業が保有する居住者企業持分を，100％直接出資する別の非居住者企業に譲渡し，源泉所得税負担に変化が生じず（持分譲渡を行った場合，出資者が日本同士であれば譲渡益に対して課税される源泉企業所得税は10％で変化がありませんが，10％と異なる国，地域へ譲渡を行う場合は適用要件を満たさないこととなります），譲渡者非居住者企業3年以内に譲り受けた持分を譲渡しない旨を税務局へ提出した場合（日本親会社からみると並列の出資関係となっていた中国子会社を直列にするような再編が想定されます）。

B 非居住者企業が100％出資する居住者企業に対して行う持分譲渡

C 居住者企業が所有する資産又は持分を100％支配する非居住者企業へ行う持分出資

※　なお，Ｃの場合は，持分譲渡収益に関し10年間の均等計上となっており，特殊税務処理が簿価計上ではなく，10年間の繰延計上処理となっています。

　これは，居住者企業が所有する資産が国外へ移転することとなり，以後の含み益課税については中国側でできなくなることから，簿価処理ではなく，収益の繰延処理のみを認めているものと考えられます。

　また，居住者企業が非居住者企業へ資産や，持分を出資する場合，外貨管理上，居住者企業の行う対外投資に該当しますので，対外投資の許可等について外貨管理局等への確認も必要です。

　上記のとおり，非居住者企業間の再編の場合はグループ内での再編のみに特殊税務処理が認められることになっています。

④　特殊税務処理の適用届出，要件逸脱，追跡管理等

　上記のとおり，特殊税務処理は要件を満たした場合にのみ適用できる処理ですので，手続上も厳格に管理されています。

　Ａ　届出及び資料準備の必要性

　再編取引を完了する当該年度の企業所得税の確定申告時に書面資料の提出が義務付けられています。また，非居住者企業による持分譲渡の場合は，譲り受けた持分を３年以内に譲渡しない旨を主管税務局に届け出る必要があります。

　また，上記③Ｃの「居住者企業が所有する資産又は持分を100％支配する非居住者企業へ行う持分出資」の場合は届出の際の必要資料のなかに『譲渡，支払資産の公正価値に関する資料』が必要とされていることに留意する必要があります。これは通常，中国の資産評価事務所などが発行する評価報告書となります。

　Ｂ　適用要件逸脱の場合の通知・修正

　特殊税務処理の適用要件を状況変化により満たさなくなった場合は，変更発生日から30日以内に全ての関係当事者に通知し，主たる企業再編者が通知受領後30日以内に変更通知を主管税務機関に提出し，発生変更後60日以内に一般税務処理への調整と修正申告を行うこととされています。

C　追跡管理

再編取引の主管税務局は，特殊税務処理の申請があった場合は追跡管理を行い，再編企業の変化動向を把握することとされており，問題発見の場合は直ちに調整を行うとされています。

D　予測不能の場合の暫定不適用

再編取引が2課税年度にわたるような場合，課税初年度において取引全体が特殊税務処理要件を充足するか否か予測できない場合は，一般税務処理を適用することとされています。ただし，翌年度以降充足した場合は前年度修正が可能です。

上記のとおり特殊税務処理は，要件及び再編処理後の要件充足状況についても非常に厳格に管理されています。

このように，非居住者企業による持分譲渡については，100％出資子会社の譲渡及び譲渡対価を持分で取得することが要件となっています。ゆえに，外国企業による持分譲渡は，大半が金銭を対価とする持分譲渡ですので，グループ内の再編等以外では通常要件を満たしません。

⑤　日本側税務処理

なお，特別税務処理で簿価引継ぎになるのは，あくまで中国側だけですので，日本側出資者については日本の法人税法における適格再編税制に該当した場合のみ簿価引継処理ができることとなります。

5　持分譲渡の日（企業再編取引企業所得税管理弁法7条2）

なお，税法上の持分譲渡日は持分譲渡協議が発効し，かつ持分変更の手続が終了した日となります。持分譲渡契約自体は，認可日にその効力が発生するとされています。

6　日本側での課税関係　日本親会社での損金処理時期

日本側での課税関係も検討すべき事項です。清算に比べ持分譲渡が日本親会社にとって良い点は，「時期が読みやすい」というものです。持分譲渡の手続が終われば日本側で損益計上が可能で，譲渡益が出た場合，中国側で10％の企業所得税が源泉徴収され，日本の法人税法上外国税額控除ができること

となります。

3　手続の実施に関する検討

　上記で契約条件等の案が練れれば，実務実施の検討に移ることとなります。既存の出資者には優先購入権があり，また，前述のとおり外商独資企業と合弁企業では決議要件も異なりますので，それに沿った要件を整える必要があります。また，商務部の認可も必要です。そのほか規制業種に該当する場合や，三資企業の区分をまたぐ場合などは手続も増えますので，そちらの確認も必要です。

❶　国有資産絡みは煩雑　国有資産管理部門の承認等

　なお，譲渡企業，譲受企業が国有企業である場合，譲渡現地法人の資産に国有資産がある場合は，国有資産の譲渡に該当するとして手続が非常に煩雑になります。具体的には国有資産管理部門の承認や，国有資産の評価，入札などが必要となります。事例が少ないためか非常に地域差も大きいようですので，国有資産絡みの持分譲渡の場合は，事前確認が必須となります。

❷　董事の変更，社名，ブランドの使用，技術供与等の付帯事項

　そのほか，持分譲渡に伴うビジネス上の論点として以下の点等も検討事項となります。

①　董事等の変更

　出資者が変わりますので，当然，董事も変更になります。場合によっては企業の収益力維持のため，何らかの形で旧出資者系の社員が残る場合もあります。また，董事変更の手続は通常持分譲渡と同時進行での手続を行うのが一般的です。

②　社名，ブランドの使用の是非

　社名，ブランドなども持分譲渡後も同じ名前の使用を許可するのか検討する必要があります。逆に，変更してほしい場合はその旨も持分譲渡契約に盛り込む必要があります。

③　技術供与等

　これも企業の収益力維持のため，持分譲渡を成立させるため技術支援を譲渡後も一定期間行うなどの条件を入れる場合もあります。

④ 親会社との債権債務，親子ローン，親会社担保保証の処理

現在の親会社との間に債権・債務や親子ローン，借入れの担保保証などを行っている場合は持分譲渡にあたりどのように処理するか検討する必要があります。親子ローン等を現地法人が返済すると資金が回らなくなるケースもありますので，対応策の検討が必要な場合もあります。

3 持分譲渡前の事由に起因する損失の負担－表明保証－

持分譲渡前の事由に起因して生じた損失等について，譲渡契約で譲渡者に負担させるものとする場合もあります。これも，こういった要請があることを念頭に置いて是認可能かどうか，価格に反映させて，責任は制限するかなど方針を考えておくべきでしょう。

4 従業員への影響

また，清算を避けるための持分譲渡であっても出資者が変わることによる労働条件の変化などを懸念して従業員が動揺する可能性もあります。これもいつ，どのタイミングでどのように説明するのが望ましいかの検討が必要でしょう。

Column 内資企業と外資企業の労働者管理の実情

①憧れの外資企業　コンプライアンス重視

日本以上に学生は就職難で激烈な就職戦線のなか，企業への就職を勝ち取ろうとします。そのなかでもコンプライアンス重視で給与も良い外資企業は人気就職先のようです。

②1に欧米，2に日系，3，4がなくて，5に内資？

外資企業が人気ですが，やはり一番人気は欧米系でその次に日系企業，外資が無理なら内資という順序のようです。ただし，円安と経済力の低下で日系企業も相対的な給与が下がり，最近では一時ほどの人気がないようです。

③内資企業管理の実情

内資もピンからキリまでですが，やはり感じるのは外資と比べた労働条件の厳しさです。休みが週休一日のところや，社会保険に適正に加入していないという企業は少なくありません。また，日本人として見ていて感じるのが上下関係の絶対的な厳しさと，従業員の立場の弱さです。こういったところを見ると持分譲渡にナーバスになるのもやむを得ないのかなという気はします。

図表3-38　事前検討フェーズ　ポイントまとめ

項目	ポイント
譲渡対価	目安対価の検討。譲受側ＤＤの可能性。譲渡代金確保の対策。
税務	譲渡益，資産評価報告書の要不要，税務上の価格妥当性。
手続	三資企業の種類，規制業種。
国有資産	国有資産関係の規制の有無及び手続の確認。
董事，社名，技術供与，親会社債権債務	董事，社名，ブランド等の変更の意向，技術供与の可否を検討。
持分譲渡前の瑕疵による損失の負担	応じられるか，価格に盛り込むかなど方針を準備。

4　交渉フェーズ

　上記のシナリオを基に相手企業と交渉に臨みます。必要に応じて専門家も同席させ，価格の根拠を説明し，条件交渉をしていくこととなります。特に通訳は必ずこちらからも出し，可能であれば日本人と中国人両方の通訳を出席させることが正確な交渉のために望ましいでしょう。また，譲渡対価，支払時期等の条件のほか，検討フェーズで解説した董事の変更，費用負担，ブランドの使用，技術支援等の付帯条件においても交渉時に詰めておくべきでしょう。

　持分譲渡の成立を第一条件とするか，対価や社名変更等譲れない条件があるか，何を優先するかなどの方針も明確にしておく方が良いでしょう。

5　手続フェーズ

　最後は実際の手続のフェーズです。ここまでくればあと一息です。手続は清算に比べれば難易度は格段に低いものとなります。ただし，手間のかかるポイントもありますので，しっかりと手続内容も把握して確実に実施していきましょう。

Ⅴ 持分譲渡の手続と実務－事業と雇用を維持しつつ，他の出資者に正当な対価で引き継ぐ

1 持分譲渡・譲受の手続スケジュール

　持分譲渡については中国では許認可事項となっており，手続は日本の持分譲渡に比べると煩雑です。実際，実務で持分譲渡を行う際の手続についてもスケジュール順に解説します。なお，出資者が変わることになりますので，持分譲渡にあわせて社名や法定代表人，董事などの変更を行う必要があるかどうかも検討し，変更する場合は変更の行政手続も合わせて行う必要があります。

❶ 持分譲渡価格，特別税務処理の適用，各関係機関へのヒアリング，資産評価事務所の評価報告書発行依頼等の検討

　実務検討フェーズでも述べたとおり持分譲渡で最も大きな論点となる譲渡対価については，当事者間での合意はもちろんですが，譲渡対価が税務上適正でないと判断された場合税務局が定める適正な時価に調整され，追加納税が発生する可能性がありますので，譲渡価格の検討は重要です。

　また，特別税務処理の適用を受ける場合は資産評価事務所による評価報告書の準備が要件ですし，地域によっては特殊税務処理の適用がなくても，税務局から適正時価の検討のため要求されるケースもあります。

　そのほか，地域によっては管轄当局が外資企業の持分譲渡や特殊税務処理に不慣れでうまく理解してもらえないといった場合もありますので，現地の管轄当局の事情を事前照会などで調査しておくのが望ましいでしょう。

❷ 持分の譲渡を承認する董事会決議の開催

　合弁企業の場合，合弁当事者の一方は，その持分の全部又は一部を譲渡する場合，他の合弁当事者の同意を得た上で認可機関に報告して認可を受け，各行政機関で変更登記の手続を行っていくこととなります。

　合弁当事者の一方が持分の全部又は一部を譲渡する場合，他の合弁当事者は優先的買取権を有するとして（中外合弁企業法実施条例20条），これらの規定は定款に記載されていることから，3分の2以上の董事が出席した董事会において，その出席董事全員の同意による特別決議が必要となります（中外合弁企業法実施条例33条）。

　また，出資持分の異動については会社定款にも特別な記載がある可能性がありますので，その点も確認する必要があります。

3 持分譲渡契約書の作成

董事会の決議を得たあと，譲受者との間で持分譲渡契約書を作成します。日本企業間で行われる持分譲渡契約書であっても，中文での契約書も作成し中国の印紙税を納付する必要があります。なお，日本企業同士の持分譲渡であっても，中国での行政手続には必ず中文の契約書を提出する必要があります。

なお，日本の印紙税については，国外での契約締結などの条件に該当した場合は課税されません。

4 認可機関（通常は，商務部門）へ申請

認可機関へ持分変更の申請を行い，次の書類を提出する必要があります（外商登記持分変更規定9条）。

① 持分変更申請書
② 現合弁契約書，定款，修正協議書
③ 批准証書，営業許可証写し
④ 持分変更を承認した董事会議事録
⑤ 持分変更前後の董事会構成員名簿
⑥ 持分譲渡契約書
⑦ 直近の監査報告書の写し
⑧ 審査機関が要請するその他の文書

5 認可機関の承認

申請後商務部門が書類の審査を行い，申請から30日以内に諾否の回答を下します（外商登記持分変更規定17条）。

なお，書類などが完備していれば通常は認可を受けることができます。

6 批准証書の変更手続

認可機関の許可を受ければ，批准証書の変更手続を行います。

7 工商局へ営業許可証の変更申請

批准証書の書き換えが終われば，工商局へ営業許可証の変更申請を行います。通常申請後10営業日以内に許可証が下ります。

8 各管轄行政局へ変更申請（税務局含む）

変更後の持分譲渡契約書をもって各管轄当局（税関，外貨管理局等）で変更

手続を行います。なお，税務登記の変更がありますが，その際に譲渡対価が問題になるケースも発生しています。譲渡益が発生すれば源泉企業所得税の徴収ができることから，税務局側が譲渡価格の見直しを要求するケースです。なお，実務的には先に譲渡対価及び課税関係を確定するため，営業許可証などの書き換え前に税務局での納税や税務登記を行う場合もあります。

① 譲渡対価の支払

全ての手続を終えたあと，譲渡対価の支払を行います。また，特殊税務処理の適用を受ける場合は一定の資料の準備及び再編を行った年の確定申告時に届出を行う必要があります。

② 外資から内資に変更になる場合，三資企業の種類が変更になる場合，手続は複雑に

持分譲渡により内資から外資，外資から内資にまた外資であっても三資企業の種類が変更になるような場合は，法律上企業の種類が変わることになりますので，手続も多く当局の審査も厳格になります。

2 スケジュール例

スケジュールのイメージは以下のとおりとなります。

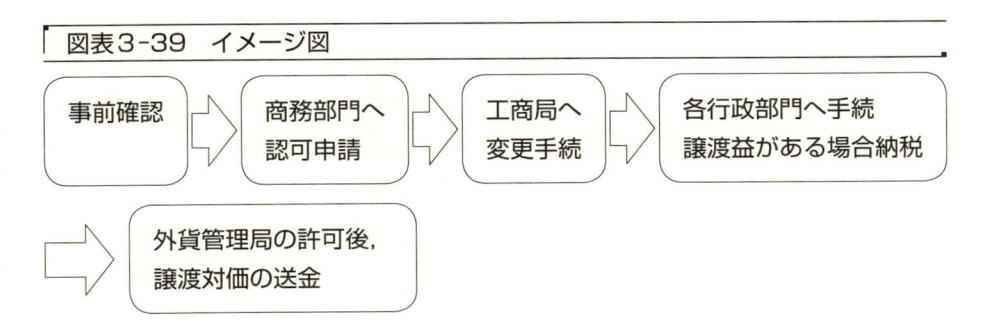

図表3-39 イメージ図

事前確認 → 商務部門へ認可申請 → 工商局へ変更手続 → 各行政部門へ手続 譲渡益がある場合納税 → 外貨管理局の許可後，譲渡対価の送金

期間は一般的に2カ月から半年程度要します。清算と同様，やはり税務局の手続のところで所要時間がかなり変わります。

3　持分譲渡者・譲受者別の各種税金

なお，持分譲渡に関しては検討フェーズで解説した企業所得税以外にも数多くの税金が発生します。持分譲渡者及び譲受者に発生する各種税金としては以下のものがあります。

◨ 譲渡者の税務

① 印紙税

譲渡者に対しては，持分譲渡契約書に貼付される印紙税が，契約金額×0.05％で課税されます。

なお，日本の印紙税については，日本の印紙税法上における『売上代金以外の金銭又は有価証券の受取書』に該当しない場合，又は契約締結地が日本国外である場合は日本の印紙税は不課税となります。

② 企業所得税

譲渡者が居民企業の場合は，譲渡益に対して企業所得税が課税され，非居民企業の場合は，譲渡益に対して10％の源泉所得税を納付することになります（企業所得税法実施条例91条）。なお，日本の場合は租税条約上の源泉所得税率も10％ですが，税率の異なる租税条約を結んでいる国が出資者の場合は，租税条約が優先して適用されます。

③ 増値税，営業税

増値税，営業税に関しては，持分及び譲渡対象法人の内部資産ともに不課税とされることが明確化されました（国家税務総局公告［2011］13号，51号）。

ただし，土地増値税については規定で明確になっていません。土地所有者に変更はありませんので不課税が本来の取扱いであると思われますが，税務局によっては課税を主張してくる場合があるようです。

◨ 譲受者の税務

譲受者に対しては，印紙税のみ契約金額×0.05％で課税されるだけです。また，持分譲渡された法人が有する未控除仕入増値税額についても，引き続き控除可能です（国家税務総局公告［2012］55号）。なお，譲渡益に係る企業所得税については原則支払者が源泉徴収義務者とされています。

Ⅴ 持分譲渡の手続と実務－事業と雇用を維持しつつ，他の出資者に正当な対価で引き継ぐ

図表3-40　手続フェーズのポイントまとめ

項目	ポイント
スケジュール	各管轄当局に事前確認。税務局で価格が問題になる可能性。外資から内資への変更の場合等通常より複雑。
各種税金	企業所得税以外の納税もあり。土地がある場合は土地増値税が不課税になるよう確認。

VI 資産買収（事業譲渡）－実務上資産の譲渡手続で行われる－

1 中国における資産買収（事業譲渡）とは？

　次は資産買収（事業譲渡）について解説します。中国での事業譲渡については特徴があり，日本の事業譲渡と全く同じものは法律には規定されていません。ただ，実務上は資産譲渡と個別の従業員の移籍により，事業譲渡と同じような効果を得る再編行為が行われています。しかし，これは法律上明確に定められた概念ではありません。また，「外国投資者の国内企業買収に関する規定」という法律のなかには，「資産買収」という概念が述べられており，これは法律上明確に規定されてはいますが，外商投資企業を新設して国内企業の資産を一括で譲り受けるパターンのみが述べられています。ゆえに法律上は明確ですが，新設法人についての規定ですので，実務的には，日系企業での実施事例は非常に少ないものとなっています。

　なお，上記の資産買収は，持分譲渡と異なり出資持分そのものを取得するのではなく，企業の実質的経営資産の一部を取得する取引になります。

　ゆえに企業の買収について，持分譲渡か資産買収かを検討する場合，一般的には，買収対象企業に将来発生するかもしれない偶発債務などのリスクがある場合には，資産買収を選択するのが良いといわれています。なぜなら，持分譲渡と比べた場合のメリットとして，会社の限定された部分の買取りであるため，無制限に会社のもつ全ての権利と義務を承継する持分譲渡と比べた場合，リスクを限定することができるという点があるためです。

　ただ，教科書的にはこのような解説ですが，「実際できるのか？」というと事例が非常に少なく，法的にも曖昧なため，通常の日系企業には適用が難しいのが実情です。以下，資産買収の理論的な面を見ていきます。

　中国における事業譲渡の方式としては，上記のとおり，通常の個別資産の譲渡による資産買収と営業譲渡方式の2種類があるとされています。

Ⅵ 資産買収（事業譲渡）－実務上資産の譲渡手続で行われる－

1 通常の資産譲渡－個別資産の譲渡－

　通常の資産譲渡では，持分譲渡と異なり不要不急の資産は買わなくてもよく，譲受人側で，必要な資産のみを購入することができます。また，隠れたる債務を引き継いでしまうリスクを負うことはありません。しかし会社の所有する許認可関係は持分譲渡などと異なり，全て再取得する必要があります。さらに単純な資産譲渡では，従業員の引継ぎは行いませんので，原則としていったん退職する形となり，経済補償金の支払が発生します。要はまさに個別の資産の譲渡と従業員の転籍の組み合わせで事業譲渡に近い効果を得ているわけです。

2 営業譲渡方式による資産買収

1 理論上

　営業譲渡方式による資産買収とは，企業の一部門，一工場という有機的一体となった事業体の買収をいいます。よって譲渡者の強みの部分（事業所）のみを購入でき，また，譲渡者の弱みの部分等（事業所）は切り離して承継することができます。そして労働関係も労働者全員の同意を得ることでそのまま継承することができ，経済補償金の支払は発生しません。ただし，前述のとおり，「外国投資者の国内企業買収に関する規定」で述べられているのは企業を新設するパターンのみですので，既存企業の資産譲渡でそのまま承継するのは難しいと思われます。また，「外国投資者の国内企業買収に関する規定」に規定する新設法人への資産買収に該当すると思われる場合も管轄当局の確認が必要でしょう。

　なお，リスクは限定できるといえども譲受資産（事業）に係る隠れたる債務は継承（例えば，生産物賠償責任やクレームなど）することとなります。また営業譲渡は有機的一体となった資産の譲渡ですが資産，事業を有する法人は変わりますので，許認可関係はやはり再度取得し直す必要があります。

2 実務上

　上記をみると「これが事業譲渡ではないのですか？」と思われるでしょう。しかし，やっかいなのは，これが法律上明記されているのは「外国投資者の国内企業買収に関する規定」等一部の法律にしか規定されていないという点

です。労働法上，従業員がそのまま承継することができるかなどは明確になっていません。ゆえに，実務的には通常の既存の日系現地法人への譲渡では一の個別資産譲渡と転籍により実質的に事業譲渡に類似した効果を得ようとするのが一般的です。

2　企業所得税法上の取扱い

次は税務上の取扱いを見ていきます。中国の法人が資産を買収若しくは，法人を新設して資産を買収することになりますので，持分譲渡と異なり日本の税務は関係しないこととなります。

1　一般税務処理（財税［2009］59号4条3）
1　内容
企業再編通達において，資産買収の一般税務処理の場合の処理については，以下のとおり規定されています。

資産譲渡時に，公正価値と譲渡原価との差額を所得又は損失として認識します（財税［2009］4条3）。一般税務処理では原則どおり時価課税となります。
2　必要書類
資産買収後は，税務調査に備え，次の関連書類を保存しておくこととされています（企業再編取引企業所得税管理弁法12条）。
① 当事者全てで締結した資産買収の協議書又は契約書
② 関連する資産の公正価値についての合法的証拠資料

2　特殊税務処理（財税［2009］59号6条3，企業再編取引企業所得税管理弁法24条，財税［2014］109号）
1　内容
特殊税務処理規定を適用できる場合（譲受企業が買収した資産が譲渡企業の総資産の50％を下回らず，かつ譲受企業の当該資産の買収が発生した時の持分支払金額がその取引支払総額の85％を下回らない）は，次の特殊税務処理を選択すること

が可能です。
　① 譲渡企業が取得した譲受企業持分の税務上の取得価額は，被譲渡資産の元の税務上の簿価で確定する（簿価譲渡）。
　② 譲受企業が取得した譲渡企業資産の税務上の取得価額は，被譲渡資産の元の税務上の簿価で確定する（被買収資産の簿価での引継ぎ）（財税［2009］59号6条3）。

2 必要書類

特殊税務処理の適用に必要な書類は次のとおりです（企業再編取引企業所得税管理弁法24条）。
　① 当事者の資産買収の事業目的を含む全体状況の説明
　② 当事者全てが締結した資産買収の契約書又は協議書
　③ 中国の公認資産評価機構が発行した，資産買収に関する資産評価報告書
　④ 譲受企業の持分の課税標準に関する有効な証憑
　⑤ 再編が特殊税務処理の条件に適合することを証明する，持分割合・対価支払状況等の資料，及び12カ月内に再編資産に関する従来の実質経営活動を変更しないこと，及び元の主要株主が再編後の連続12カ月内に取得した持分を譲渡しないことの承諾署等
　⑥ 工商等関連部門が批准した関連の企業持分変更事項を証明する資料
　⑦ 税務機関が提供を要請するその他の資料

3 資産買収の日（企業再編取引企業所得税管理弁法7条3項）

税務上の資産買収日は資産譲渡協議が発効し，かつ資産を実際に引き渡した日となります。

3 資産買収に関する各種税金

資産買収は持分譲渡同様，企業所得税以外にも数多くの税金が発生します。持分譲渡者及び譲受者について関連のある各種税金は以下のとおりです。

1 譲渡者に対する課税

❶ 企業所得税

資産の譲渡は，通常の資産譲渡と同じ課税問題が生じ，売却価格と譲渡原価の差額が企業の所得又は損失となり，企業所得税の課税対象となります。

❷ 印紙税

売買契約書に記載された売買金額×0.03％〜0.05％（譲渡対象資産によって異なります）の印紙税が課税されます（印紙税の税目別税率表）。

❸ 増値税・営業税

増値税，営業税に関しては，不課税とされることが規定されています（国家税務総局公告［2011］13号，51号）。ただし，個別資産の移転を伴う取引に関しては，物品販売，中古固定資産の売却の場合は増値税の課税が行われます。「個別資産の譲渡」か「営業譲渡方式による資産の買収か」は明確に規定されていませんので，事前に管轄税務局の確認を行う必要があるでしょう。

❹ 土地増値税

土地使用権，家屋の移転に関する譲渡益に対し土地増値税が譲渡益に対し30％〜60％課税されます（土地増値税暫定条例10条）。

> 土地増値税額＝ ｛譲渡収入－（譲渡原価＋譲渡費用）｝ ×適用税率
> －（譲渡原価＋譲渡費用）×控除率

なお，資産買収で土地増値税が免除されるかについては規定で明確になってはいません。

❺ 営業税

通常の無形資産の譲渡又は不動産の売却の場合には，営業税課税が行われますが，営業譲渡は企業の資産・債権・債務・労働力等を全体的に移転する行為であり，営業税の課税はありません（国税函［2002］165号）。ただし「個別資産の譲渡」か「営業譲渡方式による資産譲渡」かは明確に規定されていませんので，事前に管轄税務局の確認を行う必要があるでしょう。

2　譲受者に対する課税

❶　印紙税

売買契約書に記載された売買金額×0.03％～0.05％（譲渡対象資産によって異なります）の印紙税が課税されます（印紙税の税目別税率表）。

❷　契税

土地使用権，家屋の移転に対し，契約金額の３％～５％の契税（日本の登録免許税）の支払が生じます（契税暫定条例３条）。

❸　増値税

資産譲渡された資産に対応する未控除仕入増値税額についても，組織再編の一環として行われたものであれば譲受法人にて控除可能です（国家税務総局公告［2012］55号）。

4　従業員の移籍

資産買収に伴う従業員の異動については，新会社設立方式の資産買収の場合は一括で承継される可能性もあり得ますが，個別資産の譲渡の場合は一括承継の規定がないため，通常は個別に従業員の同意を得て移籍させていくこととなります。ゆえに，旧会社を退職させて，新会社に入社させることになりますのでかなり煩雑になります。旧会社の勤続期間を新会社に引き継がない場合は経済補償金の支払が必要となります。

図表３-41　資産譲渡方式の場合

旧会社　→ 一人ずつ退社して入社 →　新会社

5　資産買収の手続スケジュール

1　事前確認

　前述のとおり，資産買収については実施事例が極めて少ないのが実情ですので，そもそも実施可能かどうか管轄当局に確認する必要があります。なお，単なる資産の譲渡で一般税務処理であれば認可関係なく実行するということで問題ないと考えます。

2　実務手続スケジュール

❶　譲渡価格，特別税務処理の適用，各関係機関へのヒアリング，資産評価事務所の評価報告書発行依頼等の検討

　まず，資産買収で最も大きな論点となる譲渡対価を検討する必要があります。譲渡対価の当事者間での合意はもちろんですが，譲渡対価が税務上適正でないと判断された場合，税務局が定める適正な時価に調整され，追加納税が発生する可能性がありますので，譲渡価格の検討は重要です。

　また，特別税務処理の適用を受ける場合は資産評価事務所による評価報告書の準備が要件ですので，必ず準備する必要があります（ただし，資産買収での特別税務処理適用はかなり難易度が高いものと考えます）。

　また，特殊税務処理の適用がなくても，税務局から適正時価の検討のため要求されるケースもあります。外資企業の資産買収，資産譲渡への特殊税務処理の適用は極めて少ないものと思われますので，現地の管轄当局の事情を事前照会などで調査しておく必要があるでしょう。

❷　内資企業の董事会決議

　企業が譲渡する資産が，企業経営に重大な影響を与える資産譲渡に該当する場合は株主総会の特別決議を必要とすることになります。

❸　債権者への通知及び新聞公告

　内資企業の資産買収が行われる場合には，被買収内資企業の必要な債権，債務も引き継ぎます。そして買収企業は被買収企業の債権債務について別途協議をまとめることができるとされており，その協議書を認可機関に提出す

る必要があります。

　また資産を売却する内資企業は協議書を認可機関に提出する15日前に債権者にその旨の通知書を送付し，かつ新聞公告を行う必要があります（国内企業買収規定13条）。

4　資産売買契約の締結

　資産売買契約書を締結し，代金決済と資産の移転を行います。

5　資産引取り後の企業の運営

　資産の引渡しを受けた後，実質的な企業運営を開始します。また，特殊税務処理を適用する場合は一定の資料の準備及び再編を行った年の確定申告時に届出を行う必要があります。

図表3-42　資産買収のポイントまとめ

項目	ポイント
事業譲渡	法的には日本と同様の事業譲渡の概念はなく，個別の資産譲渡か資産買収規定による資産買収となる。資産買収の事例は少ない。
従業員	個別資産譲渡の場合，個別の移籍（退職と入社）となる。
手続	資産買収規定による資産買収については実施事例が少ないため，事前確認が必須。

VII 再編（合併，分割）
—地域の認可—

1 再編概要

次は合併，分割といった組織再編について解説をしていきます。再編の特徴としては，合併や分割の概念は日本とほぼ同じであるものの実務的には日本より難易度が高いという点があります（中国の再編規定が主たる目的としては国有企業の再編を促進するために設けられたものであるという説もあります）。日本親会社主導で中国現地法人の合併などを計画するケースがよくありますが，管轄地域の感触を確認することが必要です（再編の実務的な難易度は地域によりかなり温度差があります）。

また，再編に際し簿価移転ができる特殊税務処理の規定も税法で設けられていますが，これが合併などで地域をまたぐ場合，通常の再編に輪をかけて難易度があがるのが実情です。ゆえに，管轄区域で実施の現実性を十分検証していくことが再編の場合重要となります。それではまず合併からみていきましょう。

2 合併

1 定義と種類

中国にも会社合併という組織再編が規定されています。合併とは，2以上の企業が一つの企業に結合することを指します。合併される企業の株主・出資者は，従来の持株・出資持分を合併後の企業の株式・出資持分に交換したり株式・出資持分以外の資産で支払を受けることとなります。

合併には，①2以上の企業のうち一つの企業は存続会社となり，他の企業（被合併会社）は自己の全ての資産と負債を存続会社（合併会社）に譲渡する吸収合併と，②2以上の全ての企業が新たに設立された企業に自己の全ての資産と負債を譲渡する新設合併の2種類があります（財税［2009］59号1条(5)）。

Ⅶ 再編（合併，分割）―地域の認可―

図表3-43 吸収合併イメージ

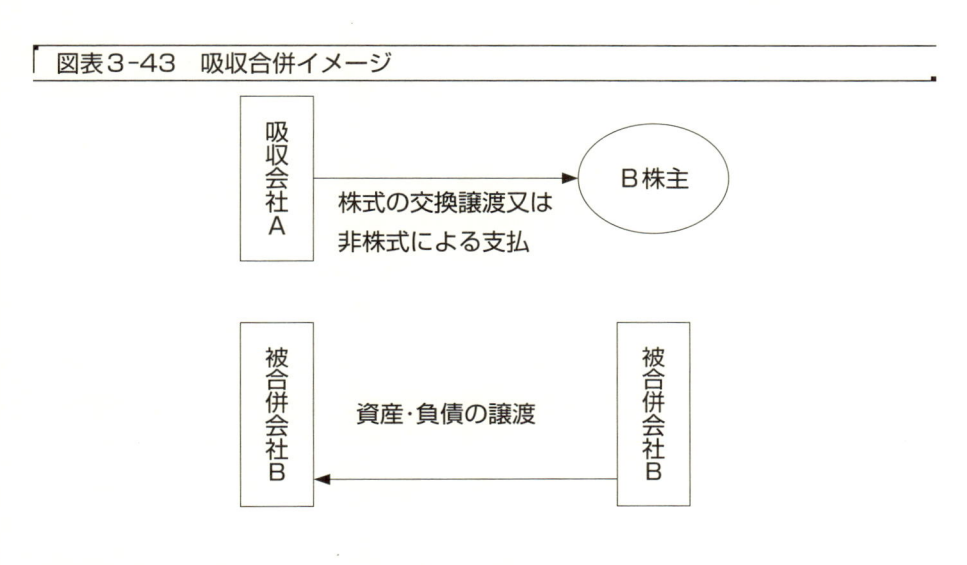

吸収会社A →（株式の交換譲渡又は非株式による支払）→ B株主

被合併会社B ←（資産・負債の譲渡）― 被合併会社B

図表3-44 新設合併イメージ

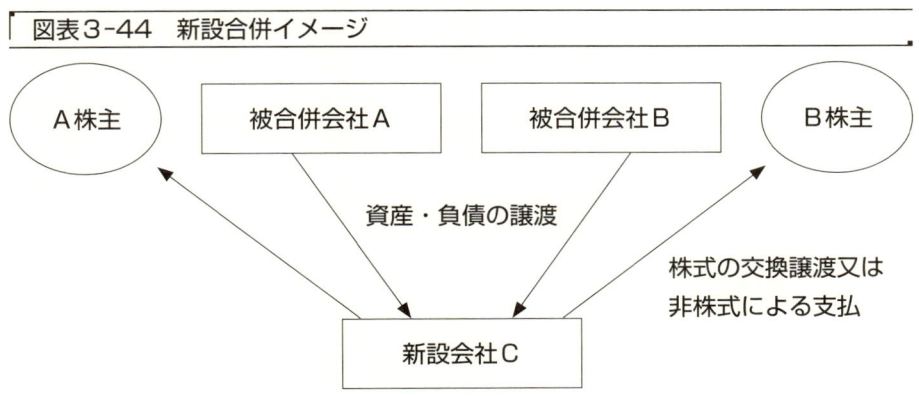

A株主　被合併会社A　被合併会社B　B株主

資産・負債の譲渡

株式の交換譲渡又は非株式による支払

新設会社C

　上記のとおり規定上は明確に規定されている合併ですが，実務上は場合によっては非常に難易度が高い場合があります。理由としては管轄地域の異なる合併の場合，調整に非常に時間がかかるためです。

297

例

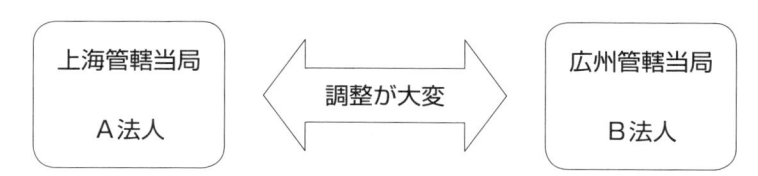

```
┌─────────────┐                    ┌─────────────┐
│ 上海管轄当局 │    ⟵ 調整が大変 ⟶   │ 広州管轄当局 │
│   A法人     │                    │   B法人     │
└─────────────┘                    └─────────────┘
```

　合併自体の認可，手続の調整が煩雑な上に，特殊税務処理の適用はさらに煩雑になることとなります。

　上記の状況ですので，現実的に考えると（特に都市をまたぐような場合は）認可を得ての合併と特殊税務処理の適用を頑張るよりも，消滅法人から合併法人が資産を買取，消滅法人は独自で清算してしまう方が早いような場合もあります。資産を売って，従業員を移籍させて，残りは清算してしまうという，いわばセルフ合併？　というような形です。

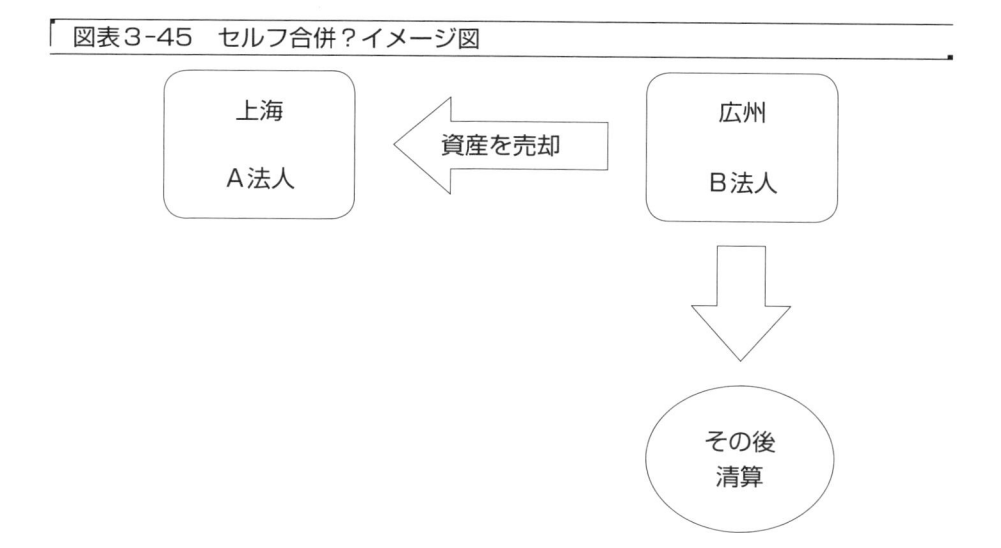

図表3-45　セルフ合併？イメージ図

```
┌─────────┐                      ┌─────────┐
│  上海   │  ⟵ 資産を売却        │  広州   │
│ A法人   │                      │ B法人   │
└─────────┘                      └─────────┘
                                      │
                                      ▼
                                  ╭───────╮
                                  │ その後 │
                                  │  清算  │
                                  ╰───────╯
```

2 税務

1 一般税務処理（財税［2009］59号4⑷）

① 内容

　企業再編通達において，合併の一般税務処理については，以下のように規定されています。

　① 合併企業は，公正価値にて被合併企業各項資産と負債の税務上の取得価額を確定し受け入れなければならない（簿価引継は認められない）。

　② 被合併企業は及び株主はいずれも清算にしたがって企業所得税処理をしなければならない。

　③ 被合併企業の欠損金は合併企業に引き継いではならない。

　要は，時価で引き継ぎ，被合併法人は清算，被合併法人の欠損金は引き継げないということになっています。

　また被合併企業は清算の処理を行うことになります。ゆえに，合併による消滅であっても清算処理を行うため清算の税務調査は免がれないこととなります。

② 必要資料

　清算にあたり，被合併企業が「企業清算所得納税申告書」を提出する際は，次の資料を添付することとされています（企業再編取引企業所得税管理弁法13条）。

　① 企業合併の工商部門あるいはその他政府部門の批准書類

　② 企業の全ての資産と負債の課税標準及び中国の公認資産評価機構の発行した資産評価報告書

　③ 企業の債務処理又は帰属状況に関する説明書

　④ 主管税務機関が提供を要請するその他の資料・証明書

　※ 合併に関しては一般税務処理でも公認資産評価機構の資産評価報告書が必要とされます。

2 特殊税務処理（財税［2009］59号6⑷）

① 内容

　企業合併で，企業株主が当該企業合併発生時に取得した持分支払金額がそ

の取引支払総額の85％を下回らない場合，及び共通支配下でかつ支払対価を必要としない合併では，選択により以下の特殊税務処理を行うことができることとされています。

① 合併企業が受け入れた被合併企業資産と負債の税務上の取得価額は，被合併企業の元の税務上の簿価で確定することができる。

② 被合併企業の合併前の企業所得税関連事項は合併企業が承継する。

③ 合併企業が引き継ぐことができる被合併企業の繰越欠損金の限度額は，被合併企業の純資産の公正価値×合併発生当年度末現在の国家が発行する最長期限国債の利率で，《税法》の所定の剰余繰越年度内における，各年の合併企業の引継可能な被合併企業の欠損金の限度額をいいます。

※ 財税［2009］59号規定公布前は引き継ぐことができた繰越欠損金には，年度と利率による限度額の制限がつくことになりました。ゆえに，特殊税務処理を適用しても引き継ぎ可能な欠損金額は一部です。

④ 被合併企業株主が取得した合併企業持分の税務上の取得価額は，元々保有していた被合併企業持分の税務上の簿価で確定する（出資者の譲渡所得は発生させない）。

上記のとおり簿価で移転し，欠損金も一部は引き継ぐことが可能となります。

② 必要書類

その際に必要な書類は次のとおりとなっています（企業再編取引企業所得税管理弁法25条）。

① 当事者の企業合併の事業目的を含む全体状況の説明
② 企業合併に関する政府主管部門の批准書類
③ 企業合併の当事者全ての持分関係の説明書
④ 被合併企業の純資産・各資産と負債の帳簿価格と課税標準等の関連資料
⑤ 譲受企業の持分の課税標準に関する有効な証憑
⑥ 再編が特殊税務処理の条件に適合することを証明する，合併前企業の各出資者が取得した持分支払割合の状況資料，及び12カ月内に再編資産に関する従来の実質経営活動を変更しないこと，及び元の主要株主が再

編後の連続12カ月内に取得した持分を譲渡しないことの承諾署等
⑦　工商等関連部門が批准した関連の企業持分変更事項を証明する資料
⑧　税務機関が提供を要請するその他の資料
③　合併の日（企業再編取引企業所得税管理弁法7条3項）
　税務上の合併日は合併企業が被合併企業の資産所有権を取得し，かつ工商登記変更が完了した日となります（企業再編取引企業所得税管理弁法7条4項）。

3 合併に伴う各種税金
合併に関連する各種税金は以下のとおりです。
① 被合併法人（消滅する法人）に対する課税
　A　企業所得税
　　合併取引については，一般税務処理の場合，時価で清算を行ったものとして，企業所得税の課税対象となります。
　B　増値税・営業税
　　増値税，営業税に関しては，不課税とされています（国家税務総局公告［2011］13号，51号）。
　C　土地増値税
　　合併による土地使用権，家屋の移転に関しては土地増値税を徴収しないこととされています（財税［2015］5号）。
② 合併法人に対する課税
　A　印紙税
　　増加資本金額について0.05％が課税されます（印紙税の税目別税率表）。
　B　契税
　　土地使用権，家屋の移転に対し，契約金額の3％～5％の契税（日本の登録免許税）の支払が生じます（契税暫定条例3条）。ただし，一定の要件に該当する場合は，徴収が免除されます（財税［2012］4号3条）。

3　合併の手続スケジュール
吸収合併でも新設合併においても合併受入の手続は基本的に同じです。

1　合併比率・特殊税務処理の適用の検討・各関係機関へのヒアリング等

まず，合併で最も大きな論点となる合併の可否及び合併比率について検討する必要があります。異なる2社が合併しますので，合併法人が旧来の被合併法人の経営範囲を継続することができるかなど，当局によく事前確認を行う必要があります。なお，外資と内資，生産型と貿易型など法人の状況によっては合併が難しいケースもあります。

税務上は，合併の場合は一般税務処理でも資産評価事務所による評価報告書の準備が要件ですので，必ず準備する必要があります。

また，特殊税務処理の適用は非常に難易度が高い場合もありますので，現地の管轄当局の事情を事前照会などで調査しておく必要があります。また，前述のとおり管轄地区をまたぐ合併は調整がさらに煩雑となります。

2　合併に関する董事会又は株主会決議

合併は企業の生産経営に大きく影響する事項ですので，合併，被合併企業ともに董事会の特別決議承認事項となっています（中外合弁企業法実施条例33条，中外合作企業法実施細則29条）。独資企業においても董事会設置方式を採用している場合は定款に特別決議承認事項として記載されているケースが多くなっています。よって，まず合併に関して董事会の承認決議を取る必要があります。

3　審査認可機関への認可申請（商務部門）

被合併会社が解散し，又は別の場所で企業を新設又は吸収される場合には，審査認可機関の意見を求めなければならないとされています（外商投資合併分割規定8条）。審査認可機関は，認可申請を受け取った後，45日以内（延長がある場合最長180日）に当該合併を認可するかどうかの初歩的回答書を発行します（外商投資合併分割規定26条）。

4　債権者への通知と一般債権者への公告

企業は認可機関より初歩的回答書を受け取った日より10日以内に債権者に対して通知書を発送し，かつ30日以内に新聞公告を行います。なお，公告は，外商投資合併分割規定では3回の公告が求められていますが，会社法では1回と解釈することができ，運用は管轄当局の判断により異なるようです。

通知及び公告のなかには被合併企業の債務に関する承継計画を記載する必要があります（外商投資合併分割規定27条）。

5　認可機関への最終認可申請

存続企業は公告日から45日を経過して債権者からの異議申立てがなかったときは，存続会社は新聞公告の事実証明，債権者への通知証明，債権債務の処理状況などを認可機関に提出し最終認可を待ちます（外商投資合併分割規定29条，会社法173条）。

6　認可機関の最終認可

最終申請受領後30日以内に決定認可機関は本認可の諾否を決定します（外商投資合併分割規定30条）。

7　批准証書の返還・変更・取得

認可機関の認可日から30日以内に，解散，存続，新設する会社について，批准証書の返還，変更，取得の手続を行い，被合併企業の税務抹消手続を行い，営業許可証を抹消します。要は，吸収合併の場合は，存続会社は審査認可機関が合併を認可した日より30日以内に原審査認可機関で批准証書の変更手続を行い，被合併会社は批准証書を返還します（合併会社は内容の書き換え，被合併会社は消滅しますので返還します）。新設合併の場合，各会社は審査認可機関が合併を認可した日より30日以内に原審査認可機関で批准証書の抹消手続を行い，新設会社は同様に批准証書を取得します（外商投資合併分割規定31条）。

8　営業許可証の抹消・変更・取得

解散，存続，新設する企業は，工商局で各々営業許可証の抹消・変更，取得手続を行います（外商投資合併分割規定31条）。

9　合併企業の外貨管理登記・税務登記

新営業許可証取得後，その他の各監督官庁への登記手続を実施します。なお，営業許可証の変更又は受領した日より30日以内に合併により解散する企業の債権者及び債務者に対し新債務者及び新債権者に引き継がれたことの通知を発送し，新聞公告を出す必要があります（外商投資合併分割規定36条）。また，特殊税務処理の適用を受けた場合は一定の資料の準備及び再編を行った年の確定申告時に届出を行う必要があります。

4　合併のメリット・デメリット

　合併のメリットは，被合併企業を合併企業が吸収する場合，被合併企業の権利義務一切を承継しますので，許認可の再取得や従業員に対する経済補償金の支払は発生しません。吸収合併の場合，合併後の存続企業が合併前年度課税所得額を基に従前の優遇税制を継承することができます（財税［2009］59号９）。また，赤字拠点の損失を通算できることにより税コストを圧縮できる場合もあります。

　しかし，前述のとおり合併で存続会社と被合併会社の管轄税務局が違う場合等には，整合性のある調整に時間が掛かり，資産，負債を個別取引で売買して，通常の清算手続を行ってしまう方が（セルフ合併）早いような場合もあります。

図表３-46　合併のポイントまとめ

項目	ポイント
メリット	法人を一つにすることによる効率化，税務上２拠点の赤字の通算可能等。
認可	管轄区が異なる場合煩雑，調整に時間を要する。
特別税務処理	管轄区が異なる場合煩雑，調整に時間を要する。
被合併法人	清算。
現実的対応	資産を売却し，従業員を移籍させるセルフ合併も。

3　分割の実務

1　定義

　分割は，ある企業（被分割会社）がその資産の一部又は全部を，既存又は新設の企業（分割企業）に分離・譲渡することを指します。要は，二つの企業が一つになる合併とは逆に一つの企業を二つの企業にするのが分割です。被分割企業の株式・出資持分については，分割企業の株式・出資持分と交換されるか，株式・出資持分以外の資産で支払を受けます。例えば，企業の生産経営活動の効率化や合理化を図る為に一つの企業がもつ事業部門を分割したり，不採算部門

Ⅶ　再編（合併，分割）―地域の認可―

を切り離したりする場合があります。

　分割には，分割前の企業が一つの部門などを継承し存続する存続分割と，分割前の企業は解散し新たな企業が各部門を担う解散分割と二つの種類があります。

　ただし，日系企業の実務的なニーズとしては合併に比べるとかなり少ないように感じます。これは中国進出の経緯から，事業ごとの法人設立等，現地法人数が多くて悩んでいる会社は多くても，大きな現地法人に多数の部門を抱えて分社化したいという悩みをもつ企業は少ないからではないかと考えています。

図表3-47　分割の種類

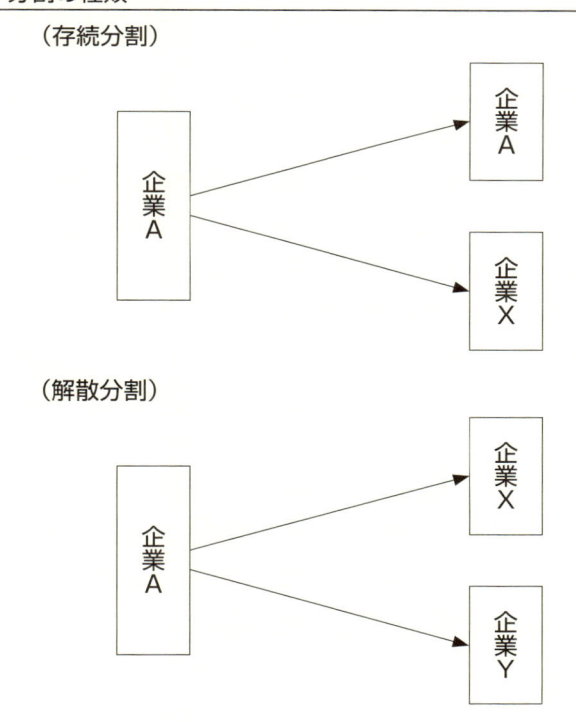

（存続分割）

企業A → 企業A
企業A → 企業X

（解散分割）

企業A → 企業X
企業A → 企業Y

　「企業再編業務における企業所得税処理の若干の問題に関する通知」財税[2009]59号によれば，分割とは一企業（被分割企業）が一部又は全ての資産を

305

既存する又は新設企業（分割企業）に分離して譲渡することを指し，被分割企業の株主は分割企業の持分を交換譲渡されるか又は非持分支払が行われることをいうとしています。

2　分割に伴う企業所得税

1　一般税務処理（財税［2009］59号4条5）

① 内容

　企業再編税制通知（財税［2009］59号）では一般税務処理を以下のとおり規定しています。この通達では，原則被分割企業の全部又は一部の譲渡と考えていますので，譲渡資産については時価による課税を行い繰越欠損金の引継ぎは特殊税務処理規定の適用がない場合は認めていません。

　① 被分割企業は分割される資産に対し，公正価値で資産譲渡所得又は損失を確認しなければならない。

　② 分割企業は公正価値で受入資産の税務上の取得価額を確認しなければならない。

　③ 被分割企業が存続する場合，その株主が取得した対価は被分割企業の分配が行われたとみなして処理をする。

　④ 被分割企業が存続しない場合，被分割企業及びその株主は清算に従って企業所得税の処理をしなければならない。

　⑤ 企業分割の繰越欠損金を分割企業は引き継いではならない。

　要は時価で譲渡し，欠損金を引き継ぐことはできないとされています。

　被分割企業が存続しない場合の分割で消滅する企業は清算することになります。ゆえに，合併と同様清算税務調査を免れるわけではありません。

2　特殊税務処理（財税［2009］59号6(5)）

① 内容

　被分割企業の全株主が元の持分比率で分割企業持分を取得し，分割企業と被分割企業はいずれも元の実質経営活動を変更せず，かつ被分割企業株主が当該企業の分割発生時に取得した持分支払金額がその取引支払総額の85％を下回らない場合には，次の処理を選択することもできます。

① 分割企業が受け入れた被分割企業の資産と負債の税務上の取得価額は，被分割企業の元の税務上の簿価で確定する。
② 被分割企業が分割した資産の企業所得税関連事項は分割企業が継承する。
③ 被分割企業の繰越欠損金（法定繰越期限内）は分割資産の全ての資産に占める比率で按分し分割企業が継承する。
④ 被分割企業の株主が取得した分割企業持分(以下「新株」という)で，元々保有していた持分（以下「旧株」という）の一部又は全部を放棄する必要がある場合，「新株」の税務上の取得価額は放棄する「旧株」の税務上の簿価で確定する（すなわち旧株の簿価を引き継ぐ）。

② 必要資料

特別税務処理の適用の際の準備資料は次のとおりです（企業再編取引企業所得税管理弁法27条）。

① 当事者の企業分割の事業目的を含む全体状況の説明
② 企業分割に関する政府主管部門の批准書類
③ 企業分割の当事者全ての持分関係の説明書
④ 被分割企業の純資産・各資産と負債の帳簿価格と課税標準等の関連資料
⑤ 譲受企業の持分の課税標準に関する有効な証憑
⑥ 再編が特殊税務処理の条件に適合することを証明する，分割後企業の各出資者が取得した持分支払割合の状況資料，及び12カ月内に再編資産に関する従来の実質経営活動を変更しないこと，及び元の主要株主が再編後の連続12カ月内に取得した持分を譲渡しないことの承諾書等
⑦ 工商等関連部門が批准した関連の企業持分変更事項を証明する資料，分割後に分割企業と被分割企業の営業許可証の写し及び分割時の帳簿の写し
⑧ 税務機関が提供を要請するその他の資料

③ 分割の日

税務上の分割日は分割企業が被分割企業の資産所有権を取得し，かつ工商登記変更が終了した日となります（企業再編取引企業所得税管理弁法7条5項）。

3　分割に伴う各種税金

分割に関連のある各種税金の取扱いは以下のとおりです。

1　被分割法人に対する課税

① 企業所得税

　分割取引については，一般税務処理の場合，公正価値で譲渡を行ったものとして，企業所得税の課税対象となります。

② 増値税・営業税

　増値税，営業税に関しては，不課税とされることが規定されました（国家税務総局公告［2011］13・51号）。

③ 土地増値税

　従来分割については土地増値税の免除の規定はありませんでしたが，財税［2015］5号により免税となることが明確化されました。

2　分割法人に対する課税

① 印紙税

　分割の場合，資本金額の増額はありませんので印紙税課税はないものと解されます。

② 契税

　土地使用権，家屋の移転に対し，契約金額の3％～5％の契税（日本の登録免許税）の支払が生じます（契税暫定条例3条）。ただし，一定の要件に該当する場合は，徴収が免除されます（財税［2012］4号4条）。

4　分割の手続スケジュール

分割は，分割前企業の審査認可機関による認可を経て設立，抹消手続を行います（外商投資企業合併分割規定7条）。別の地域で分割企業が設立される場合には，当該地域の審査認可機関の意見も求める必要があります（外商投資企業合併分割規定8条）。手続は次のとおりです。

1　分割の可否・特別税務処理の適用の検討・各関係機関へのヒアリング等

　最初に分割で最も大きな論点となる分割の可否及び分割により交付する対価ついて検討する必要があります。持分の対価が税務上適正でないと判断さ

れた場合税務局が定める適正な時価に調整され，追加納税が発生する可能性がありますので，譲渡価格の検討は重要です。また，分割の場合は一般税務処理でも資産評価事務所による評価報告書の準備が要件ですので，必ず準備する必要があります。

2　分割の決議を行う董事会又は株主会の承認

分割は企業経営の重要決議ですので，合併と同じく董事会の特別決議が必要となります（中外合弁企業法実施条例33条，中外合作企業法実施細則29条，独資企業においても董事会設置方式を採用している場合は定款に特別承認決議事項として記載されているケースが多い）。よって，まず分割に関して董事会の承認決議をとる必要があります。

3　分割契約書の作成

董事会の承認を受けた後，分割契約書を作成します。

4　認可機関への申請書提出

分割認可申請書，董事会議事録，分割契約書などを添付して認可機関に申請書を提出します。認可機関は申請書を受け取った日から45日以内に申請者に対し初歩的回答書を発行します（外商投資合併分割規定23条，24条，26条）。

5　認可機関の初歩的回答書入手

申請企業は上述認可機関の初歩的回答書を受け取ります。

6　債権者への通知と一般債権者への公告

企業は認可機関より初歩的回答書を受け取った日より10日以内に債権者に対して通知書を発送し，かつ30日以内に新聞公告を行います。なお，合併同様，外商投資合併分割規定では3回の公告が求められていますが，会社法では1回の公告でよいと解釈することができます。通知及び公告のなかには被分割企業の債務に関する承継計画を記載する必要があります（外商投資合併分割規定27条）。

7　認可機関の最終認可

分割企業は広告日から45日を経過して債権者からの異議申立てがなかったときは，分割企業は新聞公告の事実証明，債権者への通知証明，債権債務の処理状況などを認可機関に提出し最終認可を待ちます（外商投資合併分割規定

29条，会社法175条，173条，185条参考）。

8　外商投資企業の変更又は新設法人登記

　認可機関の認可日から30日以内に，解散，存続，新設する会社について批准証書の返還，変更，取得の手続を行い，工商行政管理局で営業許可証の抹消，変更，取得手続を行います（外商投資合併分割規定30条，32条）。また，特殊税務処理を適用する場合は一定の資料の準備及び再編を行った年の確定申告時に届出を行う必要があります。

9　その他外貨管理登記・税務登記など

　新営業許可証取得後，その他の各監督官庁への登記手続を実施します。なお，営業許可証の変更又は受領した日より30日以内に分割により解散する企業の債権者及び債務者に対し新債務者及び新債権者に引き継がれたことの公告を出す必要があります（外商投資合併分割規定36条）。

5　分割のメリット・デメリット

　存続分割の場合，分割後の存続企業が分割前年度課税所得額を基に従前の優遇税制を継承することができますし（財税［2009］59号9），従業員も分割会社が継承しますので，経済補償金の支払も生じません。しかし，実務的には手続に時間が掛かりますので，やはりこちらも個別に譲渡する代替案が方法としては考えられます。

図表3-48　分割のポイントまとめ

項目	ポイント
メリット	特定の部門を別法人にすることができる。
認可	管轄区が異なる場合煩雑，個別譲渡による代替も。
特別税務処理	管轄区が異なる場合煩雑。

その他の手続の実務

1　増資

　まずは，中国現地法人の資金調達手段として最も確実性の高い方法である増資について説明します。なお，中国では借入れによる資金調達は投注差の制約があるため，最も確実な資金調達手段は増資となります。

1　増資の実務

1　実務手続

　増資とは，資本金を増加させることを指します。増資の形態には，外貨又は人民元（中方）により実際に資金又は現物を払い込む方法（有償増資）と，資本剰余金又は利益剰余金（未処分利益等）を資本金に振り替える方法（無償増資）とがあります。

2　資金調達上の留意点

　なお，御相談でよくあるのが，「手続の実施から着金まで時間がかかる」という点です。資金調達のためようやく日本親会社から増資の合意を取り付けても，手続開始から資本金の着金まで結局ひと月程度かかってしまいます。ゆえに，増資による資金調達を考えるのであれば手続開始から着金までの時間も考慮して事前準備，交渉などを行っていく必要があります。

3　手続と2014年3月施行の会社法改正の影響

　2013年に会社法改正があり，2014年3月以降最低資本金と験資報告書の提出などが撤廃されました。ただし，当該改正後も実務上は他の手続で験資報告書が必要とされる可能性もあることから，従来どおり験資報告書を取得する企業が多くなっています。以下の手続は，験資報告書を取得する場合の手続を解説します。

① 増資に関する董事会又は株主会決議

　合弁，合作企業及び独資企業で定款組織運営方法として董事会設置方式を採用している独資企業の場合は，増資の董事会決議が必要となります。

　ただし独資企業の場合は株主会議事録を求められる場合もあります。基本的には会社の定款の規定に基づくことになりますが，管轄当局が株主会と董事会の区別があまりついていないケースもありますので，現地事情の確認が必要です。当該決議については定款変更を伴うので，合弁・合作企業においては3分の2以上の董事が出席した董事会においてその出席董事全員の同意による特別決議が必要となり，外商独資企業においては董事の3分の2以上の同意による特別決議が必要となります（中外合弁企業法実施条例21条，33条，中外合作企業法実施細則29条，会社法44条）。

② 認可機関への申請

　董事会の特別決議の承認を受けた後，下記の書類を認可機関に提出します。

① 増資に関する申請書
② 増資に関する董事会議事録
③ 増資前の合弁契約書，合作契約書，定款
④ 増資後の合弁契約書，合作契約書，定款
⑤ 設立時の商務部の批准証書，工商行政管理局の営業許可証
⑥ 設立時の験資報告書
⑦ 企業規模拡大に関するＦＳ（フィージビリティースタディー，可行性研究報告書：貿易企業の場合は不要）
⑧ その他認可機関が必要とする書類

③ 認可機関からの批准証書取得

　通常，商務部又は委託先の対外経済貿易委員会は，申請書類を受け取った後，30営業日以内に諾否の回答を行い，批准証書を発行します。

④ 外貨管理局で許可

　商務部の批准証書を受け取った後，外貨管理局で資本金及び総投資額の増加手続を行います。総投資額の増加手続を行わないと，投注差による借入金枠が広がりませんので注意が必要です。

⑤ 資本金の送金（現物出資）

　親会社から資本金の送金を受けるか，又は機械設備・貸付金・株式及び出資持分・その他資産の現物出資を受けます。後述のＤＥＳも増資の一形態となります。

　機械等の実物による現物出資の場合には，輸入通関するときに商品検験局の価格査定などのチェックを受けることになります。中古機械を現物出資する時には，人体に与える安全性の見地から，機電局の事前承認が必要とされています（輸出入商品検査法実施条例22条，機電製品輸入管理弁法11条）。

　株式及び出資持分の現物出資により外商投資企業を設立すること（企業再編による新会社設立を含む）も，商務部令［2012］8号令で可能とされていますが，地域により実務的に実行できない場合があるため，事前確認が必要です。

　商務部令［2012］8号令では，当該株式及び出資持分の発行等会社は，合法的に設立され，外商投資産業政策に合致する企業である必要があります。当該株式及び出資持分は，事前に中国の公認資産評価機構による評価を要します。ただし以下に該当する外商投資企業の株式及び出資持分は現物出資することができないこととされています。（商務部令［2012］8号4条）。

- ▶ 当該株式及び出資持分の発行等会社の資本金が全額払い込まれていない場合
- ▶ 当該株式及び出資持分に質権が設定されている場合
- ▶ 当該株式及び出資持分が法に基づき差し押さえられている場合
- ▶ 当該株式及び出資持分の発行等会社の定款（契約）上，持分譲渡等が禁じられている場合
- ▶ 当該株式及び出資持分の発行等会社が外商投資企業の連合年検に参加していないか合格していない場合
- ▶ 不動産会社，外商投資性公司・外商投資創業（株式）投資企業の株式及び出資持分
- ▶ 法律及び行政法規又は国務院の決定に規定する株式及び出資持分譲渡につきその批准を受けていない場合
- ▶ 法律及び行政法規又は国務院の決定に規定する，譲渡できないその他

の状況
- ▶ 外商投資性公司における国内貸付金の再投資

⑥ 会計師事務所の験資報告書の発行－現在では必須ではない－

資本金の払込み，機械装置などの現物出資が行われたあと，その払込みの事実を会計師事務所が外貨管理局関連業務システム登記情報等を利用してチェックし，資本金験資報告書を発行します。

ただし，当該験資報告書の提出義務は，2014年3月1日より施行された改正会社法により廃止されています（他の手続で必要とされる場合もあるため引き続き験資報告書を取得している企業もあります）。

現金の送金を受けるときは，親会社が銀行から受領した送金証明，中国の銀行の入金証明により払込みの事実を確認します。また現物出資の場合は，税関局の通関証明・親会社から届いている輸入パッキングリスト・商品検験局の検査報告書を確認し，験資報告書を発行します。

Column　中国における資本金制度改正と験資報告書

1　資本金制度改正－最低資本金撤廃－

中国でも日本の会社法改正のような資本金制度改正が行われ，2014年に最低資本金制度が撤廃されました。ゆえに，1元でも理論的には法人設立が可能ですが，日本と同様当然1元ではオペレーションができませんし，また，外資企業の場合，①商務部門の認可申請で事業計画書の提出があり，その際に資本金が事業規模からして妥当性があるかどうかの審査があるという点と，②海外から資金投入する増資などは時間がかかるという点から，結局従来と同程度の資本金で設立する場合が多くなっています。ゆえに，外資企業にとっては実質的にはそれほど影響のある改正ではないといえます。

2　験資報告書

また，従来設立時の出資や，増資など資本金に変動があった場合に必要とされていた験資報告書（中国の会計事務所が発行する資本金が正しく入金されたことを証明する報告書）も不要とされました。これは，従来ただ発行するだけで，それほど実務的意味はなかったため，費用と手間が省けるという点では外資企業にとっても良い改正ということができます。ただし，実務上の運用では資本金出資時には不要になっても，その後の外債借入や外貨管理局の手続などで当局から要

求されるケースもありますので，保守的に従来どおり取得する対応をする企業もあります。

3 営業許可証の情報は実態を反映するようになったのか？

なお，当該改正で営業許可証の記載事項に一つ大きな変更点があります。それは，従来は実際には払い込んだ資本金額が表示されていたのが，現在表示されているのは登録資本金であり，実際払い込んだ資本金では必ずしもないという点です。中国企業等では登録資本金を大きく登録して，実際は払込みを行わず，会社を大きく見せようとする場合もあるようですので，念のため注意しましょう。

⑦　工商局より営業許可証（増資後の資本金記載）申請・入手

会計師事務所の験資報告書を受け取ったあと，工商行政管理局に営業許可証発行願いを出し15営業日以内に変更後営業許可証を受け取ります。

⑧　その他監督諸官庁へ変更の届出提出

正式な営業許可証を受け取った後，税務局など監督諸官庁への届出を行います。

4　2014年3月施行の会社法改正の影響

2014年3月より会社法が一部改正により，最低資本金が撤廃され，資本金出資手続時の験資報告書も不要とされました。

2　増資のメリット

増資により設備資金・運転資金が確保できることで，企業の営業活動がより活発化することになります。そして，増資により総投資額と払込資本金との差額（投注差）の借入限度枠が増加するという副次的なメリットもあります。なお，増資部分に対応する借入限度枠も設定するよう手続時には注意しましょう。

3　中方が国有企業である場合の注意点

合弁企業で増資が行われる場合，中方（国有企業）が増資に応じないケースもあります。また，合弁企業に国有資産が存在し，増資により中方（国有企業）との持分比率に変動が生じる場合は，国有資産も含めた全資産に対する外国側投

資者の権益も変化することになりますので,「国有資産評価管理弁法」及び「企業国有財産権譲渡の関連事項に関する通知」により財産権譲渡機構の承認を得て増資を行う必要があります（国有資産評価管理弁法3条, 国資発産権［2006］306号2）。

4 持分比率に移動が生じる場合の注意点

増資時に出資持分比率に移動が生じる場合で, 時価による増資が行われないときには, 寄附金や受贈益の課税を日本側で受けることになりますので注意が必要です。

図表3-49　増資のポイントまとめ

項目	ポイント
手続全般	1カ月程度要するので, 即時の着金はできないため資金繰りに注意。
験資報告書	増資手続上は不要。他の手続で要求される可能性はあり。
投注差	増資額対応分が増加。過去の出資の余裕額未設定分を拡大することは通常はできない。

2 減資

1 減資の実務

次は増資の逆の取引となる減資の実務をみていきます。中国の減資実務の特徴としては, 法令上, 原則として禁止とされ, 一定の要件に該当すれば実施可能とされているものの, 実務上は当局の認可を得るのが難しく, 難易度が高いといった点があります。ただし, 当局の認可を受け実行できているケースもありますので, 現地の事情をよく確認し, 当局の感触や求める要件を事前に確認することが重要となります。

■1 減資は可能か？

減資とは, 資本金を減少させることを指します。外商投資独資企業は, 経営期間中のその登録資本金を減少させることはできないとされています。た

だし，総投資額及び生産経営規模等に変化が生じた為に，減資する必要がある場合は，審査認可機関の許可を受けなければならないとされています（外資企業法実施細則21条）。つまり原則減資は禁止ですが，審査認可機関の承認を受ければ可能ということになっています。これは合弁企業・合作企業においても同じです（中外合弁企業法実施条例19条，中外合作企業法実施細則16条）。ゆえに，実務上はまず減資の実施が可能かどうか現地事情をよく確認する必要があります。

2 審査認可機関の許可がなぜ必要なのか

前述のとおり，減資時には審査認可機関の許可が必要ですが，これは減資は各利害関係者に及ぼす影響が大きいことによります。例えば，債権者に及ぼす影響（不良債権化），従業員に及ぼす影響（給与未払），過去に享受した優遇税制に与える影響（以前享受した総投資額内の機械設備輸入免税枠の減少），国外への外貨流出（有償減資）などが挙げられます。過去，減資が認められた場合でも，無償減資後に有償増資が予定されている場合や，合弁企業の中方の資本払込が全額なされないためやむなく合弁契約書・定款を変更し認可を得た上での減資など限られたケースのみ認められています。

3 具体的手続

減資の具体的手続は次のようになります。

① 減資に関する董事会決議

増資と同じで，合弁，合作企業及び独資企業で定款上組織運営方法として董事会設置方式を採用している場合は，減資の董事会決議が必要です。

独資企業の場合は株主会議事録が必要になりますが，董事会決議を求められる場合もあります。基本的には会社の定款の規定に基づくことになりますが，管轄当局が株主会と董事会の区別があまり付いていないケースもありますので，こちらも現地事情確認が必要です。

減資は定款変更を伴うので，合弁・合作会社においては3分の2以上の董事が出席した董事会において，その出席董事全員の同意による特別決議が必要となり，外商独資企業においては，株主会の3分の2以上の同意による特別決議が必要となります（中外合弁企業法実施条例21条，33条，中外合作企業法実

施細則16条，29条，会社法44条，独資企業法実施細則21条）。

② 認可機関への申請

認可機関（商務部門）への申請書類は次のとおりです。

- ▶ 減資に関する申請書
- ▶ 減資に関する董事会議事録
- ▶ 直近の決算書
- ▶ 債権・債務者名簿
- ▶ 営業許可証
- ▶ 定款
- ▶ その他認可機関が必要とする書類

また，認可機関は30日以内に承認の有無を回答します。

③ 債権者への通知及び新聞公告

認可機関から仮批准証書を取得した後，債権者に対する減資の通知，及び減資の新聞公告を行います。

④ 減資の批准証書取得

債権者から異議がないことを確認した後，認可機関が減資の批准証書を発行します。

⑤ 工商局の営業許可証の変更及び各行政部門への変更手続

当該批准証書を工商局に提出し，営業許可証の変更を行います。申請から15営業日で資本金変更後の営業許可証が発行されます。また，税務局，外貨管理局など各行政部門に変更後の営業許可証をもって変更手続を実施していくこととなります。

⑥ 送金手続

有償減資の場合は，資本の払戻金を最終的に外貨で送金することとなりますが，これには銀行が外貨管理局の登記管理システムの情報に基づき，外貨送金手続を進めることとなります（匯発［2012］59号）。

2　減資のメリット・デメリット

減資のメリットは現在の経営活動に見合う資本金にすることができることで

す。デメリットは前述のとおり，総投資額の減少に伴い親会社からの借入金を返済する必要が生じることなどが挙げられます。また，基本的には認可を得ること自体の難易度が高いものとなっています。

3 減資の税務

日本親会社の当初出資部分の回収は，投資の回収となり未処分利益や利益剰余金部分は配当収入，それ以外は譲渡所得となります（国家税務総局公告［2011］34号）。

図表3-50　減資のポイントまとめ

項目	ポイント
認可	難易度が高い。原則は禁止で要件を満たし，当局が認可した場合のみ可能。
投注差	資本金減少分対応する投注差が減少。

3 債務再編－DES－

1 定義

債務再編とは，債務者が財務上困難な状況下にあって，債権者が債務者との合意に基づく書面協議又は裁判所の裁定書により債務者の債務の処理を行うことを指します。日本の会計用語では，非貨幣性資産による債務弁済，債務免除及び債務の資本化（いわゆるDES）が該当します。つまり中国における債務再編は債務免除とDESの2種類が規定されています。

第3章　撤退，再編手法の理論と実務アクションプラン

> 図表3-51　債務再編イメージ図

（例）債務の資本化

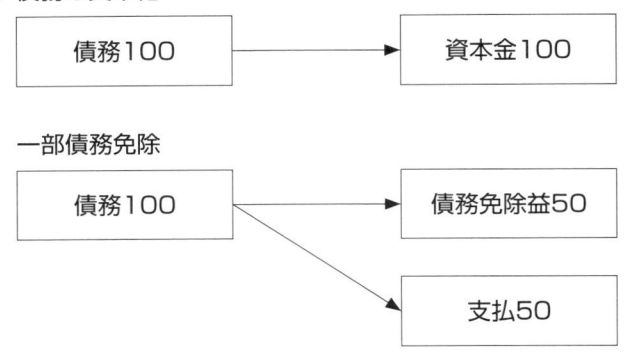

債務100　→　資本金100

一部債務免除

債務100　→　債務免除益50
　　　　　→　支払50

2　DESの手続－外債の抹消と増資－

　DESの場合，増資の一種にはなりますので，手続的には①外債の抹消登記と②増資の手続の二つを行うことになります。これにより，外債がなくなり，費消していた外債登記可能額（投注差）が回復することとなります。

3　税務

■1　一般税務処理（財税［2009］59号4条2）

① 内容

　① 非貨幣性資産での債務弁済は，関連非貨幣性資産の譲渡（公正価値譲渡）と非貨幣性資産の公正価値（時価）による債務弁済業務に分けられ，その差額について所得又は損失を認識します。

債務総額100
　非貨幣性資産の譲渡簿価50

債務免除益＝100－70＝30

非貨幣性資産の公正価値70
→譲渡益＝70－50＝20

②　債権の株式転換が行われる場合は，債務弁済と持分投資の二つの取引に区分し，債務弁済所得又は損失を認識します。

```
                          ┌─ 債務免除益
                          │   ＝100－70＝30
債務総額100 ┤
            │   増加株式（持分）┐  資本の実質価値70
            │   の払込資本50   │  →資本剰余金
                               └   ＝70－50＝20
```

③　債務者の債務免除益は，債務返済額が債務の税務上簿価を下回る差額で認識します。また債権者の債務免除損失は，受領した債務弁済額と債権の税務上簿価との差額で認識します。

④　債務者の企業所得税のその他の内容に関しては，原則として変化はありません。

② 必要資料（企業再編取引企業所得税管理弁法11条）

債務再編にあたっては税務上以下の資料を準備しておくこととされています。

①　非貨幣性資産で債務弁済を行う場合は，当事者全てで締結した債務弁済の協議書又は契約書，並びに非貨幣性資産の公正価値を認識する合法的証憑等

②　債権の資本化の場合は，当事者全てで締結した債権の資本化の協議書又は契約書

2　特殊税務処理

債務再編に関する特殊税務処理は，①債務免除益の5年間の繰延均等計上と，②債務の資本化の場合の債務簿価による出資金計上の2種類があります。

① 債務免除益の5年間の繰延均等計上（財税［2009］59号6条1，企業再編取引企業所得税管理弁法22条1項）

　A　特殊税務処理内容

　　債務再編に関して認識された課税所得が，当該企業の年間課税所得の50％以上である場合には，5納税年度期間内に当該所得を5等分して繰越計上することができます。

　B　必要書類

　　その際に必要な書類は次のとおりです。

　　①　当事者の債務再編における債務再編の事業目的を含む全体状況の説明
　　②　当事者全てで締結した債務再編の契約書又は協議書
　　③　債務再編における課税所得額，企業のその年度の課税所得額の状況説明
　　④　税務機関が提供を要請するその他の資料

② 債務の資本化の場合の債務簿価による出資金計上（財税［2009］59号6条1，企業再編取引企業所得税管理弁法22条2項）

　A　内容

　　債務の資本化が行われた場合には，債権者が持分投資の税務上の取得価額を従来の債権の税務上の簿価で計算し，資本化の時点での損益は認識せず，持分の譲渡時まで所得及び損失は繰り延べることとなります。その際に必要な書類は次のとおりです。

　B　必要書類

　　①　当事者の債務再編における債務再編の事業目的を含む全体状況の説明（特別税務処理の適用について税務局に事前の申請確認を採用する場合，企業の申請書）
　　②　双方が締結した債務資本化の契約書又は協議書
　　③　企業が転換した資本の公正価値の証明書類
　　④　工商部門及び関連部門が批准した関連の企業持分変更事項を証明する資料
　　⑤　税務機関が提供を要請するその他の資料

3 債務再編の日（企業再編取引企業所得税管理弁法7条1項）

債務再編契約又は協議が発効する日をもって債務再編日とします。

4 債権者側の留意事項－債権者が日本親会社等の場合－

債権者側の留意事項としては，債権放棄部分に日本の法人税法上子会社寄附金認定のリスクがあります。なお，債権者が中国企業の場合は，債務の資本化について特殊税務処理適用の場合のみ損金算入が可能で（企業再編取引企業所得税管理弁法22条に債権者の税務上簿価処理に関する記載あり），他は財産損失としての取扱いになる（税務局の承認があれば損金算入可能だが，難度が高い）ものと思われます。

図表3-52 債務再編ポイントまとめ

項目	一般税務処理	特殊税務処理	債権者
①債務免除	免除益計上	5年間の繰延計上	債権放棄
②債務の資本化	出資時価との差額について債務再編損益を計上	債務簿価にて出資金額を計上	債権と出資時価の差額が資産損失に

【DESの実態】

上記がDESの理論的なところで，実際の実務でも外債登記可能額が回復することから日系現地法人でも少なからず実施事例があります。しかし，ほとんどが額面金額での増資になっており，特殊税務処理の選択手続や，一般税務処理で時価処理を行った例は現在のところあまり聞いたことがありません。験資報告書を発行する会計事務所も額面で問題なく発行しますので，中国の実務的にはまだあまり気にされていないようです。しかし，税法には厳然と時価評価と謳われていますので，将来的に税務局がこの論点に注目してきた場合等は，時価評価や特殊税務処理の手続を踏んでの実施が増えるかもしれません。この理論と実務のかい離がやはり中国務の一筋縄ではいかないところです。

4　経営範囲変更－経営範囲の緩和と税務との関係－

1　経営範囲変更の概要

　現地法人の再編にあたり，意外に効果が大きいのは経営範囲の変更，拡大です。経営範囲とは現地法人の営業許可証記載の経営範囲のことですが，こちらを変更，拡大することが可能となっています。特に，外資企業の経営範囲が年々緩和されてきているため，設立当時は認められなかったような経営範囲が認められる可能性もあります。

　経営範囲が緩和されている理由については大きく二点有ります。一点目は，外資企業の経営範囲を定めた「外商投資企業産業目録」記載の，「禁止，奨励，制限」項目が徐々に緩和され，外資企業のとれる経営範囲が増えているという面です。これは法律上，明確に定められています。二点目は，法律上の明文規定ではなく，当局の認可姿勢の変化によるものです。外資企業は事業の種類に基づくカテゴリーとして，1．生産型企業，2．貿易型企業，3．サービス型企業に区分されており，従来カテゴリーをまたぐ兼営が従来あまり認められなかったのが，年を経るごとにかなり柔軟に認められるようになってきているようです。（ただし，こちらは明文化されているものではなく，当局の判断によるものすので，管轄当局への確認が必須となります）ゆえに，設立当初は認められなかったような経営範囲（例えば生産型企業で小売りを行う等）でも，現在あらためて当局に確認をとると追加が認められる場合があります。経営範囲の追加ができた場合，新たに現地法人を設しなくても従来の法人で新しい事業ができることとなります。ゆえに現地法人の再編を考える上で，経営範囲の変更，拡大という手段で対応できるものがないかは検討してみるべきでしょう。

2　税務上の留意点

　経営範囲変更に関しては，商務部門の許可を得て，工商局にて変更をすることになりますが，確認しておきたいのが，税務の発票との関係です。中国では発票が経営範囲とリンクしており，例えば製造業の会社が経営範囲に記載していない不動産賃貸業を行なおうとしても，民間の取引としてはできても，賃貸

業の発票を発行することができない（税務局で代理発行の手続を行わない場合）ため，賃借人に発票が発行できず，賃借人が損金算入できないといった制限が設けられています。

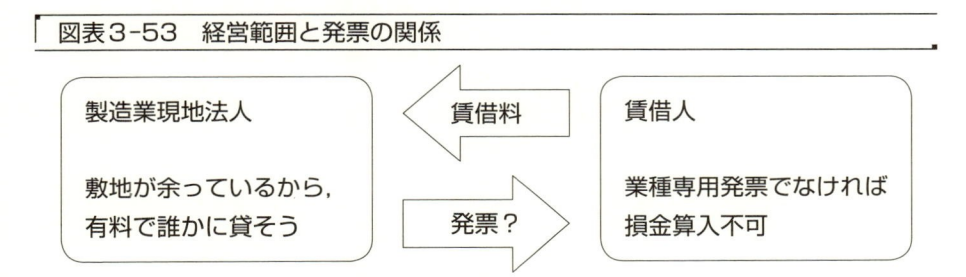

図表3-53　経営範囲と発票の関係

製造業現地法人	← 賃借料	賃借人
敷地が余っているから，有料で誰かに貸そう	発票？ →	業種専用発票でなければ損金算入不可

　いわば，発票を通して経営範囲のフィルターをかけているわけです。ゆえに，実際の実務では例えば現地法人の経営範囲の逸脱（営業許可証に記載されていない経営範囲を行う等）に関する当局からの指摘については，工商局から指摘が入る例はそれほど多くありません。むしろ経営範囲については，税務局の発票で制限を課しており，各業種に応じて発行する発票が異なるため，業種専用の発票を発行しなければ相手先が税務上当該経費を損金算入できないといった面から正しい経営範囲を追加する場合が多くなっています。手順としては工商局で更新後の経営範囲を記載した営業許可証をもって税務局で手続を行い，業種専用の発票を発行できるようにするわけです。ゆえに，追加したい発票がある場合は，事前に税務局にもどういう経営範囲をとれば当該発票の発行が認められるか確認する必要があります。

3　手続

　経営範囲は営業許可証，批准証書の記載事項ですので，商務部の認可を得て，工商局で変更を行い，各種行政部門で変更手続を行っていくことになります。なお，発行発票の追加を行う場合は事前に税務局にも確認を行う必要があります。

図表3-54　経営範囲拡大手続イメージ図

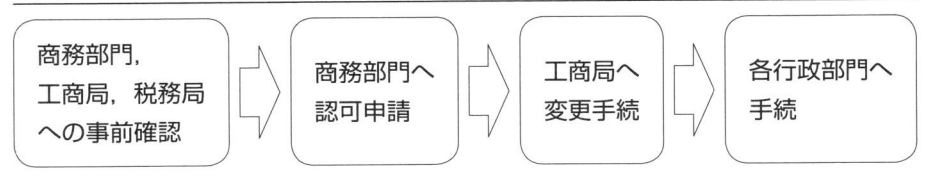

商務部門，工商局，税務局への事前確認　→　商務部門へ認可申請　→　工商局へ変更手続　→　各行政部門へ手続

発票を追加する場合は，税務局でその手続も行う。
手続期間は一般的に合計で一月程度。

図表3-55　経営範囲変更ポイントまとめ

項目	ポイント
経営範囲	外資で取得可能な経営範囲が拡大しているため，設立時は認められなかった経営範囲が認められる場合も。
発票	経営範囲拡大に伴い対応する発票の発行が認められる場合も。発行したい発票がある場合は事前に税務局へ確認を行う。

5　移転－住所の移転が実は大変－

1　概要とポイント

1　管轄をまたぐ場合の税務調査の問題

　次は現地法人の住所移転です。住所移転は平たく言えば単なる住所の移転，引っ越しで，法人の実質には住所以外変更はないのですが，実はこれが中国では大変な場合があります。なぜかというと税務局の管轄区をまたいで別の区へ移転する場合，従前の区からすれば税収減になるということで，税務登記の移転が難航するわけです。

　これは区の移転，市の移転，省の移転とカテゴリーが大きくなるにつれ難易度が増します。旧区の税務登記抹消の際は，会社清算の場合ばりの税務調査がある場合もあり，地域によっては「区をまたぐ住所移転は清算より難し

い」などというコンサルタントもいるほどです。

```
図表3-56　住所移転に伴う税務調査イメージ図
```

┌─────────────┐
│ 従前の税務局   │
│ 税収が移転してしま │　税収の移転　　　┌─────────┐
│ い，権限も及ばなくな│　　　　＞　　　　│ 新税務局 │
│ るため，最後の税務調│　　　　　　　　　└─────────┘
│ 査を徹底的に！   │
└─────────────┘

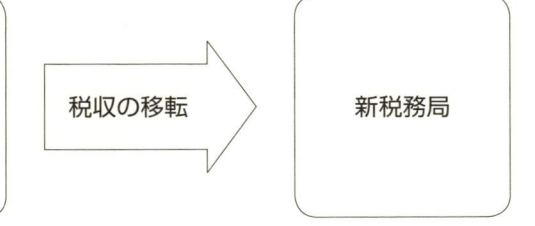

2　発票，税関など手続の引き継ぎのタイミングの問題

　また，移転できても旧区と新区の引き継ぎのタイミングがスムーズに合わず，税務上の発票発行や通関に空白期間が生じ，企業の実業に影響してしまう場合もあります。ゆえに，移転の場合は十分な事前調査と丁寧な手続が必要となります。「単なる引っ越し」と甘く見ていると大変な目に合ってしまう場合もあります。

2　手続

　登記住所は営業許可証，批准証書の記載事項ですので，商務部の認可を得て，工商局で変更を行い，各種行政部門で変更手続を行っていくことになります。基本的に従前地域で抹消した後に新地域で移転受け入れの手続を行っていくこととなりますが，細かい手続は地域により異なりますので，個別に確認し実業の空白期間がでないよう留意すべきでしょう。

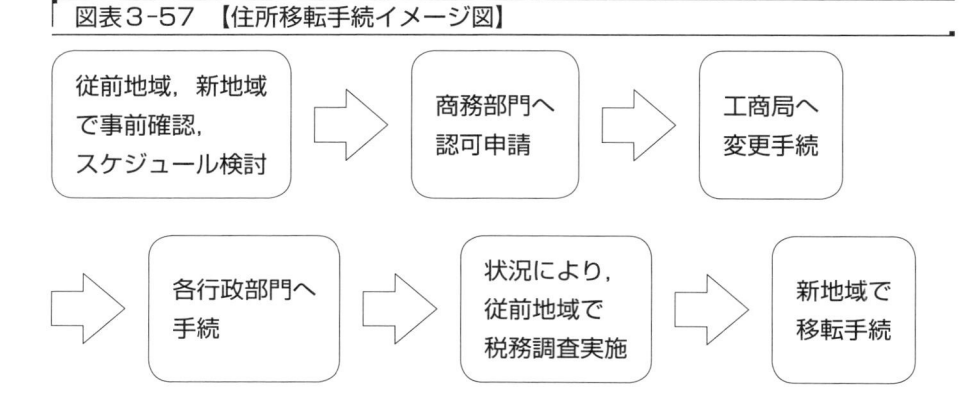

図表3-57 【住所移転手続イメージ図】

従前地域,新地域で事前確認,スケジュール検討 ⇒ 商務部門へ認可申請 ⇒ 工商局へ変更手続 ⇒ 各行政部門へ手続 ⇒ 状況により,従前地域で税務調査実施 ⇒ 新地域で移転手続

図表3-58 住所移転ポイントまとめ

項目	ポイント
税務	従前地域で厳格な税務調査実施の可能性あり。
発票,税関等各種引き継ぎ	当局側同士で調整してくれるわけではないので,空白期間が出ないよう注意。

駐在員事務所の清算

1 駐在員事務所の清算の概要

　駐在員事務所の清算は現地法人の清算に比べると簡便です。現地法人と同様，縮小フェーズを経て手続に入っていくこととなりますが，従業員数は少なく，オフィスは賃貸ですのでコントロールは容易です。また，税務調査も論点は限定されています。ゆえに，現地法人の検討，縮小フェーズの簡易的なものを実施するイメージとなります。

2 検討，縮小フェーズ

　検討フェーズでは，主に以下を検討します。

1 従業員整理

　駐在員事務所は間接雇用のみですが，従業員を整理していくこととなります。なお，間接雇用の場合も通常は法定どおりの経済補償金を駐在員事務所が負担する契約となっています。また，少ない社員ですが，過去の経緯を知る社員は，税務調査対策で協力してもらえる体制としておくのが望ましいです。

2 税務調査対策

　論点は主に以下となります。

1 経費課税の適用状況

　経費課税が通常適用されていますが，家賃，代表給与など適正に申告がされているかを事前にチェックしておきましょう。また，経費課税が適用されていなかった場合は，過去の分を遡って経費課税での納税を要求される可能性があります。税務局から免税証明等の書類が発行されていないか，また，

課税されなかった当時の経緯等を整理して，理論武装しておくようにしましょう。

❷ 駐在員事務所代表の個人所得税

駐在員事務所代表はＰＥ関連者になりますので，短期滞在者免税の適用はありません。中国滞在分は，183日未満であっても個人所得税を納税する必要があります。パスポートの入出国欄の提示を求められる場合もありますので，歴代代表の納税が適正かどうか確認しておきましょう。

3　現地法人化の場合

なお，駐在員事務所を現地法人化する場合は，いったん駐在員事務所を清算してから新たに現地法人を設立することになります。その際の留意点として，同じ場所に設立する場合，駐在員事務所と同住所では現地法人の設立が認められない場合がありますので，同時進行で進める場合は，貸主に住所を分筆してもらう等の対応が必要になります。また，ローカルスタッフについても派遣会社経由の間接雇用から直接雇用に切り替わることとなり，いったん退職して入社という形をとる必要があります。もちろん，現地法人で間接雇用形態にて契約することも可能ですが，駐在員事務所時代の経済補償金等は支払う若しくは勤続年数を引き継ぐ必要があります。

4　手続

実務手続スケジュール例は以下となります。

IX 駐在員事務所の清算

図表3-59　実務手続スケジュール例

	アクション	対応機関	期間目安
1	税務局税務調査実施	税務局	10営業日
2	清算監査の実施	会計事務所	20営業日
3	清算資料の作成	代行会社等	5営業日
4	清算資料の捺印	企業	10営業日
5	税務局登録抹消	税務局	3ヶ月以上
6	税関の抹消	税関	10営業日
7	銀行口座の抹消（外貨）	銀行	10営業日
8	外貨管理局への抹消申請	外貨管理局	10営業日
9	工商局の抹消	工商行政局	10営業日
10	銀行口座の抹消（人民元）	銀行	10営業日
11	海外送金	銀行	10営業日
12	組織番号証の抹消	質量技術監督局	1営業日
13	統計局の抹消	統計局	1営業日
14	公告	新聞社	5営業日

上記のとおり，商務部門への認可等はなく，現地法人の清算手続に比べると簡素なものとなっています。期間的には半年～1年程度となるのが一般的です。

図表3-60　駐在員事務所の清算ポイントまとめ

項目	ポイント
清算手続	現地法人手続に比べれば簡素。
縮小	従業員整理，事前検討。
税務調査	経費課税と駐在員個人所得税。
新たに現地法人を設立する場合	同じ住所での登記は認められないため，住所の分筆の必要性がある場合も。

【参考文献】

『中国税務実践編』マイツグループ（税務経理協会）

『中国税務基本編』マイツグループ（税務経理協会）

『決定版　日中新法制度下のビジネス再構築』池田博義（大蔵財務協会）

『中国法実務教本』大江橋法律事務所　中国プラクティスグループ（商事法務）

『中国進出企業再編・撤退の実務』劉新宇（商事法務）

『中国現地法人の出口戦略と撤退実務』前川晃廣（金融財政事情研究会）

『中国経済六法』日本国際貿易促進協会

『中国税務総覧』プライスウォーターハウスクーパース（第一法規）

あとがき

　本書をお読みいただきありがとうございます。
　私は2009年に中国に初めて赴任しましたが、赴任初年度は、事前に日本で中国関係の書籍を読んである程度勉強していったにも関わらず、現実の実務は書籍に書いてあることと異なることばかりで、日々悪戦苦闘を強いられていました。「書籍にはこう書いてある！」という日本側と、「中国の実務はこうだ！」という現地スタッフの間に挟まれて七転八倒し、それこそ私自身の「中国ビジネスからの撤退」も何度か考えました。これは中国駐在経験者なら皆さん経験されることかもしれません。その後、現地の中国人会計士としぶとく議論を重ねるなかで、「そういうことだったのか！　なるほど！」と膝を打つようなことが多々あり、今では理論と実務のギャップを中国人会計士と埋めていくのが一つの楽しみにもなっています（大連、瀋陽マイツの皆さん、その節は大変お世話になりありがとうございました。皆様との研鑽のおかげで現在の私があります）。
　ゆえに、本書では私が赴任当初に「最初からこういう風に書籍に書いてくれていたらよかったのに！」と思った点を、できる限り盛り込んだつもりです。本書のテーマである撤退というのは事業的にも心情的にも厳しい話ではありますが、次のステップに進むための前向きなアクションと捉えることもできます。「勇気ある撤退」も、「痛みを伴う改革」も今後の発展の礎かもしれません。私も駐在1年目の苦労が、その後の自身の成長の原動力となったと感じています。中国ビジネスで苦労をされている方も多いかと思いますが、異国でビジネスをやる以上苦労はつきものですので、あまり自分を追い込みすぎず、異文化交流を楽しむくらいの気持ちでやられるのもよいかと思います。また、私は日本と中国で定期的にセミナー、勉強会等を行っておりますので、ご相談や本書の感想等あればお気軽にお声掛けください。

最後に，本書を手に取られた方の今後のビジネスが素晴らしいものとなるよう心より祈念して，あとがきとさせていただきます。

　　　　　　　　　　　　　　　　　　　　　　　森村国際会計事務所
　　　　　　　　　　　　　　　　　　代表　税理士　森村　元

索 引

〔アルファベット〕

DES……………… 132　184　185　319
FS ………………………………… 65
OKY ……………………… 21　32
PE ……………………… 127　197　330
WTO ……………………………… 7　8

〔あ行〕

一般税務処理…… 186　272　274　290
　　　　　　　　　　　299　306　320
印紙税 ………………… 239　292　293
営業許可証 ……………… 37　42　121
営業税 ……………………… 239　292
親子ローン …… 132　184　185　244
　　　　　　　　　　　　　　　281

〔か行〕

外貨管理局 …………………………… 137
改革開放 ………………………………… 7
外債 …………………………… 185　320
外商独資企業…… 53　143　153　155
買い手探し …………………………… 269
合作企業 ………………………… 155　225
合併 …… 19　24　55　133　196　296

株主会 …… 69　247　250　302　309
株主資本等変動計算書 …………… 114
監査意見 ……………………………… 104
監査報告書 ……………… 38　98　121
監事会 ………………………………… 63
間接雇用 …………………………… 206
企業所得税 ………………………… 292
キャッシュフロー計算書 ………… 112
経営期間 …………… 47　49　72　143
経営範囲 …………… 48　49　62　67
経営範囲変更 …… 19　24　196　324
経済補償金 … 34　90　98　123　207
　　　　　　　　　　　　　216　237
契税 ………………………………… 293
経費課税 ……………… 125　197　329
月次財務資料 ……………… 39　117
減資 …………………………… 188　316
験資報告書 …………… 101　311　314
現物出資 ……………………… 67　68　313
合意解除 …………………………… 214
工会 …………………………… 160　165
工商局 ……… 48　65　146　225　263
合弁企業 …… 68　141　144　155　225
合弁契約書 ………………… 37　72　79
子親ローン ………………………… 189
国税局 ……………………………… 261
国有企業 ……………………… 56　315
国有資産 …………………………… 280
国有資産管理部門 ………………… 280

国有資産評価……………………56
個人所得税……………………159

〔さ行〕

サービス型企業…………………158
債権者への公告…………………257
債権放棄…………………………199
残業………………………………217
残業手当…………………………209
産権証………………………87 89
三資企業…………53 69 121 144
残余財産の送金……………252 264
事業譲渡…………………………288
資金調達………………19 24 187
資産処分…………………………205
資産損失に関する報告書………101
資産買収……………………288 289
資産評価事務所………153 268 272
　　　　　　　　　　　　283 294
資産評価報告書………101 152 193
　　　　　　　　　　　　　　277
実質休眠………………25 138 196
社印………………………………120
社会保険……………………172 209
就業規則………24 38 90 123 218
住所移転……………………194 326
住宅積立金………………………209
自由貿易区………………………52
出張者……………………………172

試用期間…………166 212 230 236
商務部門……51 146 227 244 263
人員整理…………………………235
申告期限…………………………39
新聞広告…………………………251
進料加工…………………………14
税関………………………………327
清算……19 25 133 163 202 222
　　　　　　　　　　　　　　247
生産型企業…………………159 161
清算組……………………………256
清算所得…………………………260
清算手続……………………205 227 248
清算報告書………………………260
税務DD…………………………132
税務監査報告書……………99 101
税務調査……41 154 158 262 326
総経理……………………………69
増資………24 132 184 244 311
増値税………………………238 292
組織図……………………………119
損益計算書………………………110

〔た行〕

貸借対照表………………………106
代表証……………………………126
地税局……………………………261
チャイナプラスワン……………2
中外合作企業……………………53

駐在員事務所…………… 125　195　329
注冊資本………………………… 45　49
直接雇用…………………………… 206
賃金台帳………………………… 118　123
賃貸契約書………………………… 123
賃貸借契約書………………… 37　80
定款…………… 24　37　58　78　121
デット・エクイティ・スワップ … 24
デッドロック……………… 70　193
登記抹消………………… 263　265
董事………………………………… 280
董事会……… 63　69　141　248　283
　　　　　　　　　　　　302　317
董事会決議……………………… 294
投資総額……………………… 53　67
投資総額と資本金………………… 62
董事長………………………………… 50
投注差………………………… 53　54
登録資本……………………… 49　67
特殊税務処理 … 272　276　290　299
　　　　　　　　　　　　306　321
特別清算………………… 133　138　247
特別税務処理…………………… 186
土地管理部門………………… 79　169
土地使用権………………… 79　161　241
土地使用権証…… 37　87　123　168
土地増値税…………… 162　239　292
特許権……………………………… 241

〔な行〕

内資企業………………………… 137
内部管理………………………… 180
内部統制………………………… 120
二免三半減……………………… 175
納税調整表………………… 104　116

〔は行〕

破産………………… 133　138　247
発生余額表……………………… 117
発票………………… 48　238　325
批准証書…………… 37　50　121
評価報告書発行依頼…………… 294
表明保証…………………… 182　281
ファージビリティスタディ……… 65
普通清算…………………… 133　138
分割………………… 24　196　296　304
貿易型企業………………… 157　162
法定代表人…………………… 45　49
保税加工貿易……………………… 7
保税監督期間……………… 176　229
保税区……………………………… 8
保税手冊………………………… 122
保税設備…………………… 123　176
保税取引………………………… 122

〔ま行〕

持分譲渡 …… 19　34　69　132　156
　　　　　　　　　　　192　283
持分譲渡課税 …………………… 55

〔や行〕

役員報酬 …………………………… 50
有給休暇 ………… 90　93　208　218
優遇政策 ………………………… 175
優遇税制 ………………… 171　243
優先購入権 ………………… 69　157

〔ら行〕

輸出加工区 ………………………… 8
来料加工 …………………………… 14
利益配当 …………………………… 69
ロイヤリティ …………………… 189
労働局 ………… 165　175　227　228
労働組合 ……………………… 63　72
労働契約書 ……… 38　94　123　210
労働契約の合意解除 …………… 236
労働契約法 ……………………… 209
労働集約型 ………………………… 15
ローカルルール ………………… 173

【著者プロフィール】
森村　元（もりむら　はじめ）
森村国際会計事務所　代表　税理士
2005年マイツグループ入社。
大阪マイツにて中堅，中小企業の税務顧問，相続税対策業務等に従事。
2009年～2013年　大連，瀋陽マイツにて総経理等歴任。
2014年2月よりマイツ東京中国室勤務。
2015年10月に独立し，森村国際会計事務所を開業。

日本の税理士知識をバックグラウンドにした確かな理論の構築と，中国現地での徹底的な現場研究による実務の融合を得意としている日本人税理士です。モットーは，「本質的なことを，わかりやすく！」で，皆様に「海外ビジネスは大変だが楽しく，やりがいがある」と思っていただけるよう日々研鑽を積んでいます。

森村国際会計事務所
中国を中心とした中華圏及び新興国へ進出する日本企業のビジネスのサポート，コンサルティングを主要業務とする専門特化型の会計事務所です。海外ビジネスに役立つ実務ニュースの配信や，セミナー，勉強会も日本と中国で定期的に行っています。本書やセミナー，中国，海外ビジネスに関する御問合わせ等は下記のホームページから御連絡ください。
http://morimurakokusaikaikei.com/

【執筆協力】
中村博司　NKK（大連）咨詢有限公司　董事長　総経理　1974年生まれ　熊本県出身
1993年，中国・清華大学へ語学留学の後，北京大学にて中国法を学ぶ。
2001年：大連にて現地弁護士事務所と共に，日本企業向けの法律サービスの提供を開始。
2003年：コンサルタント会社，NKK（大連）咨詢有限公司を設立し，現在に至る。
中国滞在暦22年

編著者との契約により検印省略

平成28年3月31日 初版第1刷発行	**中国子会社の 清算・持分譲渡の実務** 法務・税務・労務・経営判断

著　者　森　村　　　元
発行者　大　坪　嘉　春
製版所　株式会社技秀堂
印刷所　税経印刷株式会社
製本所　牧製本印刷株式会社

発行所	東京都新宿区 下落合2丁目5番13号	株式 会社 税務経理協会
	郵便番号 161-0033　振替 00190-2-187408	電話（03）3953-3301（大　代　表）
	FAX（03）3565-3391	（03）3953-3325（営業代表）
	URL http://www.zeikei.co.jp/	
	乱丁・落丁の場合はお取替えいたします。	

© 森村元 2016

本書の無断複写は著作権法上での例外を除き禁じられています。複写される
場合は，そのつど事前に，（社）出版者著作権管理機構（電話 03-3513-6969,
FAX 03-3513-6979, e-mail：info@jcopy.or.jp）の許諾を得てください。

JCOPY ＜（社）出版者著作権管理機構 委託出版物＞

Printed in Japan

ISBN978－4－419－06344－3　C3034